Die Ehe – ein Geschenk für uns !

Ken Ortize

Die Ehe

Ein Geschenk für uns

Ken Ortize

Titel der Originalausgabe:
Marriage - the way it's made to be

ISBN 0-9644634-1-5 (Second Edition)

ISBN 978-3-934957-09-1

Übersetzung: Marion Achenbach
Umschlaggestaltung: Samuel Behr, sambehr.com
Druck und Verarbeitung: Druckerei Friese Koblenz

R & B

William Gibson

VERNETZT

JOHNNY MNEMONIC UND ANDERE GESCHICHTEN

Deutsch von
Reinhard Heinz und
Peter Robert

Rogner & Bernhard
bei Zweitausendeins

1. Auflage, April 1995.
2. Auflage, Februar 1997.

Die Originalausgabe erschien 1986 unter dem Titel »Burning Chrome«
bei Arbor House Publishing Company, a division of William Morrow & Co Inc, New York.

Das Buch erschien erstmals 1988 unter dem Titel »Cyberspace«
in anderer Übersetzung im Heyne Verlag München.
ISBN 3-8077-0308-X

Lektorat Sven Böttcher, Sieversen.
Umschlaggestaltung Britta Lembke, Hamburg.
Herstellung Eberhard Delius, Berlin.
Satz Mega-Satz-Service, Berlin.
Druck Wagner GmbH, Nördlingen.
Einband G. Lachenmaier, Reutlingen.
Printed in Germany.

Dieses Buch gibt es nur bei Zweitausendeins
im Versand (D-60381 Frankfurt am Main, Postfach) oder
in den Zweitausendeins-Läden in Berlin, Düsseldorf, Essen, Frankfurt, Freiburg,
Hamburg, Köln, München, Nürnberg, Saarbrücken, Stuttgart.

In der Schweiz über buch 2000,
Postfach 89, CH-8910 Affoltern a. A.

Für meine Mutter,
Otey Williams Gibson,
und unsere gemeinsame treue Freundin
Mildred Barnitz – in Liebe

INHALT

William Gibson

JOHNNY MNEMONIC

Ich packte die Knarre in eine Adidas-Tasche und stopfte sie mit vier Paar Tennissocken aus. Eigentlich entsprach das überhaupt nicht meinem Stil, aber genau das war der Sinn der Sache: Wenn sie dich für primitiv halten, komm ihnen mit Technik; wenn sie dich für einen Techniker halten, mach's auf die primitive Tour. Ich bin ein ausgesprochen technischer Typ. Also nahm ich mir vor, die Sache so primitiv wie möglich durchzuziehen. Allerdings muß man heutzutage technisch schon einiges draufhaben, um richtig primitiv werden zu können. Ich mußte die beiden zwölfkalibrigen Messingpatronen auf der Drehbank anfertigen und dann eigenhändig mit Pulver füllen; ich mußte ein altes Mikrofiche ausgraben, um herauszukriegen, wie man Patronen von Hand lädt; und ich mußte eine Hebelpresse bauen, um die Zünder einzupassen. Alles ganz schön knifflig. Aber ich wußte, daß die Dinger funktionieren würden.

Wir hatten uns für 23 Uhr im Drome verabredet, aber ich fuhr mit der U-Bahn drei Stationen weiter als nötig und latschte zu Fuß zurück. Saubere Arbeit ist alles.

Ich musterte mich in der verchromten Seitenwand einer Kaffeebude – ein ganz normaler Weißer mit scharfen Zügen und einem Schopf glatter schwarzer Haare. Die Mädchen im Under the Knife standen total auf Sony Mao, und es wurde immer schwerer, sie davon abzuhalten, mir auch noch einen schicken Hauch von Mongolenfalten zu verpassen. Ralfi Face würde sich davon kaum täuschen lassen, aber vielleicht kam ich auf diese Weise wenigstens bis zu seinem Tisch.

Das Drome ist ein schmaler Raum mit einem Tresen an der einen und Tischen an der anderen Seite, und drinnen herrscht immer Hochbetrieb; es wimmelt nur so von Zuhältern, Schiebern und im Schatten aufgereihten Dealern. An diesem Abend waren die Magnetic Dog Sisters an der Tür, und der Gedanke, auf meinem Weg nach draußen mit denen aneinanderzugeraten, falls die Sache schiefging, schmeckte mir gar nicht. Die Schwestern waren zwei Meter groß und dünn wie Windhunde. Die eine war schwarz und die andere weiß, aber davon abgesehen glichen sie einander so sehr, wie es die kosmetische Chirurgie erlaubte. Sie waren seit Jahren ein Liebespaar, und mit beiden war nicht gut Kirschen essen. Ich wußte nicht so genau, welche von beiden ursprünglich der Mann gewesen war.

Ralfi saß an seinem Stammtisch. Er schuldete mir einen Haufen Kohle. Ich hatte Hunderte Megabyte auf *idiot-savant*-Basis in meinem Kopf gehortet, Informationen, zu denen ich keinen bewußten Zugang hatte. Ralfi hatte sie deponiert. Er hatte sie allerdings nicht wieder abgeholt. Nur Ralfi konnte mittels eines Codewortes, das er sich selbst ausgedacht hatte, wieder an die Daten rankommen. Ich bin eh schon nicht billig, aber zusätzliche Speicherzeit ist bei mir astronomisch teuer. Und Ralfi hatte sich schon lange nicht mehr bei mir blicken lassen. Dann hatte ich gehört, daß er einen Killer auf mich ansetzen wollte. Also arrangierte ich ein Treffen im Drome, allerdings als Schleichhändler Edward Bax, gerade zurückgekehrt aus Rio und Peking.

Das Drome stank nach Geschäft; es war ein metallischer Geruch nervöser Spannung. Die Muskelpakete im Publikum protzten voreinander mit ihrem Inventar und bemühten sich um ein dünnes, cooles Grinsen; manche verschwanden förmlich unter den aufgepfropften Muskelbergen, so daß sie schon fast nicht mehr menschlich aussahen.

Verzeihung. Verzeihung, Freunde, darf ich mal durch? Ist bloß Eddie Bax, der schnelle Eddie, der Importeur mit seiner professionell unauffälligen Sporttasche; und achtet doch bitte gar nicht auf den Schlitz, durch den gerade mal seine rechte Hand paßt.

Ralfi war nicht allein. Auf dem Stuhl neben ihm hockten achtzig Kilo blondes kalifornisches Fleisch, von Kopf bis Fuß unsichtbar mit ›Kampfsport‹ beschriftet.

Der schnelle Eddie Bax saß auf dem Stuhl gegenüber, bevor der Kraftprotz die Hände vom Tisch nehmen konnte. »Schwarzer Gürtel?« fragte ich neugierig. Er nickte; die blauen Augen checkten automatisch meine Augen und Hände. »Ich auch«, sagte ich. »Hab meinen hier in der Tasche.« Und ich schob die Hand durch den Schlitz und entsicherte das Gewehr. Klick. »Doppelzwölfer, Abzüge mit Draht gekoppelt.«

»Ist 'ne Knarre«, sagte Ralfi und legte seinem Schatten beschwichtigend die plumpe Hand auf die straffe blaue Nylonbrust. »Johnny hat 'ne altertümliche Feuerwaffe in der Tasche.« Soviel also zu Edward Bax.

Vermutlich hieß er schon immer Ralfi Soundso, aber seinen jetzigen Nachnamen verdankt er seiner einmaligen Eitelkeit. Auf seinem stark an eine überreife Birne erinnernden Körper hat er zwanzig Jahre lang das ehemals berühmte Gesicht von Christian White getragen – Christian White von der Aryan Reggae Band, der Sony Mao seiner Generation, der endgültige Champion des Race Rock. Auf dem Gebiet kenn ich mich aus.

Christian White: klassisches Popstargesicht mit ausgeprägter Sängermuskulatur und scharf geschnittenen Wangen. Engelhaft aus der einen, attraktiv verworfen aus der anderen Perspektive. Aber in diesem Gesicht lebten Ralfis Augen, und die waren klein, kalt und schwarz.

»Bitte«, sagte er, »klären wir das wie Geschäftsleute, okay?« Der einnehmende, offene Klang seiner Stimme war furchterregend, und die Winkel seines hübschen Christian-White-Mundes waren ständig feucht. »Lewis«, sagte er mit einer Kopfbewegung zu seinem Kraftprotz, »ist 'n Hohlkopf.« Lewis nahm das gelassen hin. Er sah aus, als hätte ihn jemand aus einem Bausatz zusammengebastelt. »Aber du doch nicht, Johnny.«

»Na klar doch, Ralfi, 'n richtiger Hohlkopf mit lauter Implantaten drin, in denen du deine schmutzige Wäsche aufbewahrst, während du bummeln gehst und dir 'nen Killer für mich besorgst. So wie ich das sehe, Ralfi, schuldest du mir 'ne Erklärung.«

»War der letzte Posten Ware, Johnny.« Er seufzte tief. »In meiner Rolle als Makler...«

»Hehler«, korrigierte ich.

»Als Makler bin ich normalerweise sehr vorsichtig, was meine Quellen angeht.«

»Du kaufst bloß von denen, die nur das Allerbeste klauen. Schon klar.«

Er seufzte wieder. »Ich versuche, nichts von Idioten zu kaufen«, sagte er müde. »Aber ich fürchte, diesmal hab ich's doch getan.« Der dritte Seufzer war für Lewis das Stichwort, den Nervenunterbrecher einzuschalten, den sie auf meiner Seite unter die Tischplatte geklebt hatten.

Ich gab mir alle Mühe, den rechten Zeigefinger zu krümmen, aber irgendwie schien die Verbindung gekappt zu sein. Ich fühlte das Metall der Knarre und das schaumstoffunterlegte Klebeband, mit dem ich den kurzen, dicken Griff umwickelt hatte, aber meine Hände waren wie kaltes Wachs, losgelöst und starr. Ich hoffte, daß Lewis ein echter Hohlkopf und blöd genug war, sich die Sporttasche zu greifen und damit meinen steifen Finger gegen den Abzug zu drücken, aber so blöd war er nun doch nicht.

»Wir haben uns Sorgen um dich gemacht, Johnny. Große Sorgen. Sieh mal, was du da hast, gehört eigentlich den Yakuza. Irgendein Dummkopf hat's ihnen weggenommen. Ein toter Dummkopf.«

Lewis kicherte.

Plötzlich ergab alles einen Sinn, einen häßlichen Sinn, und ich fühlte mich, als hätte mir jemand nasse Sandsäcke um den Schädel gepackt. Killen war nicht Ralfis Stil. Nicht mal Lewis war Ralfis Stil. Aber er war zwischen die Söhne der Neonchrysantheme und etwas geraten, was ihnen gehörte – oder besser etwas von ihnen, was jemand anderem gehörte. Ralfi hätte natürlich das Codewort benutzen und mich zum *Idiot savant* machen können, so daß ich ihr heißes Programm ausspuckte, ohne mich später auch nur an eine einzige Silbe zu erinnern. Ein Hehler wie Ralfi hätte sich normalerweise damit zufriedengegeben. Aber nicht die Yakuza. Die Yakuza hatten nämlich garantiert schon mal was von *Squids* gehört und würden nicht riskieren wollen, daß mir jemand mit so einem Ding die schwachen, resistenten Spuren ihres Programms aus dem Kopf holte. Ich wußte nicht sonderlich viel über Squids, aber ich hatte doch so einiges darüber gehört – Dinge, die ich meinen Kunden ganz bewußt vorenthielt. Nein, den Yakuza würde das nicht gefallen; es sah zu sehr nach Beweismaterial aus. Sie waren nicht geworden, was sie waren, indem sie Beweismaterial herumliegen (oder überleben) ließen.

Lewis grinste. Ich glaube, er fixierte einen Punkt unmittelbar hinter meiner Stirn und stellte sich vor, wie er auf direkte Weise dorthin käme.

»He«, sagte eine tiefe Frauenstimme irgendwo hinter meiner rechten Schulter, »bei euch Cowboys tobt ja auch nicht gerade das wilde Leben.«

»Verpiß dich, du Suppenhuhn«, sagte Lewis. In seinem sonnengebräunten Gesicht rührte sich nichts. Ralfi schaute verdutzt drein.

»Nun macht mal halblang. Kein Interesse an guter Free Base?« Sie zog sich einen Stuhl heran und setzte sich rasch, bevor einer der beiden sie daran hindern konnte. Meine Augen blieben starr nach vorn gerichtet, dennoch war sie gerade noch in meinem Blickfeld: ein dünnes Mädchen mit verspiegelter Brille und dunkler, fransig geschnittener Mähne. Sie trug die schwarze Lederjacke offen über einem T-Shirt mit schwarz-roten Diagonalstreifen. »Acht Mille das Gramm.«

Lewis schnaubte genervt und versuchte, sie vom Stuhl zu hauen, aber sein Arm war irgendwie nicht lang genug. Sie hob die Hand und schien über sein Handgelenk zu streichen, als es an ihr vorbeisauste. Hellrotes Blut spritzte auf den Tisch. Er umklammerte sein Handgelenk so fest, daß die Knöchel weiß wurden. Blut lief über seine Finger.

Aber war ihre Hand nicht leer gewesen?

Lewis würde sich die Sehne wieder zusammennähen lassen müssen. Er stand vorsichtig auf, ohne erst den Stuhl zurückzuschieben. Der Stuhl kippte nach hinten, und Lewis verschwand ohne ein Wort aus meinem Blickfeld.

»Damit sollte er lieber mal zum Arzt gehen«, sagte sie. »Ist 'n böser Schnitt.«

»Du hast keine Ahnung«, meinte Ralfi, der plötzlich sehr müde klang, »wie tief du dich damit in die Scheiße geritten hast.«

»Echt? Klingt ja geheimnisvoll. Ich steh auf Geheimnisse. Würde mich zum Beispiel interessieren, warum euer Freund hier so still ist. Oder vielmehr starr. Oder wofür das Ding hier gut ist.« Sie hielt das kleine Steuergerät hoch, das sie Lewis irgendwie abgenommen hatte. Ralfi sah krank aus.

»Willst du vielleicht … äh … 'ne Viertelmillion? Dafür gibst du mir das Ding und verziehst dich, okay?« Eine fette Hand kam hoch und strich nervös über das blasse, hagere Gesicht.

»Was ich will«, sagte sie und schnippte mit den Fingern, so daß sich das Steuergerät drehte und aufblitzte, »ist Arbeit. Einen Job. Dein Kleiner hat sich am Handgelenk verletzt. Aber als Vorschuß ist 'ne Viertelmillion völlig okay.«

Ralfi stieß den angehaltenen Atem aus und begann zu lachen,

wobei er Zähne zeigte, die weit unter Christian-White-Niveau lagen. Daraufhin schaltete sie den Nervenunterbrecher ab.

»Zwei Millionen«, sagte ich.

»Ein Mann nach meinem Geschmack«, sagte sie und lachte. »Was haste da in der Tasche?«

»'ne Schrotflinte.«

»Primitiv.« Es klang fast wie ein Kompliment.

Ralfi sagte kein Wort.

»Ich heiße Millions. Molly Millions. Willste raus hier, Boß? Die Leute fangen schon an zu glotzen.« Molly stand auf. Sie trug eine Lederhose in der Farbe von getrocknetem Blut.

Und ich sah zum ersten Mal, daß die verspiegelten Gläser chirurgisch eingepaßt waren. Sie erhoben sich silbern und bruchlos aus den hohen Wangenknochen und saßen auf den Augenhöhlen wie Deckel, in denen mein neues Gesicht zweifach gespiegelt wurde.

»Ich bin Johnny«, sagte ich. »Mr. Face nehmen wir mit.«

Er wartete draußen. Sah aus wie der typische Tourist, wie ein Techie aus der Computerbranche mit seinen Plastik-Zoris und dem albernen Hawaiihemd, das mit einer Vergrößerung des beliebtesten Mikroprozessors seiner Firma bedruckt war; ein harmloser kleiner Kerl von der Sorte, die sich bevorzugt in Bars, in denen man Minicracker aus Reis mit Seetang drauf kriegt, mit Sake vollaufen läßt. Er sah aus wie einer der Typen, die beim Absingen der Firmenhymne heulen und dem Barkeeper endlos die Hand schütteln. Die Zuhälter und Dealer würden ihn als »geborenen Konservativen« einstufen und ihn zufriedenlassen. So einer machte kein Faß auf, und wenn doch, paßte er sehr genau auf, daß der Spaß nicht zu teuer wurde.

Wie ich mir später zusammenreimte, hatten sie wohl seinen linken Daumen irgendwo hinter dem ersten Gelenk amputiert, das fehlende Stück durch eine prothetische Spitze ersetzt, den

Stummel ausgehöhlt und mit Spule und Kern aus einem Diamant-Analogon von Ono-Sendai bestückt. Dann hatten sie sorgfältig eine drei Meter lange Monomolekularfaser auf die Spule gewickelt.

Molly wechselte ein paar Worte mit den Magnetic Dog Sisters, so daß ich Gelegenheit hatte, Ralfi durch die Tür zu bugsieren, indem ich ihm die Sporttasche sachte ins Kreuz drückte. Molly schien die Sisters zu kennen. Ich hörte die Schwarze lachen.

Aus irgendeinem spontanen Impuls heraus blickte ich auf. Vielleicht lag es daran, daß ich mich nie an die gleißenden Lichtbogen und die Schatten der geodätischen Kuppeln darüber gewöhnen konnte. Das rettete mir wahrscheinlich das Leben.

Ralfi ging weiter, aber ich glaube nicht, daß er türmen wollte. Ich schätze, er hatte schon aufgegeben. Vermutlich ahnte er bereits, was uns erwartete.

Als ich den Blick wieder senkte, sah ich ihn gerade noch explodieren.

Im Playback der Erinnerungsbilder macht Ralfi einen Schritt nach vorn, während der lächelnde kleine Techie aus dem Nichts auftaucht. Nur eine angedeutete Verbeugung, und der linke Daumen fällt ab. Ein Zaubertrick. Der Daumen baumelt in der Luft. Spiegel? Drähte? Und Ralfi bleibt stehen. Er kehrt uns den Rükken zu. Dunkle Schweißflecken unter den Achseln seines hellen Sommeranzugs. Er weiß Bescheid. Er muß es gewußt haben. Und dann schnellt der Scherzartikeldaumen wie ein blitzschnelles Jojo bleischwer vor, und der unsichtbare Faden, der ihn mit der Hand des Killers verbindet, geht unmittelbar über den Brauen seitlich durch Ralfis Schädel, peitscht nach oben, fährt nieder und zerteilt den birnenförmigen Torso diagonal von der Schulter bis zum Brustkorb. Schneidet so fein, daß kein Blut fließt, bis Synapsen ins Leere feuern und erste Zuckungen den Körper der Schwerkraft ausliefern.

Ralfi zerfiel in einer rosaroten Wolke aus Körperflüssigkeiten, und die drei ungleichen Teile purzelten vornüber aufs Pflaster. Vollkommen lautlos.

Ich riß die Sporttasche hoch, und meine Hand krampfte sich zusammen. Der Rückstoß brach mir fast das Handgelenk.

Es mußte geregnet haben. Durch einen Riß in der Kuppel ergoß sich das Wasser in Strömen aufs Pflaster hinter uns. Wir kauerten in der schmalen Nische zwischen einer chirurgischen Boutique und einem Antiquitätengeschäft. Molly hatte gerade einen verspiegelten Blick um die Ecke geworfen und berichtet, daß ein Volksmodul mit blinkendem Rotlicht vor dem Drome stand. Sie wischten Ralfi auf. Und stellten Fragen.

Ich war mit versengten weißen Flusen bedeckt. Die Tennissocken. Die Sporttasche lag wie eine zerfetzte Plastikmanschette um mein Handgelenk. »Kapier ich nicht, verdammt noch mal, wie ich den Kerl verfehlen konnte.«

»Weil er schnell ist – höllisch schnell.« Sie schlang die Arme um die Knie und wippte auf ihren Stiefelabsätzen hin und her. »Sein Nervensystem ist frisiert. Sonderanfertigung.« Sie grinste und kiekste vergnügt. »Den Kerl hol ich mir. Heut' nacht. Der ist erste Sahne, der absolute Hit, der neueste Stand der Technik.«

»Wenn du noch Wert auf die zwei Millionen legst, dann schaffst du mich lieber hier raus. Dein kleiner Freund von da drüben stammt größtenteils aus einem Labor in Chiba City. Ist 'n Yakuza-Killer.«

»Chiba. Ja. Molly war nämlich auch in Chiba, weißte?« Und sie zeigte mir ihre Hände mit den leicht gespreizten Fingern. Ihre Finger waren schlank und spitz und wirkten durch die burgunderrot lackierten Nägel sehr blaß. Zehn Klingen schossen aus den Versenkungen unter den Nägeln, schmale, zweischneidige Skalpellklingen aus hellblauem Stahl.

Ich war noch nie länger in Nighttown gewesen. Dort gab es niemanden, der mich für mein Gedächtnis bezahlt hätte; im Gegenteil, die meisten zahlten regelmäßig dafür, daß man Dinge vergaß. Generationen von Scharfschützen hatten aufs Neon geballert, bis die Wartungsmannschaften aufgegeben hatten. Selbst am Mittag zeichneten sich die kaputten Lichtbogen rußschwarz gegen das matte Grauweiß ab.

Wohin geht man, wenn der reichste Gangsterorden der Welt mit ruhigen, langen Armen nach einem greift? Wo versteckt man sich vor den Yakuza, die so mächtig sind, daß sie eigene Kommunikationssatelliten und mindestens drei Raumfähren besitzen? Die Yakuza sind multinational wie ITT oder Ono-Sendai. Schon fünfzig Jahre vor meiner Geburt hatten die Yakuza die Triaden, die Mafia und die Korsische Union geschluckt.

Molly hatte eine Antwort: Man versteckt sich in der Grube, tief unten, wo jeder äußere Einfluß sofort konzentrische Wellen der Bedrohung schlägt. Man versteckt sich in Nighttown. Noch besser *über* Nighttown, denn die Grube ist umgestülpt, und ihr Boden berührt den Himmel, jenen Himmel, den die unter ihrem eigenen Acrylharzfirmament schwitzende Nighttown nie sieht; man versteckt sich oben, wo die Lo Teks, denen die Schwarzmarktzigaretten von den Lippen baumeln, wie häßliche Wasserspeier im Dunkeln kauern.

Sie hatte noch eine Antwort parat.

»Du bist also verriegelt und verrammelt, Johnny-san? Null Chance, ohne Paßwort an das Programm ranzukommen?« Sie führte mich in den Schatten jenseits des hellen U-Bahnsteigs. Die Betonwände waren mit Schichten von Graffiti bedeckt, die sich mit den Jahren zu einem einzigen Metagekritzel der Wut und der Ohnmacht verwoben hatten.

»Die abgespeicherten Daten werden durch eine modifizierte Reihe mikrochirurgischer kontra-autistischer Prothesen eingespeist.« Ich leierte eine lahme Version meiner üblichen Werbesprüche runter. »Der Code des Kunden wird in einem speziellen Chip gespeichert; von Squids abgesehen, über die wir in der Branche nicht gern reden, gibt's keine Möglichkeit, an den ranzukommen. Weder mit Drogen noch mit 'nem Messer, nicht mal mit Folter. Ich *kenn* ihn nicht, hab ihn nie gekannt.«

»Squids?« Wir kamen auf einen menschenleeren Platz. Dunkle Gestalten musterten uns von der anderen Seite des provisorischen Marktes, der mit Fischköpfen und faulem Obst übersät war.

»Supraleitende Quanteninterferenzdetektoren. Hat man im Krieg benutzt, um U-Boote zu orten und kybernetische Systeme des Feindes auszumachen.«

»Ach ja? Marinezeugs aus dem Krieg? Und so 'n Squid kann deinen Chip lesen?« Sie blieb stehen, und ich spürte, daß die Augen hinter den verspiegelten Gläsern mich musterten.

»Sogar die primitiven Modelle konnten ein Magnetfeld erfassen, das ein Milliardstel der geomagnetischen Feldstärke aufwies. Ungefähr so, als würde man in 'nem grölenden Stadion jemand belauschen, der irgendwas flüstert.«

»Können die Bullen doch schon, mit Richtmikrofonen und Lasern.«

»Aber trotzdem sind die Daten sicher.« Berufsehre. »Keine Regierung gibt ihren Bullen Squids, nicht mal den Spezialeinheiten. Die Gefahr, daß die Dinger intern eingesetzt würden, ist zu groß. Wahrscheinlich gäb's dann bald ein Watergate nach dem anderen.«

»Marinezeugs«, sagte sie, und ihr Grinsen leuchtete im Dunkeln. »Marinezeugs. Ich hab hier unten einen Freund, der war bei der Marine. Heißt Jones. Den solltest vielleicht mal kennenlernen. Ist allerdings 'n Junkie. Also werden wir ihm was mitbringen müssen.«

»Ein Junkie?«

»'n Delphin.«

Er war mehr als ein Delphin, obwohl er in den Augen jedes anderen Delphins vielleicht eher weniger gewesen wäre. Ich sah zu, wie er sich träge in seinem galvanisierten Becken drehte. Wasser schwappte über, und ich bekam nasse Schuhe. Er war ein Überbleibsel des letzten Krieges. Ein Cyborg.

Er stieg aus dem Wasser empor und zeigte uns die verkrusteten Platten an seinen Flanken, eine Art visuelles Wortspiel, da angesichts der plump und prähistorisch wirkenden Panzerelemente von seiner Anmut nicht viel blieb. In zwei Einbuchtungen an jeder Schädelseite steckten Sensoren, und dort, wo seine weißgraue Haut freilag, glänzten silberne Wunden.

Molly pfiff. Jones schlug mit dem Schwanz, und wieder schwappte Wasser über den Beckenrand.

»Wo sind wir hier?« Mein Blick fiel auf verschwommene Formen im Dunkeln, auf rostige Ketten und mit Planen verhüllte Gegenstände. Über dem Becken hing ein roh gezimmertes Holzgerüst, das kreuz und quer mit Ketten staubiger elektrischer Weihnachtskerzen bespannt war.

»In Funland. Zoo und Vergnügungspark. ›Sprechen Sie mit dem Kriegswal‹ und all so 'n Kram. Von wegen, Wal...«

Jones richtete sich wieder auf und fixierte mich mit einem traurigen, steinalten Auge.

»Wie spricht er denn?« Plötzlich wäre ich am liebsten wieder gegangen.

»Das ist der Witz dabei. Sag guten Tag, Jones.«

Und alle Glühbirnen leuchteten gleichzeitig auf und blinkten rot, weiß und blau.

RWBRWBRWB
RWBRWBRWB
RWBRWBRWB
RWBRWBRWB
RWBRWBRWB

»Symbole hat er drauf, wie du siehst, aber der Code ist eingeschränkt. Bei der Marine hatten sie ihn an ein audiovisuelles Display gekoppelt.« Sie zog das schmale Päckchen aus der Jackentasche. »Reiner Stoff, Jones. Interessiert?« Er erstarrte im Wasser und begann zu sinken. Mich befiel eine seltsame Panik, als mir wieder bewußt wurde, daß er kein Fisch war und durchaus ertrinken konnte. »Wir brauchen den Schlüssel zu Johnnys Speicher, Jones. Und zwar schnell.«

Die Lichter flackerten, erloschen.

»Na los, Jones!«

B
BBBBBBBBB
B
B
B

Blaue Birnen, kreuzförmig.

Dunkelheit.

»Rein! *Sauber*. Mach schon, Jones!«

WWWWWWWWW
WWWWWWWWW
WWWWWWWWW
WWWWWWWWW
WWWWWWWWW

Weißes Natriumdampfgleißen erleuchtete ihr Gesicht, völlig monochrom; die Wangenknochen warfen Schatten.

```
R   RRRRR
R   R
RRRRRRRRR
    R   R
RRRRR   R
```

Die Balken des roten Hakenkreuzes spiegelten sich verzerrt in ihren silbernen Gläsern. »Gib ihm das Zeug«, sagte ich. »Wir haben es.«

Ralfi Face. Null Phantasie, wie immer.

Als Jones seine gepanzerte Masse zur Hälfte über den Rand des Beckens wuchtete, dachte ich, das Metall würde nachgeben. Molly trieb ihm die Einwegspritze wie einen Dolch zwischen zwei Platten hindurch in den Leib. Treibgas zischte. Lichtmuster explodierten auf dem Rahmen und erloschen.

Als wir gingen, trieb er im dunklen Wasser und wälzte sich träge herum. Vielleicht träumte er von seinem Krieg im Pazifik, von den kybernetischen Minen, in deren elektronisches Inneres er sich behutsam vorgetastet und die er dann geräumt hatte – mit Hilfe des Squids, mit dem er auch dem Chip in meinem Kopf Ralfis jämmerliches Paßwort entlockt hatte.

»Ich kann mir zwar vorstellen, daß sie bei seiner Ausmusterung Mist gebaut und ihn mitsamt dem ganzen intakten Gerät aus der Navy entlassen haben, aber wie wird ein kybernetischer Delphin heroinsüchtig?«

»Der Krieg«, sagte sie. »Die waren alle süchtig. Dafür hat die Marine gesorgt. Wie soll man sie sonst dazu bringen, für einen zu arbeiten?«

»Ich weiß nicht, ob das so ’n gutes Geschäft ist«, sagte der Pirat, um mehr Geld rauszuholen. »Die Koordinaten eines Satelliten, der nirgends registriert ist…«

»Wenn du noch länger meine Zeit verschwendest, machste gar

kein Geschäft.« Molly beugte sich über seinen verkratzten Plastikschreibtisch und stieß ihm den Zeigefinger auf die Brust.

»Vielleicht willste deine Mikrowellen woanders kaufen?« Hinter seiner Mao-Fassade war er ein zäher Bursche. Wahrscheinlich in Nighttown geboren.

Ihre Hand huschte blitzartig über das Vorderteil seines Jacketts und trennte ein Revers ab, ohne den Stoff auch nur zu kräuseln.

»Also, sind wir nun im Geschäft oder nicht?«

»Klar.« Er starrte auf sein zerschnittenes Revers. Bestimmt hoffte er, dabei nichts weiter als höfliches Interesse zu zeigen. »Klar.«

Während ich die beiden Recorder checkte, die wir gekauft hatten, zog sie den Zettel, den ich ihr gegeben hatte, aus der mit einem Reißverschluß gesicherten Tasche an ihrem Jackenärmel. Sie entfaltete das Blatt und las stumm, wobei sie die Lippen bewegte. Sie zuckte die Achseln. »Das ist es?«

»Los!« sagte ich und drückte gleichzeitig die Aufnahmetasten der beiden Decks.

»Christian White«, las sie, »und seine Aryan Reggae Band.«

Ralfi, treuer Fan bis zuletzt.

Der Übergang in den *Idiot-savant*-Modus ist nie so abrupt, wie ich denke. Die Fassade des Piratensenders war ein schlechtgehendes Reisebüro in einem pastellfarbenen Würfel mit einem Schreibtisch, drei Stühlen und einem vergilbten Poster einer Schweizer Ferienstation im Orbit. Auf dem Fensterbrett neben Mollys Schulter hockten zwei mundgeblasene Spielzeugvögel mit Blechbeinen und tranken monoton aus einer Styropor-Wasserschale. Während ich auf den Modus umstellte, wurden sie allmählich schneller, bis die schillernden Haubenfedern feste Farbbogen wurden. Die LED-Sekundenanzeige der Plastikuhr an der Wand verwandelte sich in sinnlose, pulsierende Gitter, und Molly und der Kerl mit dem Mao-Gesicht verschwammen, wobei ihre Arme gelegentlich in schnellen, insektenhaften Gesten zuckten. Und dann verblaßte alles zu kaltem, statischem Grau und einem endlosen Lautgedicht in einer Kunstsprache.

Ich hockte da und leierte drei Stunden lang das geklaute Programm des toten Ralfi herunter.

Die Mall, das alte Einkaufs- und Freizeitzentrum, erstreckt sich über eine Länge von vierzig Kilometern. Verschachtelte Fuller-Kuppeln überdachen die einstige Hauptverkehrsader einer Vorstadt. Wenn an klaren Tagen die Lichtbogen abgeschaltet werden, dringt trübes Tageslicht durch den Graufilter der vielen Acrylschichten, ein Anblick, der an die Kerkerbilder von Piranesi erinnert. Die drei südlichen Kilometer überspannen Nighttown. Nighttown zahlt keine Steuern, keine Abgaben. Die Neonlampen sind tot, und die geodätischen Kuppeln sind im Lauf der Jahrzehnte vom Rauch der offenen Kochstellen geschwärzt worden. Wer achtet in der nahezu vollständigen Dunkelheit des Nighttown-Mittags schon auf ein paar Dutzend verrückte Kinder, die sich zwischen den Dachbalken herumtreiben?

Wir waren seit zwei Stunden auf dem Weg nach oben, über Betontreppen und Stahlleitern mit perforierten Trittflächen, vorbei an verlassenen Gerüsten und staubbedecktem Werkzeug. Losmarschiert waren wir in einem aufgegebenen Werkstatthof, in dem sich dreieckige Dachelemente stapelten. Alles dort war von einer eintönigen Graffitischicht aus der Sprühdose überzogen: Bandennamen, Initialen, Daten, die bis zur Jahrhundertwende zurückreichten. Die Graffiti folgten uns nach oben und wurden dann allmählich spärlicher, bis nur noch ein einziger Begriff in loser Folge auftauchte: LO TEK. In tropfenden schwarzen Großbuchstaben.

»Wer ist Lo Tek?«

»Wir nicht, Boß.« Sie erklomm eine wacklige Aluminiumleiter und verschwand durch ein Loch in einer gewellten Plastikabdeckung. »Steht für ›low tech‹, im Gegensatz zu ›high tech‹.« Das Plastik dämpfte ihre Stimme. Ich rieb mir das schmerzende Handgelenk und folgte ihr. »Lo Teks würden deine Nummer mit der Schrotflinte für ziemlich lau halten.«

Eine Stunde später zog ich mich durch ein weiteres, diesmal schlampig in eine durchhängende Sperrholzplatte gesägtes Loch nach oben und traf meinen ersten Lo Tek.

»Alles okay«, sagte Molly und tippte mir auf die Schulter. »Es ist nur Dog. Hallo, Dog.«

Im schmalen Lichtkegel ihrer Taschenlampe musterte er uns mit seinem einen Auge, streckte langsam ein dickes, graues Stück Zunge heraus und leckte sich die monströsen Eckzähne. Ich fragte mich, wie sie Zahnknospenimplantate von Dobermännern als ›low tech‹ bezeichnen konnten. Immunsuppressiva wachsen nicht gerade auf den Bäumen.

»Moll.« Das vergrößerte Gebiß behinderte ihn beim Sprechen. Ein Speichelfaden hing von der verzerrten Unterlippe. »Hab euch kommen hören. Schon lange.« Er hätte fünfzehn sein können, aber die Reißzähne und ein buntes Narbenmosaik vereinigten sich mit der klaffenden Augenhöhle zu einer absolut bestialischen Fratze. Es brauchte viel Zeit und ein gewisses Maß an Kreativität, um ein solches Gesicht hinzukriegen, und seine Haltung verriet mir, daß er gern hinter dieser Maske lebte. Er trug eine morsche, dreckstarrende Jeans mit speckigen Nähten. Brust und Füße waren nackt. Er verzog seinen Mund zu einer Art Grinsen. »Irgendwer folgt euch.«

Tief unten in Nighttown pries ein Wasserverkäufer seine Ware an.

»Haben die Schnüre gewackelt, Dog?« Sie schwenkte die Taschenlampe zur Seite, und ich sah dünne Schnüre durch Ringschrauben zum Rand laufen und dort verschwinden.

»Mach das Scheißlicht aus!«

Sie knipste es aus.

»Wieso hat der, der euch folgt, kein Licht?«

»Der braucht keins. Er wird Ärger machen, Dog. Wenn deine Aufpasser sich mit ihm anlegen, kriegste sie in handlichen Einzelteilen zurück.«

»Ist das 'n Freund von dir, Moll?« Er klang nervös. Ich hörte, wie er auf dem abgenutzten Holz von einem Fuß auf den anderen trat.

»Nein. Aber er gehört mir. Und der hier«, dabei schlug sie mir auf die Schulter, »der ist 'n Freund. Kapiert?«

»Klar«, sagte er ohne große Begeisterung und schlurfte zu den Ringschrauben am Rand der Plattform. Er begann, an den straff gespannten Schnüren zu zupfen und auf diese Weise irgendeine Meldung rauszugeben.

Nighttown breitete sich unter uns aus wie eine Spielzeugstadt für Ratten; Kerzenlicht schimmerte in winzigen Fenstern, und nur wenige Rechtecke wurden von gleißenden Batterie- und Karbidlampen erleuchtet. Ich stellte mir die alten Männer bei ihrem endlosen Dominospiel vor, während von der Wäsche auf den Stangen zwischen den Sperrholzhütten warme, dicke Wassertropfen herabfielen. Dann versuchte ich mir vorzustellen, wie er mit seinen Zoris und dem häßlichen Touristenhemd langsam, aber sicher nach oben stieg. Wie fand er unsre Spur?

»Er riecht uns«, sagte Molly.

»Rauchste?« Dog fischte ein zerknülltes Päckchen aus der Tasche und zog eine plattgedrückte Zigarette heraus. Als er das Küchenstreichholz anriß und mir Feuer gab, konnte ich den Namen der Marke lesen. *Yeheyuan Filter. Beijing Cigarette Factory*. Daraus schloß ich, daß die Lo Teks Schwarzhändler waren. Dog und Molly diskutierten wieder; offenbar ging es um Mollys Wunsch, eine bestimmte Einrichtung der Lo Teks benutzen zu dürfen.

»Mann, ich hab dir schon so viele Gefallen getan. Ich will aufs Parkett. Und ich will die Musik.«

»Du bist kein Lo Tek...«

So ging das fast einen Kilometer lang, während Dog uns über schwankende Laufplanken und Strickleitern führte. Die Lo Teks kleben ihre Netze und Behausungen mit dicken Expoxidbatzen ans Stadtgefüge und schlafen in Hängematten über dem Abgrund. Ihr Lebensraum ist dermaßen reduziert, daß stellenweise nicht viel mehr als in die Pfeiler der Kuppeln gehauene Griff- und Trittmulden für Hände und Füße vorzufinden sind.

Molly redete vom sogenannten »Killerparkett«. Während ich hinter ihr hereilte und mit meinen neuen Eddie-Bax-Schuhen über blankes Metall und feuchtes Holz rutschte, fragte ich mich, was daran noch lebensgefährlicher sein konnte als am Rest ihres Territoriums. Zugleich spürte ich, daß Dogs Einwände zum Ritual gehörten und daß sie längst wußte, daß sie kriegen würde, was sie wollte.

Irgendwo unter uns kreiste Jones in seinem Becken und litt wahrscheinlich gerade unter den ersten Stichen der Junkiekrankheit. Die Polizei würde den Stammkunden des Drome mit Fragen über Ralfi auf die Nerven fallen. Was hatte er gemacht? Mit wem war er zusammengewesen, bevor er das Lokal verlassen hatte? Und die Yakuza warfen ihren gespenstischen Schatten über die Datenbanken der Stadt und suchten in Nummernkonten, Bankgeschäften und Stromrechnungen nach meinen Spuren. Wir leben in einer Informationsgesellschaft. Das lernt man schon in der Schule. Was man nicht lernt, ist, daß man dabei auf Schritt und Tritt Spuren hinterläßt, immer und überall, winzige Bruchstücke, scheinbar bedeutungslose persönliche Datensplitter. Splitter, die wiederaufgefunden und neu zusammengesetzt werden können...

Aber mittlerweile würde der Pirat unsere Nachricht für die Blackbox-Übertragung zum Yakuza-Satelliten vorbereitet haben. Eine simple Nachricht: Pfeift eure Hunde zurück, oder wir machen euer Programm publik.

Das Programm. Ich hatte keine Ahnung, was es enthielt. Ich weiß es bis heute nicht. Ich leiere die Daten einfach nur runter, ohne ein Wort zu verstehen. Vermutlich waren es Forschungsdaten, da die Yakuza mit Vorliebe Industriespionage auf höchstem Niveau betreiben. Ein edles Geschäft: Sie beklauen Ono-Sendai mit aller Selbstverständlichkeit, halten die Daten bis zur Zahlung eines Lösegeldes höflich unter Verschluß und drohen, das Produkt publik und damit den Forschungsvorsprung des Konzerns zunichte zu machen.

Aber warum sollte nicht auch jemand anders diese Nummer abziehen können? Würden sie nicht besser fahren, wenn sie Ono-Sendai was zurückverkaufen konnten – besser jedenfalls als mit einem toten Johnny aus der Memory Lane?

Ihr Programm war auf dem Weg nach Sydney, zu einem Laden, der die Post seiner Kunden aufbewahrte, ohne Fragen zu stellen, sobald man eine kleine Anzahlung geleistet hatte. Als Warensendung, ganz normal mit der Post. Die andere Kopie hatte ich größtenteils gelöscht und in die entstandene Lücke unsere Nachricht gesetzt, wobei ich vom Programm gerade soviel übriggelassen hatte, daß man es als echt identifizieren konnte.

Mein Handgelenk tat weh. Ich wollte eine Pause machen, mich hinlegen und schlafen. Ich wußte, daß ich bald den Halt verlieren und abstürzen würde, daß ich in den schicken schwarzen Schuhen, die ich mir für meinen Abend als Eddie Bax gekauft hatte, abgleiten und nach Nighttown hinunterfallen würde. Aber da tauchte er vor meinem geistigen Auge auf, leuchtend wie ein billiges religiöses Hologramm, und der vergrößerte Chip auf seinem Hawaiihemd erinnerte mich an ein Aufklärungsfoto von einem todgeweihten Stadtkern.

So folgte ich also Dog und Molly durch den Lo-Tek-Himmel, der notdürftig und schlampig aus all dem Schrott zusammengestoppelt war, den man nicht mal mehr in Nighttown haben wollte.

Das Killerparkett hatte acht Meter Seitenlänge. Ein Riese hatte Stahlseile über einen Schrottplatz gezogen und straff gespannt. Es quietschte bei jeder Bewegung, und es bewegte sich unaufhörlich, es schwankte und wackelte, während sich die Lo Teks auf der Holztribüne ringsum versammelten. Das Holz war silbrig vor Alter, abgenutzt und glänzend und über und über mit eingeritzten Initialen, Drohungen und Liebesschwüren bedeckt. Die Holztribüne hing an Drahtseilen, die sich außerhalb des grellen Lichtkegels zweier antiker Flutlichtstrahler über dem Parkett in der Dunkelheit verloren.

Ein Mädchen mit Zähnen wie Dog landete auf allen vieren auf dem Parkett. Ihre Brüste waren mit indigoblauen Spiralen tätowiert. Im Nu war sie auf der anderen Seite des Parketts und kabbelte sich kichernd mit einem Jungen, der dunkle Flüssigkeit aus einer Literflasche trank.

Lo-Tek-Mode, das waren Narben und Tätowierungen. Und Zähne. Daß sie Strom anzapften, um das Killerparkett zu beleuchten, schien eine Ausnahme von ihrer allgemeinen Ästhetik zu sein, ein Kompromiß – zugunsten des Rituals, des Sports, der Kunst? Ich wußte es nicht, aber es gab keinen Zweifel: Das Killerparkett war etwas Besonderes. Es sah aus, als sei es über Generationen hinweg zusammengebaut worden.

Ich hielt die nutzlose Knarre unter meiner Jacke in der Hand. Ihre Härte und ihr Gewicht beruhigten mich, obwohl ich keine Munition mehr besaß. Mir wurde klar, daß ich keinen Schimmer hatte, was hier eigentlich vorging oder demnächst vorgehen würde. Das lag bei mir in der Natur; schließlich hatte ich mein Leben größtenteils als blindes Gefäß verbracht, das mit dem Wissen anderer Leute gefüllt und dann wieder geleert wurde, wobei sich Worte in synthetischen Sprachen aus mir ergossen, die ich nie verstehen würde. Ich war wirklich ein technischer Typ. Klar.

Und dann fiel mir auf, wie ruhig die Lo Teks geworden waren.

Da stand er, am Rand des Lichtkegels, und überblickte das Killerparkett und die Tribüne der stillen Lo Teks mit der Gelassenheit eines Touristen. Als unsere Blicke sich zum ersten Mal trafen und wir einander wiedererkannten, erinnerte ich mich abrupt an Paris, an die lange Fahrt im elektrischen Mercedes durch den Regen zu Notre-Dame; an mobile Glashäuser mit japanischen Gesichtern hinter den Scheiben, und an aberhundert Nikons, die sich in blindem Fototropismus zum Licht erhoben wie Blumen aus Stahl und Kristall. Hinter seinen Augen, die mich fixierten, surrten die gleichen Irisblenden.

Ich sah mich nach Molly Millions um, aber sie war verschwunden.

Die Lo Teks machten Platz und ließen ihn zur Bank hinauf. Er verbeugte sich lächelnd, stieg geschmeidig aus seinen Sandalen, die er fein säuberlich nebeneinanderstellte, und trat hinunter aufs Killerparkett. Er spazierte so lässig über das schwankende Alteisentrampolin auf mich zu wie ein Tourist über den synthetischen Teppichboden eines gesichtslosen Hotels.

Molly landete auf dem Parkett und setzte sich in Bewegung.

Das Parkett kreischte.

Es war mit Mikros und Verstärkern bestückt; an den vier dikken Spiralfedern an den Ecken saßen Tonabnehmer, und Kontaktmikros klebten hier und dort an rostigen Maschinenteilen. Irgendwo hatten die Lo Teks einen Verstärker und einen Synthesizer, und nun entdeckte ich auch die Umrisse von Lautsprechern hinter den gleißenden, unbarmherzigen Scheinwerfern.

Ein elektronischer Schlagzeugbeat setzte ein, wie ein verstärktes Herz, gleichmäßig wie ein Metronom.

Sie hatte ihre Lederjacke und die Stiefel ausgezogen. Ihr T-Shirt war ärmellos. Schwache Spuren von Chiba-City-Elektronik liefen an ihren dünnen Armen entlang. Ihre Lederjeans glänzte im Flutlicht. Sie begann zu tanzen.

Sie beugte die Knie, weiße Füße spannten sich auf einem

plattgewalzten Benzinkanister, und das Killerparkett begann sich zu heben und zu senken. Es klang wie ein Weltuntergang; als würden die Trossen, die das Firmament tragen, reißen und durch den Himmel schnellen.

Er ließ sich ein paar Sekunden lang schaukeln, dann bewegte er sich, die Schwankungen des Parketts präzise einschätzend, als würde er in einem Ziergarten von einem flachen Stein zum nächsten treten.

Gelassen, wie selbstverständlich, zog er die Spitze seines Daumens ab und warf sie nach ihr.

Unter den Scheinwerfern schillerte die lichtbrechende Faser in allen Regenbogenfarben. Molly warf sich flach hin, rollte herum und schnellte hoch, als der Molekülstrang vorbeipeitschte. Blitzende Stahlklauen spreizten sich in einer automatischen Abwehrbewegung.

Der Trommelrhythmus wurde schneller, und Molly hüpfte im Takt; ihre dunkle Mähne flog wild um die verspiegelten Silberlinsen, der Mund war schmal, die Lippen ein konzentrierter Strich. Das Killerparkett schepperte und dröhnte, und die Lo Teks schrien vor Aufregung.

Er zog die Faser bis auf einen Meter ein und ließ sie als schemenhafte, polychrome Scheibe vor sich kreisen, wobei er die daumenlose Hand in Höhe des Brustbeins hielt. Ein Schild.

Und Molly schien innerlich irgend etwas loszulassen, und damit fing ihr Veitstanz erst richtig an. Sie hüpfte und drehte sich, schnellte zur Seite und landete mit beiden Füßen auf einem Motorblock aus legiertem Metall, der direkt mit einer der Spiralfedern verbunden war. Ich hielt mir die Ohren zu und ging in die Knie, benommen und schwindlig vom Lärm; ich glaubte, Parkett und Tribüne seien bereits auf dem Weg hinunter nach Nighttown, und sah uns durch die Hütten, die nasse Wäsche brechen, auf dem Pflaster aufschlagen und wie reife Früchte zerplatzen. Aber die Drahtseile hielten, und das Killerparkett hob und senkte sich wie ein tosendes Meer aus Metall. Und Molly tanzte auf den Wellen.

Und am Ende, bevor er die Faser ein letztes Mal warf, sah ich etwas in seinem Gesicht, einen Ausdruck, der dort nicht hinzugehören schien. Es war weder Furcht noch Zorn, eher Ungläubigkeit und Fassungslosigkeit, gekoppelt mit dem Ekel eines Ästheten vor dem, was er sah und hörte – vor dem, was ihm geschah. Er zog die wirbelnde Faser ein, bis die gespenstische Scheibe auf Tellergröße geschrumpft war, riß den Arm nach oben über den Kopf und ließ ihn herabsausen, so daß die Daumenspitze wie ein Lebewesen auf Molly zuschoß.

Das Parkett trug sie nach unten, und der Molekülstrang sauste knapp über ihren Kopf hinweg. Dann schnellte das Parkett wieder nach oben und hob ihn in die Bahn der gestrafften Faser. Eigentlich hätte sie harmlos über seinen Kopf hinwegstreichen und wieder in das diamantharte Gehäuse eingezogen werden sollen. So jedoch schnitt sie ihm unmittelbar hinter dem Gelenk die Hand ab. Im Parkett vor ihm war eine Lücke, und in der verschwand er wie ein Taucher, mit sonderbar besonnener Anmut, ein besiegter Kamikaze auf dem Sturz in die Nighttown. Ich glaube, zum Teil nutzte er diesen Sturz, um sich ein paar Momente würdevoller Stille zu erkaufen. Molly hatte ihn mit einem Kulturschock getötet.

Die Lo Teks grölten, doch dann stellte jemand den Verstärker ab, und Molly ließ das Killerparkett ausschwingen und hielt sich mit blassem, ausdruckslosem Gesicht fest, bis das Wippen nachließ und nur noch das leise Klirren von gequältem Metall und das Knirschen von Rost auf Rost zu hören war.

Wir suchten auf dem Parkett nach der abgetrennten Hand, fanden sie jedoch nicht. Wir fanden lediglich einen geschwungenen Einschnitt in einem rostigen Stahlteil, durch das der Molekülstrang hindurchgefahren war. Die Schnittkante glänzte wie poliertes Chrom.

Wir haben nie erfahren, ob die Yakuza unsere Bedingungen akzeptiert oder ob sie unsere Nachricht überhaupt erhalten haben. Soweit ich weiß, wartet ihr Programm immer noch in einem Regal im Hinterzimmer eines Souvenirladens auf der dritten Ebene von Sydney Central-5 auf Eddie Bax. Wahrscheinlich haben sie das Original schon vor Monaten an Ono-Sendai zurückverkauft. Vielleicht haben sie die Nachricht des Piraten aber doch erhalten, denn bisher hat noch niemand nach mir gesucht, obwohl schon fast ein Jahr vergangen ist. Falls sie doch noch kommen, steht ihnen jedenfalls ein langer Aufstieg durch die Dunkelheit bevor, vorbei an Dogs Wachen, und ich habe heute nicht mehr viel Ähnlichkeit mit Eddie Bax. Das hat Molly für mich erledigt, unter örtlicher Betäubung. Sogar die neuen Zähne sind schon beinahe angewachsen.

Ich habe beschlossen, hier oben zu bleiben. Als ich unmittelbar vor seiner Ankunft auf das Killerparkett schaute, wurde mir bewußt, wic hohl mein Leben war. Und ich wußte, daß ich kein Gefäß mehr sein wollte. Jetzt steige ich fast jeden Abend hinunter und besuche Jones.

Wir sind jetzt Partner, Jones und ich und Molly Millions. Molly erledigt unsere Geschäfte im Drome. Jones ist nach wie vor in Funland, hat aber inzwischen ein größeres Becken, das wöchentlich von einem Tanklaster mit frischem Meerwasser aufgefüllt wird. Und er kriegt seinen Stoff, wenn er ihn braucht. Mit den Kindern redet er nach wie vor mittels seiner Glühbirnen, aber mit mir unterhält er sich durch ein neues Display in einer Kabine, die ich angemietet habe, ein besseres Gerät als das, was er damals bei der Navy benutzt hat.

Und wir verdienen alle gut dabei. Ich habe nie besser verdient, denn Jones' Squid spürt die Spuren von allem auf, was je in mir abgespeichert worden ist, und er übermittelt mir das auf dem Display in einer Sprache, die ich verstehe. So erfahren wir eine Menge über all meine früheren Kunden. Und irgendwann lasse ich mir von einem Chirurgen das ganze Silizium aus den Mandeln schürfen und lebe wieder mit meinen eigenen Erinnerungen, ohne die von fremden Leuten, wie jeder andere auch. Aber das dauert noch eine Weile.

Bis dahin läßt sich's echt aushalten hier, hoch oben im Dunkeln, wo ich meine chinesischen Filterzigaretten rauche und dem Kondenswasser lausche, das von den geodätischen Kuppeln tröpfelt. Ist richtig still hier oben – wenn nicht gerade ein Lo-Tek-Paar auf dem Killerparkett sein Tänzchen aufführt.

Lehrreich ist es obendrein. Mit Hilfe von Jones blicke ich immer besser durch, und irgendwann werde ich noch zum technisch versiertesten Typ der Stadt.

William Gibson

DAS GERNSBACK-KONTINUUM

Zum Glück verblaßt die Sache allmählich, nimmt episodenhafte Züge an. Wenn ich doch noch seltsame Dinge sehe, dann nur peripher; bloße Fragmente am Rande des Blickfelds, wie die Chromobjekte in den Labors wahnsinniger Wissenschaftler in alten Hollywoodfilmen. Da war letzte Woche dieses Nurflügelflugzeug über San Francisco, aber das war beinahe durchsichtig. Auch die Haifischflossenroadster sind seltener geworden, und die Autobahnen verzichten taktvollerweise darauf, sich zu jenen schimmernden achtzigspurigen Ungetümen aufzufächern, die ich letzten Monat mit meinem gemieteten Toyota befahren mußte. Und ich weiß, daß nichts von all dem mich nach New York verfolgen wird; meine Sicht der Dinge reduziert sich auf eine einzige Wellenlänge der Wahrscheinlichkeit. Daran habe ich hart gearbeitet. Fernsehen hat sehr geholfen.

Ich glaube, es begann in London, in einer dieser pseudo-griechischen Tavernen an der Battersea Park Road, bei einem Mittagessen, das Cohen von seinem Spesenkonto bezahlte. Totgekochter Fraß von der Warmhaltetheke, und es dauerte eine halbe Stunde, bis sie einen Eiskübel für den Retsina aufgetrieben hatten. Cohen arbeitet bei Barris-Watford, die große, schicke Paperbacks über Gebrauchskunst herausbringen: die illustrierte Geschichte der Leuchtreklame, des Flipperautomaten, des japanischen Aufziehspielzeugs zu Besatzungszeiten. Ich war rübergeflogen, um Werbefotos für Schuhe zu schießen; kalifornische

Girls mit braunen Beinen und lustigen bunten Joggingschuhen hatten für mich auf den Rolltreppen von St. John's Wood und den Bahnsteigen von Tooting Bec posiert. Eine kleine, hungrige, junge Agentur war zu dem Schluß gekommen, das geheimnisvolle Londoner Nahverkehrssystem werde Nylonlaufschuhe mit Waffelsohlen verkaufen. Sie entscheiden; ich schieße die Bilder. Und Cohen, ein flüchtiger Bekannter aus alten New Yorker Zeiten, lud mich am Vortag meines Abflugs von Heathrow zum Essen ein. Er brachte eine sehr modisch gekleidete junge Dame namens Dialta Downes mit, die buchstäblich kinnlos und offenbar eine bekannte Pop-art-Historikerin war. Im Rückblick sehe ich sie neben Cohen hereinspazieren; eine blinkende Leuchtschrift schwebt über ihr, die in riesigen Druckbuchstaben THIS WAY LIES MADNESS verkündet.

Cohen machte uns bekannt und erklärte, Dialta arbeite federführend am neuesten Barris-Watford-Projekt, einer illustrierten Geschichte der »Amerikanischen Stromlinien-Moderne«, wie sie es nannte. Cohen sprach von »Strahlenpistolenbarock«. Ihr Arbeitstitel war *Die windschlüpfrige Futuropolis: das Morgen, das nie kam.*

Die Briten sind besessen von den barocken Elementen der amerikanischen Popkultur, vergleichbar mit dem abgedrehten Cowboy-und-Indianer-Fetischismus der Westdeutschen oder der spleenigen Vorliebe der Franzosen für alte Jerry-Lewis-Filme. Bei Dialta Downes manifestierte sich das als Begeisterung für eine rein amerikanische Architekturform, die den meisten Amerikanern gar nicht auffällt. Zunächst war ich mir nicht ganz sicher, was sie überhaupt meinte, aber allmählich dämmerte es mir. Ich erinnerte mich mit einemmal ans Sonntagvormittagsprogramm des Fernsehens in den Fünfzigern.

Der Lokalsender hatte manchmal alte Nachrichtensendungen als Lückenfüller gebracht. Da saß man mit seinem Erdnußbuttersandwich und einem Glas Milch, und ein von atmosphärischem Rauschen unterlegter Hollywood-Bariton erzählte von einem Fliegenden Auto der Zukunft. Dazu werkelten drei Detroiter Ingenieure an einem großen alten Nash mit Flügeln herum, und man sah das Ding über eine leere Startbahn in Michigan rasen. Man sah es zwar nie abheben, aber trotzdem flog es schnurstracks in Dialta Downes' Nimmerland, die wahre Heimat einer ganzen Generation völlig enthemmter Technophiler. Sie redete von den Überbleibseln der »futuristischen« Architektur der dreißiger und vierziger Jahre, an denen man in den amerikanischen Städten täglich achtlos vorübergeht: von gerippten Kinomarkisen, die angeblich eine geheimnisvolle Energie ausstrahlen; von den geriffelten Aluverblendungen der Ramschläden; von verchromten Stahlrohrstühlen, die in den Foyers kurzlebiger Hotels verstauben. Sie betrachtete diese Dinge als Teile einer Traumwelt, denen man in der gleichgültigen Gegenwart keine Beachtung mehr schenkte; und ich sollte sie für sie ablichten.

In den Dreißigern trat die erste Generation amerikanischer Industriedesigner auf den Plan. Bis Anfang der Dreißiger hatten alle Bleistiftspitzer wie Bleistiftspitzer ausgesehen – im Prinzip die elementare viktorianische Vorrichtung, allenfalls mit ein paar Schnörkeln verziert. Nach dem Auftreten der Designer sah mancher Bleistiftspitzer aus wie im Windkanal getestet. Dabei waren die Veränderungen meist nur oberflächlich; unter der stromlinienförmigen Chromhülle fand sich der alte viktorianische Mechanismus. Was nicht weiter verwunderlich war, da die erfolgreichsten amerikanischen Designer sich aus den Reihen der Bühnenbildner am Broadway rekrutierten. Alles war Kulisse, aufwendiges Bühnenbild für das spielerische Erleben der Zukunft.

Beim Kaffee zog Cohen ein dickes braunes Kuvert voller Hochglanzbilder hervor. Ich sah die geflügelten Statuen, die über den Hoover-Damm wachen, zwölf Meter große Kühlerfiguren aus Beton, die sich standhaft gegen einen imaginären Hurrikan stemmen. Ich sah ein Dutzend Aufnahmen von Frank Lloyd Wrights *Johnson's Wax Building* neben Titelbildern alter *Amazing-Stories*-Hefte, die ein gewisser Frank R. Paul gemalt hatte. Die Angestellten von *Johnson's Wax* mußten das Gefühl gehabt haben, in einer von Pauls Pulp-Utopien aus der Sprühdose herumzulaufen. Wrights Gebäude schien wie geschaffen für Menschen in weißen Togen und Lucite-Sandalen. Schließlich blieb ich an der Skizze einer besonders grandiosen, nur aus Flügeln bestehenden Propellermaschine hängen; sie glich einem riesigen, symmetrischen Bumerang mit Fenstern an unwahrscheinlichen Stellen. Pfeile bezeichneten die Lage des Großen Ballsaals und der beiden Squash Courts. Als Jahreszahl war 1936 angegeben.

»Dieses Ding ist doch nie im Leben geflogen, oder?« Ich sah Dialta Downes an.

»O nein, ausgeschlossen, nicht mal mit den zwölf riesigen Propellern. Aber es sah doch toll aus, finden Sie nicht? New York-London in weniger als zwei Tagen, erstklassige Bordrestaurants, Einzelkabinen, Sonnendecks, abends Jazzmusik und Tanz... Die Designer waren nämlich Populisten. Sie versuchten, den Leuten zu geben, was sie wollten. Und die Leute wollten Zukunft.«

Ich war seit drei Tagen in Burbank und mühte mich damit ab, einer wahrhaft trüben Tasse von einem Rockmusiker Charisma zu verleihen, als ich Cohens Päckchen bekam. Es ist möglich, etwas Nichtvorhandenes zu fotografieren; es ist allerdings verdammt schwierig und erfordert daher ein Talent, das sich sehr gut in klingende Münze umsetzen läßt. Obwohl ich in der Beziehung nicht schlecht bin, ist es auch nicht direkt meine Stärke, und der arme Kerl strapazierte die Glaubwürdigkeit meiner Nikon. Schließlich gab ich es auf. Ich war frustriert, denn ich liefere gern gute Arbeit ab, aber der Frust hielt sich in Grenzen, da ich den Scheck für den Auftrag schon in der Tasche hatte. Ich wollte mich an dem künstlerisch anspruchsvollen Barris-Watford-Projekt wieder aufrichten. Cohen hatte mir einige Bücher über das Design der dreißiger Jahre, weitere Fotos von stromlinienförmigen Bauwerken und eine Liste mit Dialta Downes' fünfzig Lieblingsbeispielen dieses Stils in Kalifornien geschickt.

Architekturaufnahmen können zeitraubend sein; das Gebäude wird quasi zur Sonnenuhr, während man darauf wartet, daß der Schatten von einem Detail weicht, das man festhalten möchte, oder darauf, daß die harmonische Gesamtheit der Struktur auf bestimmte Weise sichtbar wird. Während ich wartete, versetzte ich mich in Dialta Downes' Amerika hinein. Als ich einige der Fabrikgebäude auf der Mattscheibe der Hasselblad isolierte, strahlten sie eine finstere, totalitäre Erhabenheit aus, wie die von Albert Speer für Hitler gebauten Stadien. Aber der Rest erwies sich als erbarmungslos ordinär: kurzlebiges Zeug, das vom kollektiven amerikanischen Unterbewußtsein der Dreißiger ausgestoßen worden war und vornehmlich entlang schäbiger, von staubigen Hotels, Matratzenmärkten und kleinen Gebrauchtwagenhändlern gesäumter Straßenzüge überlebt hatte. Mit den Tankstellen gab ich mir besondere Mühe.

Auf dem Höhepunkt der Downes-Ära hatten sie Ming dem Gnadenlosen die Gestaltung der kalifornischen Tankstellen überlassen. Ming, ein glühender Verfechter seiner heimatlichen mongolischen Architektur, fuhr die Küste auf und ab und errichtete utopisch anmutende Strahlengeschützstellungen in weißem Stuck. Viele wiesen überflüssige Türme mit seltsamen, tellerförmigen Verzierungen auf, die wie Kühlrippen aussahen. Sie wurden zu einem typischen Merkmal dieses Baustils und erweckten den Eindruck, die Konstruktionen würden gewaltige technische Begeisterungsstürme auslösen, wenn man nur den Einschaltknopf fände. Ich fotografierte eine in San Jose, eine Stunde bevor die Planierraupen kamen und die Fassade aus Gips, Latten und billigem Beton niederwalzten.

»Betrachten Sie es als eine Art alternatives Amerika«, hatte Dialta Downes gesagt. »Ein 1980, das es nie gab. Eine Architektur der zerstörten Träume.«

Mit dieser Einstellung fuhr ich also in meinem roten Toyota die Stationen ihres verschlungenen sozioarchitektonischen Kreuzweges ab und stimmte mich langsam auf ihre Vorstellung von einem schattenhaften Amerika ein, das es nie gegeben hatte, von Coca-Cola-Fabriken, die wie gestrandete U-Boote aussahen, und von Provinzkinos wie Tempeln einer untergegangenen Sekte, die blaue Spiegel und geometrische Formen angebetet hatte. Auf meinem Weg von einer heimlichen Ruine zur nächsten fragte ich mich, was die Bewohner dieser abhanden gekommenen Zukunft wohl von der Welt halten würden, in der ich lebte. Die dreißiger Jahre hatten von weißem Marmor und schnittigem Chrom geträumt, von unvergänglichem Kristall und brünierter Bronze, aber die Raketen auf den Titelseiten der Gernsbackschen Pulps* waren in tiefster Nacht heulend auf London gefallen. Nach dem Krieg hatte jeder ein Auto – ohne Flügel dran – und freie Fahrt auf der versprochenen Superautobahn, so daß der Himmel selbst sich verfinsterte und die Auspuffgase den Marmor zerfraßen und am Wunderkristall nagten...

Und als ich mich eines Tages am Rand von Bolinas darauf vor-

* Jeder wahre Science-fiction-Fan kennt den Namen Hugo Gernsback. Der gebürtige Luxemburger, der eigentlich Gernsbach hieß, brachte ab 1926 in den USA »Amazing Stories« heraus, das erste reine SF-Magazin der Welt. Wegen ihrer schlechten Papierqualität wurden solche Magazine, die Abenteuer-, Horror- und Krimigeschichten brachten, »Pulps« genannt (engl. für Papierbrei) – bei den Wahrern des höheren Kulturguts nach wie vor ein Synonym für »Schund«.

Einer der international bekanntesten Literaturpreise im SF-Genre trägt heute Gernsback zu Ehren den Namen ›Hugo‹. *(P. R.)*

bereitete, ein besonders opulentes Beispiel von Mings martialischer Architektur im Bild festzuhalten, durchstieß ich eine feine Membran, eine Wahrscheinlichkeitsmembran...

Ganz sachte überschritt ich die Grenze...

Und ich blickte auf und sah ein zwölfmotoriges Gebilde, das einem aufgeblähten Bumerang glich und nur aus Flügeln bestand. Mit elefantenhafter Anmut flog es nach Osten, so tief, daß ich die Nieten in der matten, silbernen Hülle erkennen konnte. Womöglich hörte ich sogar ein jazziges Echo.

Ich konfrontierte Kihn damit.

Merv Kihn, freier Journalist mit ausgeprägtem Interesse an texanischen Flugsauriern, UFO-Sichtern vom Lande, drittklassigen Loch-Ness-Monstern und den zehn beliebtesten Verschwörungstheorien in den schrulligeren Winkeln des amerikanischen Massenbewußtseins.

»Das ist gut.« Kihn putzte seine gelbe Polaroid-Schützenbrille mit dem Saum seines Hawaiihemds. »Aber nicht *schräg* genug; da fehlt so 'n gewisser Kick.«

»Aber ich hab's gesehn, Mervin.« Wir saßen unter der strahlenden Sonne Arizonas am Pool. Er wartete in Tucson auf eine Gruppe pensionierter Beamter aus Las Vegas, deren Anführerin durch ihren Mikrowellenherd Botschaften von irgendwelchen »Wesen« erhielt. Ich war die ganze Nacht durchgefahren und fühlte mich entsprechend.

»Natürlich. Natürlich hast du's gesehn. Du hast meine Sachen gelesen; hast du denn meine grundlegende Lösung des UFO-Problems nicht kapiert? Es ist schlicht und einfach so:« – er plazierte die Brille sorgfältig auf seiner langen Hakennase und fixierte mich mit seinem besten Basiliskenblick – »Leute ... sehen ... Dinge. Sie sehen solche Dinge. Es ist nichts da, aber die Leute sehen es *trotzdem*. Muß wohl ein innerer Zwang sein. Du hast Jung gelesen, du solltest wissen, was Sache ist. In deinem

Fall liegt es auf der Hand: Du sagst doch selber, du hast über diese bescheuerte Architektur nachgedacht und rumphantasiert ... und ich könnte wetten, daß du dir früher auch dein Teil an Drogen reingezogen hast, stimmt's? Wie viele Kalifornier haben die Sechziger ohne Halluzinationen überstanden? Denk nur an all die Nächte, in denen man zum Beispiel festgestellt hat, daß ganze Armeen Disneyscher Trickkünstler damit beschäftigt gewesen waren, einem animierte Hologramme ägyptischer Hieroglyphen in die Jeans zu weben, oder an die...«

»Aber so war das nicht.«

»Natürlich nicht. Es war ganz und gar nicht so; es war ›vollkommen realistisch‹, nicht wahr? Alles war normal, und dann erscheint das Monster, das Mandala, die Neonzigarre. In deinem Fall ein riesiger Tom-Swift-Flieger. So was passiert *andauernd.* Du bist nicht mal verrückt. Das weißt du hoffentlich.« Er angelte sich ein Bier aus der abgestoßenen Styropor-Kühlbox neben seinem Liegestuhl.

»Letzte Woche war ich in Virginia. Grayson County. Ich hab eine Sechzehnjährige interviewt, die von einem *Bahnhoubt* angefallen worden war.«

»Von was?«

»Von einem Bärenhaupt. Einem abgetrennten Bärenkopf. Dieses *Bahnhoubt* – ehrlich, so reden die da drüben – schwirrte mit seiner kleinen fliegenden Untertasse rum, die aussah wie 'ne alte Caddy-Radkappe. Es hatte rotglühende Augen, wie zwei Zigarrenstummel, und verchromte Teleskopantennen, die hinter den Ohren aufragten.« Er rülpste.

»Und es ist über sie hergefallen? Wie?«

»Das ist nichts für empfindsame Gemüter wie dich. ›Es war kalt‹« – er verfiel wieder in den starken Südstaaten-Akzent – »›und metallisch‹. Hat elektronische Geräusche gemacht. Das ist der wahre Stoff, das kommt geradewegs aus dem kollektiven Unbewußten, mein Freund; das Mädel ist 'ne Hexe. Für die gibt's in unserer Gesellschaft keinen Platz. Ihr wäre der Teufel erschienen, wenn sie nicht mit *The Bionic Man* und all diesen *Star Trek*-Wiederholungen groß geworden wäre. Das Zeug hat sie im Blut. Und sie weiß es auch. Gleich nachdem ich weg war, sind die strammen UFO-Jungs mit dem Lügendetektor aufgetaucht.«

Ich muß ein gequältes Gesicht gemacht haben, denn er stellte sein Bier vorsichtig neben der Kühlbox ab und setzte sich auf.

»Wenn du eine klassische Erklärung hören willst, dann würde ich sagen, du hast einen semiotischen Spuk gesehen. Zum Beispiel sind all diese UFO-Geschichten in eine Science-fiction-Bildwelt eingebettet, von der unsere Kultur durchdrungen ist. Aliens würde ich dir vielleicht abkaufen, aber keine Aliens, die aussehen wie in den Comics der Fünfziger. Das sind semiotische Phantome aus dem tief verwurzelten Gedankengut unserer Kultur, die sich irgendwie abgelöst und ein Eigenleben entwickelt haben, so wie Jules Vernes Luftschiffe, die früher immer von diesen Farmern in Kansas gesichtet wurden. Du hast eine andere Art von Spuk gesehen, aber das ist auch schon alles. Dieses Flugzeug war mal Bestandteil des kollektiven Unbewußten. Irgendwie bist du darauf gestoßen. Wichtig ist jetzt, daß du dir deshalb keine Sorgen machst.«

Ich machte mir aber Sorgen.

Kihn kämmte sich das schütter werdende blonde Haar und brach auf, um sich anzuhören, was die »Wesen« derzeit per Mikrowelle verlauten ließen. Ich zog in meinem Zimmer die Vorhänge zu und legte mich in die klimatisierte Dunkelheit, um mir Sorgen zu machen. Beim Aufwachen machte ich mir immer noch Sorgen. Kihn hatte eine Nachricht für mich hinterlassen; er fliege mit einer Chartermaschine in den Norden, um einem Gerücht über Viehverstümmelungen nachzugehen (»Stümmel« nannte er sie; noch so eine journalistische Spezialität von ihm).

Ich aß etwas, duschte, schluckte eine bröselnde Appetitzüglerpille, die seit drei Jahren in der Schachtel mit meinem Rasierzeug herumlag, und machte mich auf den Rückweg nach Los Angeles.

Der Stoff begrenzte mein Blickfeld auf die Lichtkegel meines Toyota. Der Körper konnte fahren, sagte ich mir, solange der Verstand die Stellung hielt. Die Stellung hielt und die seltsame periphere Deko aus Amphetamin und Erschöpfung mied, die spektrale, leuchtende Flora, die auf nächtlichen Autobahnen im geistigen Augenwinkel wuchert. Aber der Geist hatte seine eigenen Ideen, und Kihns Meinung zu dem, was ich bereits meine »Sichtung« nannte, kreiste unablässig auf einer engen, schiefen Bahn durch meinen Kopf. Semiotischer Spuk. Fragmente des Kollektivtraums, die im Fahrtwind vorüberhuschten. Irgendwie verstärkte diese Feedbackschleife den Appetitzügler, und die Speed-Flora entlang der Straße begann die Farben von Infrarot-Satellitenbildern anzunehmen; leuchtende Teilchen stoben im Windschatten des Toyota auseinander.

Ich fuhr an den Straßenrand, und ein halbes Dutzend Bierdosen wünschten mir blinkend gute Nacht, als ich die Scheinwerfer ausschaltete. Ich überlegte, wie spät es jetzt wohl in London war, und versuchte mir Dialta Downes beim Frühstück in ihrer Wohnung in Hampstead vorzustellen, eingerahmt von windschlüpfrigen Chromfigurinen und Büchern über die amerikanische Kultur.

Die Wüstennächte in diesem Land sind beeindruckend; der Mond ist einem näher. Ich betrachtete ihn lange Zeit und gab Kihn recht. Die Hauptsache war, daß ich mir keine Sorgen machte. Überall auf dem Kontinent sichteten Leute, die normaler waren, als ich es je sein wollte, tagtäglich Riesenvögel, Waldmonster und fliegende Ölraffinerien; sie sorgten dafür, daß Kihn Arbeit hatte und gut verdiente. Warum sollte ich mich darüber aufregen, ein populäres Phantasiegebilde aus den dreißiger Jahren über Bolinas gesehen zu haben? Ich beschloß zu schlafen; ich brauchte mir höchstens wegen Klapperschlangen und kannibalistischen Hippies Sorgen zu machen und war ansonsten sicher inmitten des sympathischen Straßenmülls aus dem mir vertrauten Kontinuum. Am nächsten Morgen wollte ich nach Nogales runterfahren und die alten Hurenhäuser knipsen. Das hatte ich mir schon seit Jahren vorgenommen. Die Wirkung des Appetitzüglers war abgeklungen.

Das Licht weckte mich. Dann hörte ich die Stimmen.

Das Licht kam von hinten und ließ Schatten durchs Wageninnere huschen. Die undeutlichen Stimmen – eine männlich, eine weiblich – unterhielten sich ruhig.

Mein Hals war steif, meine Augen kratzten in ihren Höhlen, und mein Bein, das am Lenkrad geruht hatte, war eingeschlafen. Ich tastete in der Hemdtasche nach meiner Brille und schaffte es schließlich, sie aufzusetzen.

Ich schaute mich um und sah die Stadt.

Die Bücher über die Architektur der Dreißiger lagen im Kofferraum; eins davon enthielt Skizzen einer idealisierten Stadt wie aus dem Film *Was kommen wird*, eine Art *Metropolis* hoch zwei, deren Türme die perfekten Architektenwolken durchstießen und über ihnen in Zeppelindocks und kühnen Neonspitzen endeten. Diese Stadt war ein maßstabsgetreues Modell derjenigen, die nun hinter mir aufragte. Turm reihte sich an Turm, eine strahlende Stufenpyramide, die sich zu einem goldenen, mit den verrückten Scheiben der Mingschen Tankstellen verzierten Tempelturm in der Mitte emporschwang. Man hätte das Empire State Building im kleinsten dieser Türme verstecken können. Zwischen den Türmen spannten sich kristallene Straßen, auf denen glatte, glänzende Gebilde wie Quecksilberperlen hin und her schossen. Der Himmel war voller Flugmaschinen: riesige Nurflügelflieger, kleine, wendige Silbergefährte (zuweilen hoben einzelne Quecksilbertropfen elegant von den Himmelsbrücken ab und gesellten sich zu dem Reigen hoch oben), kilometerlange

Luftschiffe, schwebende, libellenartige Objekte, die sich als Tragschrauber entpuppten...

Ich schloß die Augen und drehte mich auf dem Sitz nach vorn. Als ich sie wieder öffnete, zwang ich mich, auf den Tacho zu blikken, auf den hellen Straßenstaub auf dem Armaturenbrett aus schwarzem Kunststoff, auf den überquellenden Ascher.

»Amphetaminpsychose«, sagte ich. Erneut schloß ich die Augen und öffnete sie wieder. Die Armaturen waren noch da, der Staub, die zerdrückten Filterkippen. Ohne den Kopf zu bewegen, schaltete ich behutsam die Scheinwerfer ein.

Und sah sie.

Sie waren blond. Sie standen neben ihrem Wagen, einer Aluminium-Avocado mit haifischartiger Steuerflosse in der Mitte und den glatten schwarzen Rädern eines Spielzeugautos. Er hatte den Arm um ihre Hüfte gelegt und deutete auf die Stadt. Sie waren ganz in Weiß gekleidet: wallende Gewänder, bloße Beine, makellos weiße Sommerschuhe. Mein Scheinwerferlicht schien ihnen nicht aufzufallen. Er sagte etwas Kluges, mit fester Stimme, sie nickte, und ich bekam es plötzlich mit der Angst zu tun, einer ganz neuen, anderen Angst. Logik und Vernunft standen nicht mehr zur Debatte; ich wußte irgendwie, daß die Stadt hinter mir Tucson war – ein Traum-Tucson, der kollektiven Sehnsucht einer Ära entsprungen. Daß es real war, völlig real. Aber die beiden vor mir lebten darin, und sie machten mir angst.

Sie waren die Kinder von Dialta Downes' 1980, das es nie gegeben hatte; sie waren die Erben des Traums. Sie waren weiß und blond, und wahrscheinlich hatten sie sogar blaue Augen. Sie waren Amerikaner. Dialtas Worten zufolge hatte die Zukunft zuerst Amerika erfaßt, es jedoch schließlich hinter sich gelassen. Aber nicht hier, im Herzen des Traums. Hier war es immer so weitergegangen – mit der Logik des Traums, die nichts von Umweltverschmutzung wußte, nichts von den begrenzten Vorräten an fossilen Brennstoffen und nichts von Kriegen in fremden

Ländern, die man verlieren konnte. Sie waren geschniegelt und gebügelt, glücklich und zufrieden mit sich und ihrer Welt. Und im Traum war es *ihre* Welt.

Hinter mir die erleuchtete Stadt: Suchscheinwerfer tasteten aus reinem Spaß an der Freude den Himmel ab. Ich stellte mir vor, wie sie die Plazas aus weißem Marmor bevölkerten, geordnet und aufmerksam, wie ihre Augen vor Begeisterung über die lichtdurchfluteten Straßen und die Silberwagen leuchteten.

Es war so unheilverkündend und schmalzig wie Hitlerjugendpropaganda.

Ich legte den Gang ein und fuhr langsam an, bis sie höchstens noch einen Meter von meiner Stoßstange entfernt waren. Sie hatten mich noch immer nicht bemerkt. Ich kurbelte die Scheibe herunter und hörte dem Mann zu. Seine Worte waren klangvoll und hohl wie das Werbegeschwätz in einer Handelskammerbroschüre, und ich wußte, daß er aus tiefster Überzeugung sprach.

»John«, hörte ich die Frau sagen, »wir haben vergessen, unsere Nahrungspillen zu nehmen.« Sie drückte zwei helle Oblaten aus einem Gerät an ihrem Gürtel und reichte ihm eine. Ich setzte zurück, fuhr wieder auf die Straße und machte mich kopfschüttelnd auf den Weg nach Los Angeles.

Ich rief Kihn von einer Tankstelle aus an, einer neuen im schlecht adaptierten Stil der Spanischen Moderne. Er war von seinem Ausflug zurück, und mein Anruf schien ihn nicht zu stören.

»Tja, ganz schön abgedreht. Hast du versucht, Fotos zu machen? Die werden zwar nie was, aber es erhöht den Reiz der Geschichte, wenn die Negative leer bleiben...«

Aber was sollte ich jetzt tun?

»Sieh viel fern, vor allem Gameshows und Seifenopern. Geh ins Pornokino! Schon mal *Nazi Love Motel* gesehn? Gibt's hier im Kabel. 'n echter Schweinefilm. Genau das, was du brauchst.«

Wovon redete er überhaupt?

»Hör auf zu zetern, und sperr die Ohren auf. Ich verrate dir ein Berufsgeheimnis: Richtig mieser Medienmurks kann dir den semiotischen Spuk austreiben. Wenn er mir das Untertassenvolk vom Leib hält, dann auch dir die ›Art déco‹-Futuristen. Probier's mal. Was hast du schon zu verlieren?«

Dann entschuldigte er sich, weil er früh am Morgen einen Termin mit den Erwählten hätte.

»Mit wem?«

»Diesen Senioren aus Vegas; die mit der Mikrowelle.«

Ich überlegte, ob ich ein R-Gespräch nach London anmelden und Cohen bei Barris-Watford anrufen sollte, um mich zu einem längeren Aufenthalt in der *Twilight Zone** abzumelden. Schließlich ließ ich mir von einer Maschine eine wahrhaft widerwärtige Tasse schwarzen Kaffee brauen, kletterte wieder in den Toyota und fuhr nach Los Angeles.

Los Angeles war keine gute Idee. Es war Downes-Land in Reinkultur; zu viel vom Traum war da zu sehen, zu viele Fragmente des Traums, die mich in die Falle zu locken versuchten. An einer Überführung in der Nähe von Disneyland hätte ich beinahe den Wagen zu Schrott gefahren, als die Straße sich wie in einem Origami-Trick auffächerte, so daß ich über ein Dutzend schmaler Fahrbahnen kurvte, auf denen Chromtränen mit Haifischflossen umherdüsten. Noch schlimmer, Hollywood war voller Leute, die gar zu sehr an das Paar erinnerten, das ich in Arizona gesehen hatte. Ich heuerte einen italienischen Regisseur an, der auf seinen endgültigen Durchbruch wartete und sich mit Dunkelkammerarbeiten und der Installation von Markisen an Swimmingpools über Wasser hielt; er machte die Abzüge von den Negativen, die ich für den Downes-Job belichtet hatte. Ich selbst wollte das Zeug nicht sehen. Leonardo schien es aber nichts auszumachen,

* amerikanische Science-fiction- und Fantasy-Fernsehserie aus den Jahren 1959–1963 (deutsch: »Unheimliche Geschichten«) *(P. R.)*

und als er fertig war, checkte ich die Abzüge, indem ich sie wie ein Kartenspiel durchblätterte, steckte sie in ein Kuvert und schickte sie per Luftpost nach London. Dann nahm ich ein Taxi zu einem Kino, in dem *Nazi Love Motel* lief, und hielt die Augen unterwegs fest geschlossen.

Cohens Glückwunschtelegramm wurde mir eine Woche später nach San Francisco nachgeschickt. Dialta sei von den Aufnahmen begeistert. Er bewundere, daß ich »so voll eingestiegen« sei, und wolle gern wieder mit mir arbeiten. An jenem Nachmittag sah ich ein Nurflügelflugzeug über der Castro Street, aber es wirkte irgendwie verwässert, als wäre es nur halb da. Ich rannte zum nächsten Kiosk und nahm alles mit, was ich über die Ölkrise und die Gefahren der Kernenergie aufstöbern konnte. Ich hatte spontan beschlossen, mir ein Flugticket nach New York zu kaufen.

»Scheißwelt, in der wir leben, was?« Der Zeitungsmann war ein schmächtiger Schwarzer mit schlechten Zähnen und unübersehbarem Toupet. Ich nickte und fischte Kleingeld aus meiner Jeans. Ich konnte es kaum erwarten, eine Parkbank zu finden, um mich in die knallharten Beweise für die Beinahe-Dystopie zu vertiefen, in der wir leben. »Aber sie könnte schlimmer sein, was?«

»Stimmt«, sagte ich. »Oder noch schlimmer, sie könnte perfekt sein.«

Er sah mir nach, als ich mit meinem kleinen Bündel verdichteter Katastrophen die Straße entlangging.

William Gibson

FRAGMENTE EINER HOLOGRAMM-ROSE

Parker schlief nicht gut in jenem Sommer.

Wegen der Stromknappheit setzte der Delta-Inducer mehrmals abrupt aus, so daß er jäh und schmerzhaft wieder zu Bewußtsein erwachte.

Um das zu verhindern, koppelte er den Inducer mit Verbindungskabeln, winzigen Krokodilklemmen und schwarzem Isolierband an ein batteriebetriebenes ASP-Deck. Nun würde ein Stromausfall im Inducer die Playback-Schaltung des Decks aktivieren.

Er kaufte eine ASP-Kassette, die damit anfing, daß der Proband an einem ruhigen Strand schlummerte. Sie war von einem jungen blonden Yogi mit außergewöhnlich exaktem Farbempfinden in einer dem menschlichen Gesichtsfeld entsprechenden Optik aufgenommen worden. Der Junge war nach Barbados geflogen worden, um auf einem herrlichen Privatstrand ein Nickerchen und seine anschließende Morgenübung zu machen. Das Mikrofiche-Laminat im transparenten Kassettengehäuse behauptete, der Yogi könne sich kraft seines Willens ohne Inducer von Alpha nach Delta bewegen. Parker, der seit zwei Jahren ohne Inducer nicht mehr einschlafen konnte, fragte sich, ob so etwas möglich war.

Er hatte es erst einmal geschafft, das Ding komplett mitzuerleben, obwohl er mittlerweile jede Empfindung der ersten fünf subjektiven Minuten kannte. Die interessanteste Stelle war für ihn ein kleiner Schnittfehler am Beginn der komplizierten Atemübung: ein kurzer Blick über den weißen Strand zu einem Wachposten, der an einem Maschendrahtzaun patrouillierte und eine schwarze Maschinenpistole umgehängt hatte.

Als Parker schlief, wurde der Strom im städtischen Netz reduziert.

Der Übergang von Delta zu Delta-ASP war eine dunkle Implosion in fremdes Fleisch. Vertraute Eindrücke dämpften den Schock. Er spürte den kühlen Sand unter den Schultern. Die Hosenbeine seiner ausgebeulten Jeans flatterten im Morgenwind gegen seine bloßen Knöchel. Bald würde der Junge ganz erwachen und mit seinem Ardha-Matsyendra-Blabla beginnen; mit anderen Händen tastete Parker im Dunkeln nach dem ASP-Deck.

Drei Uhr früh.

Du machst dir im Dunkeln eine Tasse Kaffee, gießt im Licht einer Taschenlampe das heiße Wasser auf.

Der aufgezeichnete Morgentraum verblaßt: durch fremde Augen der dunkle Kondensstreifen eines kubanischen Frachters, der zusammen mit dem Horizont verblaßt, vor dem er über den grauen geistigen Monitor fährt.

Drei Uhr früh. Das Gestern umstellt dich mit flachen, schematischen Bildern. Laß es geschehen. Was du gesagt hast – was sie gesagt hat – wie sie packt – sich eine Rikscha ruft. Wie du die Bilder auch anordnest, sie bilden stets den gleichen gedruckten Schaltkreis, Hieroglyphen, die auf einen zentralen Bestandteil zusteuern: du im Regen, den Fahrer anschreiend.

Der Regen war sauer und ätzend, fast pißgelb. Der Fahrer hat dich als Arschloch beschimpft; trotzdem mußtest du den doppelten Fahrpreis bezahlen. Sie hatte drei Gepäckstücke. Mit seiner Atemmaske und der Schutzbrille sah der Mann wie eine Ameise aus. Er strampelte in den Regen davon. Sie schaute nicht zurück.

Das letzte Bild von ihr: eine Riesenameise, die dir den hochgereckten Mittelfinger zeigte.

Das erste ASP-Gerät seines Lebens hatte Parker in Judy's Jungle gesehen, einer schäbigen texanischen Barackenstadt. Es war eine massive Konsole mit einem billigen chromfarbenen Kunststoffgehäuse. Wenn man eine 10-Dollar-Note in den Schlitz steckte, bekam man fünf Minuten Freifall-Gymnastik in einem Schweizer Orbitalferienort, wo man mit einem sechzehnjährigen Vogue-Model auf dem Trampolin zwanzig Meter weite Perihelien sprang – so was haute rein in Judy's Jungle, wo eine Pistole leichter zu haben war als ein heißes Bad.

Ein Jahr später war er mit gefälschten Papieren in New York, als zwei Marktführer die ersten tragbaren Decks rechtzeitig zum Weihnachtsgeschäft in die größeren Kaufhäuser brachten. Die ASP-Pornokinos, die in Kalifornien für kurze Zeit wie Pilze aus dem Boden geschossen waren, erholten sich nie wieder von diesem Schlag.

Auch die Holographie verschwand, und die Fuller-Kuppeln, die ganze Blocks einnehmenden Holotempel aus Parkers Kindheit, verwandelten sich in vielgeschossige Supermärkte oder nahmen staubige Spielhallen auf, in denen man nach wie vor die alten Konsolen fand, über denen ausgebleichte Neonreklame APPARENT SENSORY PERCEPTION – täuschend echte Sinneswahrnehmung – in den blauen Zigarettendunst blinkte.

Jetzt ist Parker dreißig und schreibt ASP-Szenarien, mit denen er die Augenbewegungen der menschlichen Kameras programmiert.

Die Stromknappheit dauert an.

Im Schlafzimmer klopft Parker auf die gebürstete Alufront seines Sendai Sleep-Master. Das Kontrollämpchen flackert und erlischt schließlich. Mit dem Kaffee in der Hand geht er über den

Teppich zum Wandschrank, den sie tags zuvor leer geräumt hat. Der Taschenlampenstrahl sucht auf den leeren Regalböden nach Zeichen ihrer Liebe und bringt das gerissene Band einer Ledersandale, eine ASP-Kassette und eine Postkarte zum Vorschein. Auf der Postkarte ist ein billiges Hologramm einer Rose.

An der Küchenspüle wirft er das Sandalenband in den Müllschlucker. Dieser murrt, träge vor Strommangel, schluckt jedoch und verdaut. Das Hologramm vorsichtig zwischen Daumen und Zeigefinger haltend, senkt er es in das versteckte Reißwolfmaul. Das Gerät gibt ein dünnes Quieken von sich, als die Stahlzähne in das Laminat beißen und die Rose in tausend Fragmente zerfetzen.

Später sitzt er rauchend auf dem ungemachten Bett. Ihre Kassette steckt abspielbereit im Deck. Tapes von Frauen verwirren ihn zuweilen, aber er weiß, daß er nicht aus diesem Grund zögert, das Gerät einzuschalten.

Etwa ein Viertel aller ASP-User sind nicht in der Lage, das subjektive Körperbild des anderen Geschlechts ohne Unbehagen zu verarbeiten. Im Laufe der Jahre sind manche ASP-Stars zunehmend androgyn geworden, um auch den jeweils anderen Teil des Publikums zu erobern.

Vor Angelas Bändern jedoch hat er bisher noch nie Angst gehabt. (Aber was wäre, wenn sie einen Lover aufgenommen hätte?) Nein, das kann es nicht sein – es liegt einfach daran, daß die Kassette eine völlig unbekannte Größe darstellt.

Als Parker fünfzehn war, gaben ihn seine Eltern bei der amerikanischen Niederlassung eines japanischen Kunststoffkonzerns in die Lehre. Damals hatte er sich glücklich geschätzt, denn auf jede verfügbare Lehrstelle kamen unzählige Bewerber. Drei Jahre lebte er mit seiner Gruppe im Lehrlingsheim, nahm allmorgendlich in Reih und Glied Aufstellung, um die Firmenhymnen abzusingen, und schaffte es für gewöhnlich, wenigstens einmal pro

Monat über den Zaun des Firmengeländes zu klettern, um Mädchen aufzureißen oder ins Holodrom zu gehen.

Mit zwanzig sollte er die Lehre abschließen und möglicherweise eine feste Anstellung bekommen. Eine Woche vor seinem neunzehnten Geburtstag ging er mit zwei geklauten Kreditkarten und einer zweiten Garnitur Klamotten zum letzten Mal über den Zaun. Drei Tage vor dem Zusammenbruch des chaotischen Regimes der Neosezessionisten kam er in Kalifornien an. In San Francisco lieferten sich Splittergruppen Straßenschlachten. Irgendeine der vier »provisorischen« Stadtregierungen hatte ganze Arbeit geleistet und so viele Nahrungsmittel konfisziert, daß in den Geschäften praktisch nichts mehr zu kriegen war.

Parker verbrachte die letzte Revolutionsnacht in einem ausgebrannten Vorort von Tucson, wo er mit einem dünnen Teenagergirl aus New Jersey schlief, das ihm die Feinheiten ihres Horoskops erläuterte, unterbrochen von fast lautlosen Weinkrämpfen, die mit dem, was er tat oder sagte, offenbar nicht das geringste zu tun hatten.

Jahre später stellte er fest, daß er nicht mehr wußte, aus welchem Grund er die Lehre damals eigentlich abgebrochen hatte.

Die ersten drei Viertel der Kassette sind gelöscht; im Schnellvorlauf geht es durch statisches Grau. Geschmack und Geruch verschmelzen auf einen Kanal. Die akustische Einspeisung ist weißes Rauschen – der Nichtklang des ersten dunklen Meeres... (Exzessiver Konsum von gelöschtem Tape kann hypnagoge Halluzinationen auslösen.)

Um Mitternacht kauerte Parker in New Mexico am Straßenrand und beobachtete aus einem Gebüsch den brennenden Panzer auf dem Highway. Flammen erhellten den durchbrochenen weißen Streifen, dem er seit Tucson gefolgt war. Er hatte die Explosion aus zwei Meilen Entfernung gesehen, einen gleißenden Lichtblitz, der die bleichen Äste eines kahlen Baumes vor dem Nachthimmel in ein Fotonegativ verkehrte: Schwarzes Astwerk vor bleichem Himmel.

Viele der Flüchtlinge waren bewaffnet.

Die im warmen Golfregen dampfenden Barackenstädte verdankte Texas der wackligen Neutralität, die es angesichts des Sezessionsversuchs der Küste gewahrt hatte.

Die Städte bestanden aus Sperrholz, Pappe, im Wind flatternder Plastikfolie und Fahrzeugwracks. Sie hatten Namen wie Jump City oder Sugaree sowie vage definierte Regierungen und Territorien, die sich im unberechenbaren Klima der Schwarzmarktwirtschaft ständig veränderten.

Die zur Säuberung der gesetzlosen Städte eingesetzten Bundes- und Landestruppen wurden selten fündig. Aber nach jeder Razzia fehlten ein paar Männer. Die einen hatten ihre Waffen verkauft und ihre Uniform verbrannt, die andern waren der Schmuggelware, die sie ausfindig machen sollten, zu nahe gekommen.

Nach drei Monaten wollte Parker raus, aber durch die Postenketten der Army kam nur, wer auch etwas anzubieten hatte. Seine Chance ergab sich ganz zufällig: Als er eines späten Nachmittags den fetten Kochdunstschwaden zu entkommen versuchte, die über Judy's Jungle lagen, stolperte er und wäre beinahe über eine Frauenleiche in einem ausgetrockneten Bachbett gefallen. Eine Wolke von Fliegen stob zornig auf und ließ sich wieder nieder, ohne ihn zu beachten. Die Frau trug eine Lederjacke, und Parker fror nachts meist. Er suchte in dem Bachbett nach einem Ast.

Im Rücken der Jacke, direkt unter dem linken Schulterblatt, war ein bleistiftgroßes Loch. Das Innenfutter, ursprünglich rot, war jetzt schwarz, steif und glänzend von geronnenem Blut. Er balancierte die Jacke mit dem Stock vor sich her und machte sich auf die Suche nach Wasser.

Er wusch die Jacke jedoch nicht. In der linken Tasche fand er fast eine Unze Kokain, sorgfältig in Plastik und transparentes Wundpflaster verpackt. In der rechten Tasche steckten fünfzehn Ampullen Megacilin-D und ein Springmesser mit 25 Zentimeter langer Klinge und Hirschhorngriff. Das Antibiotikum war sein doppeltes Gewicht in Kokain wert.

Er trieb das Messer bis zum Heft in einen morschen Baumstumpf, den die Holzsammler in Judy's Jungle übersehen hatten, und hängte die Jacke daran auf. Die Fliegen umschwirrten sie, als er ging.

Als er an jenem Abend in einer Bar mit Wellblechdach auf einen der »Anwälte« wartete, die dafür sorgten, daß die Postenkette durchlässig wurde, probierte er sein erstes ASP-Gerät aus. Es war eine riesige Maschine aus Chrom und Neon, und der Besitzer war sehr stolz darauf; er hatte selber mitgeholfen, den Laster zu kapern.

> Falls das Chaos der Neunziger einen radikalen Wandel der Paradigmen visueller Perzeption widerspiegelt, nämlich die endgültige Abkehr von der Lascaux-Gutenberg-Tradition einer präholographischen Gesellschaft, was haben wir dann wohl von dieser neuen Technologie zu erwarten, die eine getrennte Kodierung und anschließende Rekonstruktion des gesamten Spektrums der Sinneswahrnehmungen verheißt?
>
> Roebuck und Pierhal, *Jüngere amerikanische Geschichte: Eine Systembetrachtung*

Schnellvorlauf durch die surrende Nichtzeit von gelöschtem Tape...

...in ihren Körper. Europäische Sonne. Straßen einer fremden Stadt.

Athen. Griechische Schriftzeichen und Staubgeruch...

...*und Staubgeruch.*

Sieh durch ihre Augen (du denkst, die Frau ist dir noch nie

begegnet; du bist doch gerade erst aus Texas raus) auf das graue Monument, die steinernen Rösser, die flatternden, kreisenden Tauben...

...und Statik erfaßt den geliebten Körper, wischt ihn aus, läßt ihn im Grau verschwinden. Wellen weißen Rauschens brechen sich an einem nicht vorhandenen Strand. Und das Band endet.

Das Licht am Inducer brennt jetzt.

Parker liegt im Dunkeln und erinnert sich an die tausend Fragmente der Hologramm-Rose. So ist das mit Hologrammen: Holt man die Fragmente zurück und beleuchtet sie, zeigt jedes einzelne das ganze Bild der Rose. Im Sturz auf Delta zu sieht er sich selbst als Rose; jeder seiner verstreuten Bestandteile offenbart ein Ganzes, das er nie kennen wird: geklaute Kreditkarten – ein ausgebrannter Vorort – planetare Konjunktionen einer Fremden – ein brennender Panzer auf einem Highway – ein flaches Päckchen Drogen – ein an Beton geschliffenes Springmesser, scharf wie der Schmerz.

Er denkt: Wir alle sind Fragmente, Bestandteile voneinander, und: Ist das immer so gewesen? Dieser Moment einer Europa-Reise, eine Insel im grauen Meer des gelöschten Bands – ist Angela ihm jetzt näher oder realer, weil er dort gewesen ist?

Sie hatte ihm geholfen, seine Papiere zu bekommen, und ihm den ersten Job im ASP-Geschäft verschafft. War das ihre gemeinsame Geschichte? Nein, Geschichte war die schwarze Front des Delta-Inducers, der leere Schrank und das ungemachte Bett. Geschichte war sein Widerwille gegen den vollkommenen Körper, in dem er erwachte, wenn der Strompegel sank, seine Wut auf den Rikschafahrer und ihre Weigerung, durch den kontaminierten Regen zurückzuschauen.

Dann fiel ihm wieder ein, daß jedes Fragment die Rose aus einem anderen Blickwinkel zeigt; aber Delta spülte über ihn hinweg, bevor er sich fragen konnte, was das bedeuten mochte.

John Shirley und William Gibson

WAHLVERWANDTE

Es mochte im Club Justine, im Jimbo's, im Sad Jack's oder im Rafters gewesen sein; Coretti wußte nicht genau, wo er sie zuerst gesehen hatte. Sie hätte jederzeit in jeder dieser Bars gewesen sein können. Sie glitt durch die halblebendige Unterwasserwelt aus Flaschen und Gläsern und durch den trägen Zigarettenrauch ... sie bewegte sich in ihrem natürlichen Element, von Bar zu Bar.

Dann erinnerte sich Coretti doch an ihre erste Begegnung. Es war wie ein Bild, das man sah, wenn man falsch herum durch ein starkes Teleskop schaute: klein und klar und sehr weit weg.

Sie war ihm zum ersten Mal in der Backdoor Lounge aufgefallen. Die Bar hieß Backdoor, weil man sie von hinten durch eine schmale Gasse betrat. Die Mauern der Gasse waren mit Graffiti bekritzelt, und Nachtfalter tickten an die vergitterten Straßenlampen. Abgeblätterte Farbe von den weiß gestrichenen Ziegelmauern knirschte unter den Sohlen. Und dann der schummrige Raum mit der leicht irritierenden Atmosphäre eines halben Dutzends anderer Bars, die von verschiedenen Inhabern an gleicher Stelle eröffnet und wieder dichtgemacht worden waren. Coretti kam manchmal hierher, weil er das müde Grinsen des schwarzen Barkeepers sympathisch fand und weil die wenigen Gäste nur selten versuchten, ihn kumpelhaft in ein Gespräch zu verwickeln.

Es fiel ihm schwer, mit Fremden zu plaudern, sowohl auf Parties als auch in Bars.

Auf dem Gemeindecollege, wo er Linguistik und Rhetorik unterrichtete, kam er sehr gut zurecht. Er konnte mit dem Fachbereichsleiter über Verständigungsstrategien und Interaktionsmuster bei der Gesprächseröffnung fachsimpeln, aber mit Fremden in Bars oder auf Parties reden, das konnte er nicht. Auf Parties ging er nur selten. In Bars ging er oft.

Coretti wußte nicht, wie man sich anzog. Mode war eine Sprache, in der Coretti stotterte, in der er jene in sich geschlossene Grundaussage nicht machen konnte, die Fremden die Befangenheit nahm. Seine Ex-Frau warf ihm vor, er ziehe sich an wie ein Marsmensch; er sehe aus, als gehöre er nicht hierher. Diese Bemerkung hatte ihm nicht gefallen, denn sie traf zu.

Er hatte noch nie eine Frau gehabt wie diese, die mit leicht gekrümmtem Rücken im Unterwasserlicht saß, das sich über den Tresen des Backdoor ergoß. Das gleiche Licht schraubte sich in die Brillengläser des Barkeepers, schlang sich um die Hälse der aufgereihten Flaschen und spritzte matte Kleckse auf den Spiegel. In diesem Licht war ihr Kleid grün wie junger Mais, wie eine halb abgeschälte Hülse, mit tief ausgeschnittenem Rücken und Dekolleté und langen seitlichen Schlitzen, die viel Bein erkennen ließen. Ihr Haar war kupferrot in jener Nacht. Und ihre Augen waren in jener Nacht grün.

Entschlossen zwängte er sich zwischen den leeren Chrom- und Resopaltischen hindurch bis zur Bar und bestellte einen Bourbon pur. Er zog seinen Dufflecoat aus, der ganz automatisch auf seinem Schoß landete, als er sich auf den Hocker neben ihr setzte. Na prima, jaulte er lautlos, sie muß ja glauben, du wolltest eine Erektion verbergen. Und stellte erschrocken fest, daß er tatsächlich eine zu verbergen hatte. Er betrachtete sich im Spiegel hinter der Bar: ein Mann in den Dreißigern mit lichter werdendem dunklem Haar und einem blassen, schmalen Gesicht auf einem langen Hals – zu lang für den offenen Kragen des Nylonhemds, das mit Automobilen des Jahres 1910 in drei leuchtenden Farben bedruckt war. Er trug eine Krawatte mit breiten braun-schwarzen Diagonalstreifen – vermutlich war sie zu schmal für die Kragenspitzen, die ihm nun unmöglich lang erschienen. Oder die Farbe stimmte nicht. Oder sonstwas.

Die grünäugige Frau neben ihm sah in dem klaren, dunklen Spiegel aus wie Irma La Douce. Doch als er genauer hinschaute und ihr Gesicht musterte, erschauerte er. Ein Tiergesicht. Ein hübsches Gesicht, aber einfach, niedlich, zweidimensional. Wenn sie merkt, daß du sie anstarrst, dachte Coretti, dann kriegst du dieses verächtlich-belustigte Lächeln zu sehen – oder was immer du erwartest.

»Darf ich Ihnen … ähem … einen Drink spendieren?« platzte Coretti heraus.

In solchen Momenten machte sich unweigerlich ein quälend steifer, schulmeisterlicher linguistischer Tick bei ihm bemerkbar. *Ähem*. Er zuckte zusammen. *Ähem.*

»Sie möchten mir … ähem … einen Drink spendieren? Wie freundlich von Ihnen«, erwiderte sie zu seiner Überraschung. »Das wäre sehr nett.« Er bemerkte vage, daß ihre Antwort nicht weniger gestelzt und unsicher ausfiel. »Ein Tom Collins wäre ganz reizend zu diesem Anlaß«, fügte sie hinzu.

Zu diesem Anlaß? Ganz reizend? Verwirrt bestellte Coretti zwei Drinks und zahlte.

Eine kräftige Frau in Jeans und besticktem Cowboyhemd baute sich neben ihm an der Bar auf und verlangte Wechselgeld vom Barkeeper. »Danke, ey«, sagte sie. Dann stapfte sie zur Jukebox und drückte ›You're the Reason Our Kids Are Ugly‹ von Conway and Loretta. Coretti wandte sich an die Frau in Grün und fragte stockend: »Finden Sie Gefallen an Country-and-Western-Musik?« *Finden Sie Gefallen…?* Er ächzte insgeheim über den Ausdruck und rang sich ein Lächeln ab.

»O ja, allerdings«, antwortete sie. In ihrer Stimme lag eine ganz leise Schärfe. »Gewiß.«

Das Cowgirl setzte sich neben ihn und fragte sie augenzwinkernd: »Na, Schatz, nervt dich der kleine Aufreißer?«

Und die tieräugige Lady in Grün erwiderte: »Ach, nicht die Spur, Süße. Ich steh auf den Typ.« Und sie lachte. Genau auf die richtige Weise. Der Mundartforscher in Coretti regte sich nervös; ein fliegender Wechsel in Ausdrucksweise und Tonfall. Eine Schauspielerin? Eine talentierte Imitatorin? Das Wort ›*mimetisch*‹ drängte sich ihm auf, aber er schob es beiseite, um ihr Spiegelbild zu betrachten; die Flaschenreihen bedeckten ihr Dekolleté wie ein gläsernes Gewand.

»Ich bin Coretti.« Sein verbaler Poltergeist schlug abrupt einen völlig unglaubwürdigen Machoton an. »Michael Coretti.«

»Ist mir ein Vergnügen«, sagte sie so leise, daß die andere Frau es nicht hören konnte; sie war übergangslos zu ihrer lahmen Emily-Post-Parodie zurückgekehrt.

»Conway and Loretta«, sagte das Cowgirl zu niemand Bestimmtem.

»Antoinette«, erwiderte die Frau in Grün und neigte den Kopf. Sie trank aus, tat so, als würde sie auf die Uhr schauen, bedankte sich viel zu freundlich für den Drink und ging.

Zehn Minuten später folgte Coretti ihr die Third Avenue entlang. Noch nie in seinem Leben war er jemandem nachgegangen; er hatte Angst und fand es zugleich aufregend. Zwölf Meter erschienen ihm als taktvoller Abstand, aber was sollte er tun, wenn sie sich umschaute?

Die Third Avenue ist keine dunkle Straße, aber genau dort, im Lichtkegel einer Straßenlampe, die sie wie ein Bühnenscheinwerfer anstrahlte, begann sie sich zu verwandeln. Die Straße war menschenleer.

Sie überquerte die Straße. Kaum war sie vom Bürgersteig auf die Fahrbahn getreten, fing es an. Als erstes erschienen bunte Tupfer in ihrem Haar, die er zunächst für Lichtreflexe hielt. Aber da war keine Neonreklame, von der die schillernden, wie ein

Ölfilm ineinanderlaufenden Farbkleckse hätten stammen können. Dann verschwanden die Farben, und binnen drei Sekunden war sie platinblond. Er glaubte an eine optische Täuschung, bis sich ihr Kleid verzerrte und wie Frischhaltefolie zu schrumpeln begann. Einzelne Teile fielen ganz ab, kräuselten sich zusammen und blieben wie die Haut eines Fabeltiers auf dem Boden liegen. Als Coretti vorbeiging, schäumten sie grün und lösten sich sprudelnd in Luft auf. Als er den Blick wieder hob, trug sie ein ganz anderes Kleid aus schimmerndem grünem Satin. Ihre Schuhe hatten sich ebenfalls verwandelt. Die Schultern waren bloß bis auf zwei dünne Träger, die sich tief unten auf dem Rücken kreuzten. Sie hatte jetzt eine stachelige Kurzhaarfrisur.

Ihm wurde bewußt, daß er an der Schaufensterscheibe eines Juweliers lehnte und dampfenden Atem in die Herbstnacht keuchte. Zwei Häuserblocks weiter dröhnte dumpfer Beat aus einer Disco. Als sie sich der Disco näherte, nahmen ihre Bewegungen unmerklich einen neuen Rhythmus an – eine Akzentverschiebung in ihrem Hüftschwung und in der Art, wie sie ihre Stöckelschuhe aufs Pflaster setzte. Der Türsteher ließ sie mit einem beiläufigen Nicken ein. Coretti hielt er zurück, studierte ausgiebig seinen Führerschein und beäugte stirnrunzelnd seinen Dufflecoat. Coretti schaute ungeduldig zum bunten Licht am oberen Ende einer milchigen Kunststofftreppe hinter dem Türsteher hinauf. Dort oben, im Lichterstakkato und im Lärm, war sie verschwunden.

Der Türsteher ließ ihn widerwillig passieren, und er stürmte hektisch die Treppe hinauf und brachte die Lichter unter den transparenten Kunststoffstufen zum Tanzen.

Coretti war noch nie in einer Disco gewesen; er fand sich in einer Umgebung wieder, die ausschließlich der Ablenkung und Zerstreuung diente. Nervös watete er durch die modisch gekleidete Menschenmenge, durch den monotonen urbanen Technosound aus der riesigen Anlage. Wie geblendet suchte er sie auf der überfüllten Tanzfläche, zwischen Tänzern, die im Stroboskoplicht posierten.

Und entdeckte sie an der Bar, wo sie an einem bunten Longdrink nippte und einem jungen Mann zuhörte, der ein weites, helles Seidenhemd und eine knallenge schwarze Hose trug. Sie nickte – in angemessenen Abständen, wie Coretti fand. Er bestellte sich einen Drink, indem er auf eine Bourbonflasche zeigte. Das Mädchen leerte fünf Gläser, dann folgte es dem jungen Mann auf die Tanzfläche.

Sie bewegte sich perfekt zur Musik und nahm dabei eine Reihe von Posen ein, ohne von der vorgegebenen Abfolge abzuweichen; sie tanzte graziös, aber ohne Raffinesse; sie paßte sich vollständig an. Immer und überall. Ihr Partner tanzte mechanisch und quälte sich sichtlich durch das Ritual.

Als der Tanz zu Ende war, wandte sie sich unvermittelt ab und tauchte im Gewühl unter. Die wogende Menge verschmolz hinter ihr und verschluckte sie.

Coretti stürzte sich ins Gedränge und folgte ihr, ohne sie auch nur eine Sekunde aus den Augen zu lassen. Er allein wurde Zeuge ihrer Verwandlung. Als sie an der Treppe angelangt war, hatte sie kastanienbraune Haare und trug ein langes blaues Kleid. Eine weiße Blüte hinter dem rechten Ohr schmückte ihr Haar, das nun länger und glatter war. Ihre Brüste waren etwas größer und die Hüften eine Spur voller geworden. Zwei Stufen auf einmal nehmend, eilte sie die Treppe hinunter, und da bekam er Angst um sie. So viele Drinks!

Aber der Alkohol schien nicht die geringste Wirkung auf sie zu haben.

Coretti folgte ihr und behielt sie dabei ständig im Auge. Sein Herz schlug schneller als der dumpfe Disco-Beat hinter ihm. Sie würde sich garantiert jeden Moment umblicken, ihn sehen und um Hilfe rufen.

Zwei Blocks weiter auf der Third Avenue kehrte sie ins Lothario's ein. Wieder hatte ihr Gang sich verändert. Das Lothario's, ein ruhiges Lokal, bestand aus mehreren zusammenhängenden Räumen mit Farnampeln und Art-déco-Spiegeln. An der Decke hingen nachgemachte Tiffany-Lampen, dazwischen Ventilatoren mit Holzflügeln, die sich zu langsam drehten, um den Tabakdunst aufzuwirbeln, der das betont verhaltene Stimmengewirr durchzog. Verglichen mit der Disco wirkte das Lothario's beschaulich und erholsam. Ein Jazzpianist mit Nadelstreifenhemd und loser Krawatte spielte leise gegen das Geplauder und Gelächter von einem Dutzend Tischen an.

Sie war am Tresen; die Barhocker waren nur zur Hälfte besetzt, aber Coretti entschied sich für einen Wandtisch im Schatten einer kleinen Palme und bestellte einen Bourbon.

Er kippte den Bourbon und bestellte einen zweiten. Heute spürte er den Alkohol nicht so recht.

Sie saß neben einem jungen Burschen – wieder einer dieser jungen Männer mit den üblichen leeren, ebenmäßigen Zügen. Er trug ein gelbes Polohemd und eine gebügelte Jeans. Ihre Hüften berührten sich leicht. Obwohl sie offenbar nicht miteinander sprachen, hatte Coretti den Eindruck, daß irgendein Austausch zwischen ihnen stattfand. Sie saßen ein wenig zueinandergebeugt, ohne etwas zu sagen. Coretti fühlte sich sonderbar. Er ging auf die Toilette und wusch sich das Gesicht mit kaltem Wasser. Auf dem Rückweg richtete er es so ein, daß er keinen Meter entfernt an ihnen vorbeiging. Ihre Lippen bewegten sich nicht, bis er in Hörweite war.

Sie plauderten leise miteinander.

»... hab seine früheren Filme gesehn, aber...«

»Aber er hat ziemlich abgebaut, findest du nicht auch?«

»Sicher, aber nur insofern, als...«

Und zum ersten Mal wußte Coretti, was sie waren, was sie sein mußten. Sie gehörten zu den Menschen, die man in Bars sieht, die dort großgeworden und richtiggehend zu Hause zu sein scheinen. Keine Säufer, sondern menschliches Inventar, Funktionen der Bar. Leute, die irgendwie dazugehören.

Irgend etwas in ihm sehnte sich nach einer Konfrontation. Er kam an seinen Tisch, brachte es jedoch nicht fertig, sich wieder hinzusetzen. Er drehte sich um, holte tief Luft und ging stocksteif zur Bar. Er wollte ihr auf die weiche Schulter tippen, sie fragen, wer und was sie nun eigentlich genau war, und auf die kalte Ironie des Umstandes hinweisen, daß ausgerechnet er, Coretti, der wie ein Marsmensch Gekleidete, der heimliche Lauscher, der Außenseiter, dessen Konfektion und Konversation niemals irgendwo hinpaßten, ihr Geheimnis entdeckt hatte.

Aber seine Nerven ließen ihn im Stich, und er setzte sich bloß neben sie und bestellte einen Bourbon.

»Aber meinst du nicht«, fragte sie ihren Begleiter, »daß alles relativ ist?«

Die beiden Plätze neben ihrem Begleiter wurden bald von einem Pärchen eingenommen, das über Politik redete. Antoinette und Polohemd übernahmen das politische Thema nahtlos und käuten es wieder, so leise, daß man sie kaum mehr verstand. Antoinettes Gesicht blieb völlig ausdruckslos. Ein zwitschernder Vogel auf einem Zweig.

Sie saß so sicher auf ihrem Hocker wie in einem Nest. Polohemd zahlte die Drinks. Er hatte immer die exakte Summe parat, es sei denn, er wollte ein Trinkgeld geben. Unter Corettis Augen putzten sie systematisch jeweils sechs Cocktails weg, wie nektarsaugende Insekten. Aber sie hoben nie die Stimme, bekamen keine roten Wangen, und als sie schließlich aufstanden, schwankten sie kein bißchen – eine Schwäche, dachte Coretti, der einzige Riß in ihrer Tarnung.

Sie beachteten ihn überhaupt nicht, obwohl er ihnen durch drei weitere Bars folgte.

Als sie das Waylon's betraten, vollzog sich ihre Metamorphose so schnell, daß Coretti kaum folgen konnte. Das Waylon's war einer dieser Läden mit stehenden und sitzenden Babys an den Toilettentüren und einem kleinen Holzimitatschild über den Schüsseln mit Frikadellen und eingelegten Würstchen: *Wir haben eine Abmachung mit der Bank. Sie zapft kein Bier, und wir nehmen keine Schecks.*

Im Waylon's war sie mollig, mit dunklen Ringen unter den Augen. Auf ihrem Hosenanzug aus Polyester waren Kaffeeflekken. Ihr Begleiter trug Jeans, T-Shirt und eine rote Baseballkappe mit rotweißem Peterbilt-Zeichen. Auf die Gefahr hin, sie zu verlieren, verbrachte Coretti eine hektische Minute hinter der Tür mit dem stehenden Pinkler und blinzelte verwirrt auf die handbeschriftete Papptafel vor seiner Nase: *Bitte werfen Sie keine Kippen ins Pissoir.* Wir pinkeln auch nicht in Ihren Aschenbecher.

Am Hafen verlor sich die Third Avenue in einem Gewirr von Ziegelmauern. Im letzten Block war der Bürgersteig in regelmäßigen Abständen vollgekotzt. Alte Männer dösten vor Schwarzweißfernsehern, Lebenslängliche hinter den trüben Fensterscheiben schäbiger Hotels.

Die Bar, die sie dort fanden, hatte keinen Namen. Ein Karo-As blätterte stückweise von der ungeputzten Fensterscheibe ab, und der Barkeeper hatte ein Gesicht wie eine geballte Faust. Aus einem Transistorradio mit elfenbeinfarbenem Plastikgehäuse plärrte seichte Rockmusik über die unregelmäßigen Reihen leerer Tische. Sie tranken Bier und Schnaps. Alt waren sie jetzt, zwei Nullen, die im Schein blanker Glühbirnen soffen und hustend Camels aus einer zerknüllten Packung pafften, die sie aus der Tasche ihres dreckigen braunen Regenmantels gefischt hatte.

Um fünf vor halb drei waren sie in der Bar auf dem Dach des neuen Hotels, das sich über dem Hafengebiet erhob. Sie trug ein Abendkleid und er einen dunklen Anzug. Sie tranken Cognac und taten, als bewunderten sie die erleuchtete Stadt. Sie putzten je drei Cognacs weg, während Coretti sie über den doppelten Wild Turkey in einem Whiskyglas aus Waterford-Kristall hinweg beobachtete.

Sie zechten, bis die Bar schloß. Coretti stieg mit ihnen in den Lift. Sie lächelten höflich, beachteten ihn jedoch nicht weiter. Vor dem Hotel standen zwei Taxis; sie nahmen das eine, Coretti das andere.

»Folgen Sie dem Taxi«, sagte Coretti heiser und steckte dem alternden Hippie am Steuer seinen letzten Zwanziger zu.

»Klar, Mann, klar...« Der Fahrer folgte dem zweiten Taxi sechs Blocks weit zu einem anderen, eher bescheidenen Hotel. Die beiden stiegen aus und gingen hinein. Coretti kletterte langsam und schwer atmend aus seinem Taxi.

Er war rasend eifersüchtig: auf die personifizierte Konformität, auf diese Frau, die keine Frau war, diese menschliche Tapete. Coretti starrte das Hotel an ... und verlor den Mut. Er wandte sich ab.

Er ging zu Fuß nach Hause. Sechzehn Blocks weit. Irgendwann fiel ihm auf, daß er nicht betrunken war. Nicht mal beschwipst.

Am Morgen griff er zum Telefon und sagte seine erste Vorlesung ab. Aber der Kater blieb aus. Sein Mund war nicht ausgetrocknet, und mit einem Blick in den Badezimmerspiegel stellte er fest, daß seine Augen nicht gerötet waren.

Am Nachmittag schlief er und träumte von Leuten mit einfältigen Gesichtern im Spiegel hinter Flaschenreihen.

Am Abend ging er allein zum Essen und brachte keinen Bissen hinunter. Irgendwie starrte ihn das Essen auf dem Teller an. Er stocherte darin herum, um den Anschein zu erwecken, er habe etwas gegessen, zahlte dann und ging in eine Bar. Und weiter in die nächste. Und in die übernächste – auf der Suche nach ihr. Er bezahlte jetzt mit seiner Kreditkarte, obwohl er bei Visa schon tief in der Kreide stand. Falls er sie sah, so erkannte er sie nicht.

Manchmal beobachtete er das Hotel, in das er sie hatte hineingehen sehen. Er sah sich die Paare, die kamen und gingen, genau an. Am Aussehen allein würde er sie zwar kaum erkennen können, aber er baute auf seine Intuition; er würde es doch sicherlich *spüren*. Er beobachtete die Paare und war sich nie sicher.

In den folgenden Wochen klapperte er systematisch alle Spelunken der Stadt ab. Anfangs mit einem Stadtplan und fünf herausgetrennten Gelben Seiten bewaffnet, drang er mit der Zeit bis zu den finstersten Kaschemmen vor, Kneipen, deren Nummern nicht im Telefonbuch standen. Manche hatten nicht einmal Telefon. Er trat in dubiose Privatclubs ein, entdeckte Refugien ohne Schanklizenz, in die man nach der Sperrstunde einkehrte und eigene Getränke mitbrachte, und hockte nervös in abgedunkelten Räumen, die bizarren Randgebieten der Sexualität vorbehalten waren, von deren Existenz er nicht einmal etwas geahnt hatte.

Aber er setzte seine nächtlichen Runden fort. Er begann immer im Backdoor. Sie war nie dort, auch nicht in der nächsten oder übernächsten Bar.

Die Barkeeper kannten ihn und sahen ihn gern als Gast, denn er bestellte sich einen Drink nach dem anderen und wurde doch nie betrunken. Und wenn er die anderen Gäste manchmal ein bißchen anstarrte – was war schon dabei?

Coretti verlor seinen Job.

Er hatte seine Vorlesungen zu oft ausfallen lassen. Er hatte sich angewöhnt, das Hotel zu beobachten, wann immer er konnte, sogar tagsüber. Er war in zu vielen Bars gesehen worden. Er zog sich offenbar überhaupt nicht mehr um. Er hatte sich geweigert, Abendkurse zu geben. Er war immer wieder mitten im Vortrag verstummt und hatte geistesabwesend aus dem Fenster gestarrt.

Insgeheim war er froh über seine Entlassung. Seine Kollegen hatten ihn komisch angesehen, wenn er beim Lunch keinen Bissen hinunterbrachte. Und jetzt blieb ihm mehr Zeit für die Suche.

Coretti fand sie an einem Mittwochmorgen um Viertel nach zwei in einer Schwulenkneipe namens The Barn. Die Wände waren mit grobem Holz verkleidet und mit Pferdehalftern und rostigen Ackergerätschaften behängt. Parfüm, Gelächter und Bierdunst schlugen ihm aufdringlich entgegen.

Sie trug ein Kleid mit blauen Pailletten, hatte eine grüne Feder im gestylten brünetten Haar und spielte die kichernde Naive. Coretti verspürte eine überwältigende, beinahe zellulare Erleichterung und merkte, daß er sie in gewisser Weise bewunderte, daß er sonderbar stolz war auf sie – und ihresgleichen. Auch hier gehörte sie dazu. Sie war das Schwulenmuttchen zum Vorzeigen, das keine Bedrohung für die Tunten und deren kernige Beglücker darstellte. Ihr Begleiter hatte sich in einen alterslosen Mann mit silbergrauen Schläfen, Angorapulli und Trenchcoat verwandelt.

Sie tranken und tranken, dann gingen sie lachend – genau auf die richtige Weise lachend – hinaus in den Regen. Ein Taxi wartete; die Scheibenwischer pendelten hin und her, und Corettis Herz schlug den Takt dazu.

Er hastete unbeholfen über den nassen Bürgersteig, drängte sich in das Taxi und wartete ängstlich auf ihre Reaktion.

Er saß auf dem Rücksitz neben ihr.

Der Mann mit den grauen Schläfen sprach mit dem Fahrer. Der Fahrer murmelte etwas in sein Funkmikro, legte den Gang ein, und schon glitten sie durch den Regen und die dunklen Straßen. Die nächtliche Stadt ließ Coretti kalt, denn sein Blick war nach innen gekehrt. Er sah das Taxi anhalten; der graue Mann und die Frau stießen ihn hinaus und deuteten grinsend auf das Tor einer Irrenanstalt. Oder: das Taxi hielt an, und das Paar wandte sich mit traurigem Kopfschütteln ab. Und wohl ein dutzendmal sah er das Taxi in einer verlassenen Seitenstraße stoppen, wo sie ihn methodisch erdrosselten. Coretti blieb tot im Regen liegen. Weil er ein Außenseiter war.

Doch schließlich kamen sie bei Corettis Hotel an.

Im trüben Schein der Innenbeleuchtung beobachtete er genau, wie der Mann zum Bezahlen in den Mantel griff. Coretti sah deutlich das Mantelfutter; es verschmolz mit dem Angorapullover. Da zeichnete sich weder eine Tasche noch eine Geldbörse ab. Aber eine Art Schlitz tat sich auf. Er öffnete sich, als die Finger des Mannes über ihm schwebten, und spie Geld aus. Drei gefaltete Scheine schoben sich reibungslos aus dem Schlitz. Sie waren noch etwas feucht. Aber sie trockneten, während der Mann sie entfaltete, wie die Flügel eines frisch geschlüpften Schmetterlings.

»Stimmt so«, sagte der Mimetiker und stieg aus dem Wagen. Antoinette stieg ebenfalls aus, danach Coretti, der nur den Schlitz vor seinem geistigen Auge sah. Einen feuchten, rotgeränderten Schlitz, wie eine Kiemenspalte.

Das Foyer war leer, und der Nachtportier saß über einem Kreuzworträtsel. Das Paar glitt lautlos durchs Foyer und in einen der Aufzüge, und Coretti folgte ihnen dichtauf. Einmal versuchte er, ihren Blick auf sich zu lenken, aber sie ignorierte ihn. Und während der Aufzug sieben Etagen über Corettis Stockwerk hinausfuhr, beugte sie sich vor und schnupperte an dem verchromten Wandaschenbecher, wie ein Hund am Boden schnüffelt.

In Hotels ist es spät nachts nie ganz still. In den Korridoren herrscht niemals vollständige Ruhe. Tausendfach wird kaum hörbar gestöhnt, mit dem Bettzeug geraschelt oder leise und bruchstückhaft im Schlaf gesprochen. Im Flur des neunten Stocks jedoch schien Coretti lautlos durch ein absolutes Vakuum zu gleiten; seine Schuhe verursachten nicht das leiseste Geräusch auf dem farblosen Teppich, und selbst das Pochen seines Außenseiterherzens wurde vom verschwommenen Muster der Tapeten aufgesogen.

Er versuchte die kleinen Plastikovale zu zählen, die an die Türen geschraubt waren und jeweils drei Ziffern aufwiesen, aber der Korridor schien sich in die Unendlichkeit zu erstrecken. Schließlich blieb der Mann vor einer Tür stehen, die wie alle anderen mit Rosenholzimitat furniert war, und legte die flache Hand auf das Metallschloß. Ein leises Kratzen ertönte, dann klickte das Schloß, und die Tür sprang auf. Als der Mann die Hand zurückzog, sah Coretti einen pinkgrauen, schlüsselförmigen Knochensplitter feuchtglänzend im blassen Fleisch verschwinden.

Kein Licht brannte in diesem Zimmer, aber ein schwacher Abglanz der Neonlichter der Stadt fiel durch die Jalousien herein, so daß er die Gesichter von einem Dutzend oder mehr Leuten sehen konnte, die auf dem Bett, dem Sofa, den Sesseln und den Stühlen in der Küchenzeile hockten. Zuerst glaubte er, ihre Augen wären offen, aber dann bemerkte er, daß die trüben Pupillen von einer Nickhaut verschlossen waren, einem dritten Lid, das den schwachen Neonschimmer von draußen reflektierte. Ihre Kleidung war ganz auf die letzte Bar abgestimmt, die sie besucht hatten: formlose Heilsarmeemäntel saßen neben greller City-Freizeitmode, Abendkleider neben staubigen Arbeitsklamotten, Lederkluft neben Harris-Tweed. Mit dem Schlaf war die aufgesetzte Menschlichkeit verschwunden.

Sie hockten da wie Hühner auf der Stange.

Sein Paar setzte sich auf die Resopal-Arbeitsfläche der Küchenzeile, und Coretti blieb zögernd mitten auf dem leeren Teppich stehen. Lichtjahre von Teppich schienen ihn von den anderen zu trennen, aber irgend etwas rief ihn über die Kluft hinweg und verhieß ihm Ruhe und Frieden und Zugehörigkeit. Trotzdem zögerte er noch; eine Unentschlossenheit, die vom genetischen Kern jeder Zelle in seinem Körper auszugehen schien, ließ ihn erzittern.

Bis sie die Augen öffneten – alle gleichzeitig. Die Nickhäute glitten seitwärts und enthüllten die fremdartige Ruhe von Wesen, die in den dunkelsten Meeresgräben hausen.

Coretti schrie und lief davon, floh durch Korridore und hallende Treppenhäuser aus Beton, rannte in den kühlen Regen und auf die fast menschenleeren Straßen hinaus.

Er kehrte nie wieder in sein Zimmer im dritten Stock dieses Hotels zurück. Ein gelangweilter Hausdetektiv kassierte die Linguistikbücher und den einzelnen Koffer mit Kleidung, und alles wurde schließlich bei einer Versteigerung verkauft. Coretti nahm sich ein Zimmer in einer Pension, die von einer grimmigen baptistischen Abstinenzlerin geführt wurde, einer Frau, die ihren Hausgästen vor jedem verkochten Abendessen ein Gebet abnötigte. Es störte sie nicht, daß Coretti nie an diesen Mahlzeiten teilnahm; er entschuldigte sich damit, daß er bei der Arbeit eine kostenlose Mahlzeit bekäme.

Er log viel und gut. In der Pension trank er keinen Tropfen, und er kam nie betrunken nach Hause. Mr. Coretti war ein bißchen komisch, aber er zahlte seine Miete stets pünktlich. Und er war sehr ruhig.

Coretti suchte nicht mehr nach ihr. Er ging nicht mehr in die Bars. Er trank auf dem Weg zur Arbeit und auf dem Heimweg aus der Tüte. Er arbeitete im Lager eines Verlagsauslieferers in einem Gewerbegebiet, wo für Bars wenig Platz war.

Er arbeitete nachts.

Wenn er dann im Morgengrauen auf der Kante seines ungemachten Bettes hockte und langsam eindöste – er schlief neuerdings nicht mehr im Liegen –, dachte er immer wieder an sie. An Antoinette. Und an die anderen. Die Mimetiker. Manchmal phantasierte er im Halbschlaf... Vielleicht waren sie wie Hausmäuse, Lebewesen, die sich allmählich zu Mitbewohnern menschlicher Lebensräume entwickelt hatten.

Wesen, die nur von alkoholischen Getränken leben. Deren eigenartiger Stoffwechsel den Alkohol und die diversen Proteine aus Cocktails, Wein und Bier in alles umwandelt, was sie zum Leben brauchen. Und die sich ihrer Umgebung anpassen können wie Chamäleons oder Steinfische, um sich zu schützen. Damit sie unter uns leben können. Vielleicht wachsen sie in Phasen heran, dachte Coretti. Im Anfangsstadium erscheinen sie wie Menschen, essen, was die Menschen essen, und spüren den Unterschied nur durch das vage, unbehagliche Gefühl, Außenseiter zu sein.

Eine Spezies mit eigener Gerissenheit, eigenen urbanen Instinkten. Und der Fähigkeit, ihresgleichen zu erkennen, wenn sie in der Nähe sind. Vielleicht.

Vielleicht auch nicht.

Coretti schlief ein.

An einem Mittwoch, drei Wochen nachdem er seine neue Stelle angetreten hatte, öffnete die Vermieterin, die nie anklopfte, seine Zimmertür und sagte, es sei jemand für ihn am Telefon. In ihrer Stimme schwang das übliche Mißtrauen mit. Coretti folgte ihr durch den düsteren Flur zum Wohnzimmer im zweiten Stock, wo das Telefon stand.

Als er sich den altmodischen schwarzen Hörer ans Ohr hielt, hörte er zunächst nur Musik, dann eine Geräuschkulisse, die sich in fragmentarisches Stimmengewirr auflöste. Und in Gelächter. Niemand sagte etwas zu ihm, aber der Song im Hintergrund war »You're the Reason Our Kids Are Ugly«.

Und dann das Amtszeichen, als am anderen Ende aufgelegt wurde.

Später, als Coretti wieder in seinem Zimmer war und den festen Schritten der Vermieterin im Raum unter sich lauschte, sah er ein, daß er hier nicht länger zu bleiben brauchte. Der Ruf war erfolgt. Allerdings hatte die Vermieterin auf einer dreiwöchigen Kündigungsfrist bestanden. Coretti schuldete ihr also noch Miete. Sein Instinkt riet ihm, ihr den Betrag dazulassen.

Im Nachbarzimmer hustete ein braver Arbeiter im Schlaf, als Coretti aufstand und zum Telefon in der Diele ging. Er rief den Nachtschichtleiter an und kündigte. Er hängte ein und ging in sein Zimmer zurück, schloß die Tür hinter sich ab und zog sich langsam aus, bis er nackt vor dem knallbunten, gerahmten Jesusbild über der brünierten Stahlkommode stand.

Und dann zählte er neun Zehner ab. Er legte sie auf die Kommode, neben die Schmuckplatte mit den Betenden Händen.

Das Geld sah gut aus. Es sah tadellos aus. Er hatte es selbst gemacht.

Diesmal war ihm nicht nach Small Talk zumute. Sie hatte einen Margarita getrunken, und er bestellte sich ebenfalls einen. Sie bezahlte; das Geld zog sie mit einer geschickten Handbewegung zwischen den Brüsten hervor, die in ihrem tief ausgeschnittenen Kleid wogten. Er sah gerade noch, wie sich die Kiemenspalte schloß. Es war ein erregender Anblick – allerdings einer, der keine Erektion bei ihm auslöste.

Nach dem dritten Margarita berührten sich ihre Hüften, und etwas breitete sich in langsamen, orgasmischen Wellen in ihm aus. Die Stelle, an der sie einander berührten, war klebrig; ein Punkt von der Größe seines Daumenballens, über dem sich der Stoff geöffnet hatte. Er war zwei Menschen; der innere, der sich in vollständiger zellularer Verschmelzung mit ihr vereinigte, und die äußere Hülle, die lässig auf dem Barhocker saß, die Ellbogen links und rechts von seinem Drink aufstützte und mit dem Rührstäbchen spielte. Eine Hülle, die im kühlen Halbdunkel entspannt und gelassen ins Leere lächelte.

Und einmal, ein einziges Mal nur meldete sich eine besorgte innere Stimme und veranlaßte Coretti, nach unten zu schauen, wo rubinrote Röhren pulsierten und scharflippige Ranken im Dunkeln zwischen ihnen am Werk waren. Wie die ineinandergreifenden Tentakel zweier seltsamer Seeanemonen.

Sie paarten sich, und keiner merkte es.

Und der Barkeeper, der den nächsten Drink brachte, setzte sein müdes Lächeln auf und sagte: »Regnet sich richtig ein, was? Hört überhaupt nicht mehr auf.«

»Geht schon die ganze verdammte Woche so«, erwiderte Coretti. »Pißt wie aus Kübeln.«

Und er sagte es richtig. Wie ein richtiger Mensch.

William Gibson

HINTERWÄLDLER

Als Hiro auf den Knopf drückte, träumte ich gerade von Paris, von nassen, dunklen Winterstraßen. Der Schmerz stieg oszillierend vom Schädelboden hoch und explodierte als blaue Neonwand hinter meinen Augen. Ich fuhr schreiend aus meiner Hängematte hoch. Ich schreie immer; das lasse ich mir nicht nehmen. Die Rückkopplung wütete in meinem Schädel. Der Schmerzknopf ist als Nebenschaltung ins implantierte Osteophon integriert, mündet direkt in die Schmerzzentren und ist genau das richtige Mittel, um durch den Barbituratnebel eines Surrogats zu dringen. Es dauerte einige Sekunden, bis mein Leben Gestalt annahm und die Eisberge meiner Biographie im Nebel aufschimmerten: wer ich war, wo ich war, was ich hier machte und wer mich weckte.

Hiros Stimme knatterte durch das Knochenleiterimplantat in meinen Kopf. »Verdammt, Toby. Weißt du, was mit meinen Ohren passiert, wenn du so schreist?«

»Weißt du, was mich deine *Ohren* kümmern, Dr. Nagashima? Ungefähr so viel wie...«

»Keine Zeit für Liebesgeflüster, mein Junge. Wir haben zu tun. Aber was sind das für 50-Millivolt-Zacken in deinen Schläfenablesungen, hm? Mixt du was in deine Sedativa, damit das Leben ein bißchen bunter wird?«

»Dein EEG tickt nicht richtig, Hiro. Du spinnst. Ich will bloß schlafen...« Ich sackte in die Hängematte zurück und versuchte, die Dunkelheit über mich zu ziehen, aber seine Stimme blieb da.

»Tut mir leid, Mann, aber du arbeitest heute. Vor einer Stunde ist ein Schiff zurückgekommen. Das Schleusenpersonal ist grade draußen und sägt das Reaktionstriebwerk ab, damit es durch die Tür paßt.«

»Wer ist es?«

»Leni Hofmannsthal, Toby. Physiologin. Eine Westdeutsche.« Er wartete, bis ich mit dem Gestöhn aufhörte. »Fleischtransport, mit Bestätigung.«

Hübschen Umgangston haben wir hier draußen entwickelt. Er meinte ein zurückkehrendes Schiff mit aktiver ärztlicher Telemetrie, Inhalt eine (1) Person, warm, in unbekannter seelischer Verfassung. Ich schloß die Augen und schaukelte im Dunkeln hin und her.

»Wie's aussieht, bist du ihr Surrogat, Toby. Ihr Profil paßt eher zu Taylor, aber der ist auf Urlaub.«

Ich wußte Bescheid über Taylors »Urlaub«. Er war draußen in den Pflanzenzuchtcontainern, mit Amitriptylin vollgepumpt, und machte Aerobic, um etwas gegen seinen jüngsten Anfall von Depressionen zu tun. Eins der Berufsrisiken von Surrogaten wie uns. Taylor und ich kommen nicht miteinander klar. Komisch, wie oft das bei Leuten mit ähnlichen psychosexuellen Profilen der Fall ist.

»He, Toby, wo kriegst du den vielen Stoff eigentlich her?« Die Frage gehörte zum Ritual. »Von Charmian?«

»Von deiner Mami, Hiro.« Er weiß so gut wie ich, daß es Charmian ist.

»Danke, Toby. Sei in fünf Minuten am Aufzug zum Himmel, sonst schick ich das russische Pflegepersonal runter, damit es dir auf die Sprünge hilft. Das männliche.«

Ich schaukelte weiter in meiner Matte und spielte das Spiel, das ich »Tony Halperts Platz im Universum« nannte. Da ich kein

Egozentriker bin, setzte ich die Sonne in die Mitte, das Tagesgestirn, den Lichtspender. Um sie herum ließ ich blitzsaubere Planeten kreisen, unser gemütliches Heimatsystem. Aber *hier*, an einem Fixpunkt ungefähr bei einem Achtel der Strecke zur Marsumlaufbahn, hängte ich einen dicken Metallzylinder hin, ein 1:4-Modell von Tsiolkowski 1, dem Arbeiterparadies bei L-5. Tsiolkowski 1 ist am Scheidepunkt zwischen Erd- und Mondanziehung festgemacht, aber wir brauchen ein Solarsegel, um mit unseren zwanzig Tonnen Aluminium, die zu einem Hexagon von zehn Kilometern Durchmesser gegossen sind, die Position zu halten. Dieses Segel hat uns aus der Erdumlaufbahn geschleppt und ist nun unser Anker. Wir halten damit unsere Stellung gegen den Photonenstrom – hier, an der *Straße*, wie wir das Ding – die Stelle, die Singularität – nennen.

Die Franzosen nennen es *le métro*, die U-Bahn, und die Russen nennen es »Fluß«, aber U-Bahnen verbinden keine so weit voneinander entfernten Punkte, und mit »Fluß« verbinden wir Amerikaner längst nicht dieselbe Einsamkeit. Man kann auch *Towjewski-Anomalie-Koordinaten* sagen, wenn man nichts dagegen hat, Olga ins Spiel zu bringen. Olga Towjewski, Unsere Liebe Frau der Singularitäten, die Schutzpatronin der Straße.

Hiro verließ sich nicht darauf, daß ich von selber aufstand. Unmittelbar vor dem Eintreffen der russischen Pfleger schaltete er per Fernbedienung das Licht in meiner Kabine ein und ließ die Lampen ein paar Sekunden lang blinken, bis ihr Licht schließlich stetig und grell auf die Bilder der Heiligen Olga fiel, die Charmian ans Schott geklebt hatte. Dutzende von Bildern, Porträts aus Zeitungen und Hochglanzmagazinen. Unsere Liebe Frau der Straße.

Oberstleutnant Olga Towjewski, jüngste Frau dieses Ranges im russischen Raumfahrtprogramm, war in einer modifizierten Aljut 6 solo zum Mars unterwegs gewesen. Dank der Umrüstung konnte sie den Prototyp eines neuen Luftscrubbers mitführen, der in dem für vier Mann ausgelegten Marsorbit-Labor der UdSSR getestet werden sollte. Man hätte die Aljut ebensogut von Tsiolkowski aus fernsteuern können, aber Olga wollte Flugstunden machen. Die Russen sorgten allerdings dafür, daß sie genug zu tun hatte; sie drückten ihr eine Reihe von Routineversuchen mit Radiostrahlung auf der Wasserstofflinie aufs Auge, Abschlußexperimente eines drittrangigen sowjetisch-australischen Austauschprojekts. Wie Olga wußte, hätte jede stinknormale Zeitschaltuhr ihre Funktion bei den Versuchen übernehmen können. Aber sie war eine gewissenhafte Offizierin; sie drückte die Knöpfe genau in den vorgeschriebenen Zeitabständen.

Mit ihren zurückgekämmten braunen Haaren, die sie in einem Netz trug, muß sie wie das *Prawda*-Idol vom Arbeiter im All ausgesehen haben; bestimmt ist kein Kosmonaut, keine Kosmonautin je fotogener gewesen als sie. Den Blick auf den Zeitmesser der Aljut gerichtet, hielt sie die Hand über den Knöpfen, die den ersten Strahlungsimpuls auslösen würden. Oberstleutnant Towjewski konnte nicht ahnen, daß sie sich der Stelle im All näherte, die man sehr bald *die Straße* nennen würde.

Während sie mit einer Kombination aus sechs Knöpfen den Auslöser betätigte, überwand die Aljut diese letzten Kilometer und strahlte den Impuls ab, einen Dauerimpuls von Strahlungsenergie auf 1420 Megahertz, der Radiofrequenz des Wasserstoffatoms. Tsiolkowskis Radioteleskop empfing das Signal und leitete es weiter zu geosynchronen Fernmeldesatelliten, die es verstärkten und auf Stationen im südlichen Ural und in New South Wales abstrahlten. 3,8 Sekunden lang wurde das Funkbild der Aljut vom Nachbild des Impulses überstrahlt.

Als das Nachbild auf den Erdmonitoren verblaßte, war die Aljut verschwunden.

Im Ural biß ein georgischer Techniker das Mundstück seiner

Lieblingsmeerschaumpfeife ab. In New South Wales begann ein junger Physiker auf seinen Monitor einzuhämmern wie ein wütender Flipperspieler aus Protest gegen das TILT.

Der Aufzug, der mich in den Himmel bringen sollte, sah aus wie ein Bauhaus-Mumienschrein aus Hollywoods bester Kulissenschmiede – ein schmaler, aufrechter Sarkophag mit einem transparenten Plexiglasdeckel. Dahinter verschwanden Reihen identischer Konsolen wie eine Lehrbuchillustration zum Thema Fluchtpunkt in der Ferne. Das übliche Volk von Technikern in gelben Clownskostümen aus Papier wimmelte zielstrebig durcheinander. Ich erspähte Hiro in einer blauen Jeans; unter dem offenen Cowboyhemd mit Perlmuttknöpfen trug er ein ausgewaschenes UCLA-Sweatshirt. Da er sich ganz auf die Zahlen konzentrierte, die über einen Monitor liefen, bemerkte er mich nicht. Niemand bemerkte mich.

Ich blieb also einfach stehen, wo ich war, und starrte nach oben, an den Himmelsboden. Er machte nicht viel her. Unser dicker Zylinder besteht eigentlich aus zwei ineinandergeschobenen Zylindern. Hier unten im äußeren – wir erzeugen unser eigenes »Unten« durch Axialrotation – befinden sich die profaneren Komponenten unseres Unternehmens: Schlafräume, Cafeterias, das Luftschleusendeck zum Hereinholen zurückkehrender Schiffe, die Kommunikationszentrale und die Psychiatrie, die ich geflissentlich meide.

Himmel, der innere Zylinder, das unfaßbar grüne Herz dieser Anlage, ist der wahrgewordene Disney-Traum der Heimkehr, das sperrangelweit offene Ohr einer informationshungrigen Globalwirtschaft. Ein ständiger Strom ungefilterter Daten ergießt sich zur Erde, eine Flut von Gerüchten, Andeutungen und Hinweisen auf transgalaktischen Verkehr. Oft lag ich reglos in meiner Hängematte und spürte den Druck der vielen Daten, fühlte, wie sie durch die Leitungen huschten, die ich mir hinter dem Schott vorstellte, Leitungen wie straff gespannte, hervortretende Sehnen, die nur darauf warteten, sich zusammenzuziehen und mich zu zerquetschen. Dann zog Charmian bei mir ein, und als ich ihr von meinen Ängsten erzählte, wandte sie einen Zauber dagegen an, indem sie ihre Bilder der Heiligen Olga aufhängte. Der Druck ließ nach und verschwand schließlich ganz.

»Wir schalten dir eine Dolmetscherin zu, Toby. Brauchst heute morgen vielleicht Deutsch.« Hiros Stimme, eine trockene Modulation des statischen Rauschens, rieselte wie Sand durch meinen Schädel. »Hillary...«

»Schon da, Dr. Nagashima«, sagte eine BBC-Stimme, klar wie Eiskristall. »Französisch kannst du doch wohl, oder, Toby? Hofmannsthal kann Französisch und Englisch.«

»Geh mir bloß nicht auf den Wecker, Hillary. Rede nur, wenn du gefragt wirst, verdammt noch mal.« Ihr Schweigen wurde zu einer weiteren Lage des vielschichtigen, kontinuierlichen statischen Rauschens. Hiro warf mir über zwei Dutzend Konsolen hinweg einen anzüglichen Blick zu. Ich grinste.

Dann ging es los: die Spannung, die bange Erwartung, der Adrenalinstoß. Ich konnte es durch die letzten Barbituratschwaden spüren. Ein blonder Bursche mit glattem Surfergesicht half mir in den Overall. Der Overall roch; er war neu wie alt, sorgfältig auf ramponiert getrimmt und mit künstlichem Schweiß sowie speziell angefertigten Pheromonen getränkt. Die Ärmel waren von den Manschetten bis zu den Schultern mit aufgestickten Abzeichen gepflastert, meist Firmenembleme der kleineren Sponsoren einer imaginären Expedition in die Straße, während das viel größere Logo des Hauptsponsors – der Firma, die HALPERT, TOBY angeblich zu diesem Rendezvous mit den Sternen entsandt hatte – quer über den Schultern prangte. Wenigstens eins war echt, nämlich mein Name, der in roten Nylonlettern über dem Herzen eingestickt war.

Der Surfer hatte das genormt gute Aussehen, das ich mit den

jüngeren Mitarbeitern der CIA verbinde, aber auf seinem Namensschild stand NEVSKY, und zwar auch in kyrillischer Schrift. KGB also. Er war kein *Tsiolnik*; ihm fehlte die schlaksige Art derer, die zwanzig Jahre im L-5-Habitat gelebt hatten. Der Junge kam eindeutig aus Moskau – ein höflicher Checklistenabhaker, der wahrscheinlich acht Möglichkeiten kannte, mit einer zusammengerollten Zeitung zu töten. Nun begannen wir mit dem Drogen- und Taschenritual; er steckte eine Mikrokanüle mit einem der neuesten Euphorohalluzinogene in die Tasche am linken Unterarm, trat einen Schritt zurück und hakte den Punkt auf der Liste ab. Die Umrisse eines Surrogats im Overall auf seinem Spezialblock erinnerten an einen Pappkameraden fürs Schießtraining mit Handfeuerwaffen. Er nahm ein 5-Gramm-Röhrchen mit Opium aus dem Etui, das an sein Gürtel gekettet war, und fand die entsprechende Tasche dafür. Häkchen. Vierzehn Taschen. Zum Schluß kam das Kokain.

Hiro kam rüber, als der Russe gerade letzte Hand anlegte. »Vielleicht hat sie ein paar harte Fakten, Toby. Sie ist Physiologin, denk dran.« Es war komisch, ihn akustisch zu hören und nicht als Knochenvibration vom Implantat.

»Hier oben ist alles hart, Hiro.«

»Was du nicht sagst.« Auch er spürte sie, diese besondere Spannung. Wir konnten einfach keinen Blickkontakt herstellen. Bevor es richtig peinlich wurde, wandte er sich ab und gab einem der Clowns in Gelb mit erhobenem Daumen das Okay-Zeichen.

Zwei von ihnen halfen mir in den Bauhaus-Sarg und traten zurück, als der Deckel sich wie das Helmvisier eines Riesen zischend herabsenkte. Ich begann meine Himmelfahrt, meine Reise zu einer heimkehrenden Fremden namens Leni Hofmannsthal. Es ist nur eine kurze Fahrt, aber sie scheint eine Ewigkeit zu dauern.

Olga, unsere erste Tramperin, die auf der Wellenlänge des Wasserstoffs den Daumen rausgestreckt hatte, schaffte die Heimkehr in zwei Jahren. In Tyuratam, Kasachstan, wurde eines grauen Wintermorgens ihre Rückkehr auf achtzehn Zentimetern Magnetband festgehalten.

Hätte ein religiöser Mensch – einer mit Ahnung von Filmtechnik – die Stelle im All beobachtet, an der die Aljut vor zwei Jahren verschwunden war, so wäre es ihm vielleicht vorgekommen, als hätte Gott Filmmeter mit ihrem Raumschiff an Filmmeter mit leerem All geklebt. Ihr Radarecho tauchte mit einemmal wieder in unserer Raumzeit auf, wie ein grauenhafter Special Effect eines Amateurfilmers. Eine Woche später, und man wäre nicht mehr rechtzeitig bei ihr gewesen; die Erde hätte sich auf ihrer Bahn weitergedreht, so daß sie auf die Sonne zugetrieben wäre. Dreiundfünfzig Stunden nach ihrer Rückkehr kletterte ein aufgeregter Freiwilliger namens Kurtz in einem gepanzerten Schutzanzug durch die Luke der Aljut. Er war ein ostdeutscher Spezialist für Raumfahrtmedizin, dessen geheimes Laster amerikanische Zigaretten waren; und von denen hätte er dringend eine brauchen können, als er sich durch die Luftschleuse tastete, an einem rechteckigen Bauteil des Luftscrubbers vorbeizwängte und mit dem Kinn seine Helmstrahler anknipste. Die Aljut schien auch nach diesen zwei Jahren noch voller Atemluft zu sein. Im doppelten Lichtkegel des schweren Helms sah er winzige Kügelchen von Blut und Erbrochenem, die träge umhertrieben und hinter ihm aufwirbelten, als er sich in seinem klobigen Raumanzug aus dem Schleusengang zog und in die Steuerkapsel vordrang. Dort fand er sie.

Sie schwebte über dem Navigationsdisplay, nackt und starr, in der Fötushaltung. Ihre Augen waren offen, aber ihr Blick war auf etwas gerichtet, was Kurtz niemals sehen würde. Ihre Hände waren blutig und zu Fäusten verkrampft, und das jetzt offene braune Haar trieb wie Seetang um ihr Gesicht. Sehr langsam und vorsichtig zog er sich über die weißen Tasten der Steuerkonsole und sicherte seinen Anzug am Navigationsdisplay. Er kam zu dem Schluß, daß sie sich mit bloßen Händen an den Funkgeräten des Schiffes zu schaffen gemacht hatte. Er deaktivierte die rechte Greifhand seines Schutzanzugs, die sich automatisch entfaltete, wie zwei Schraubzwingen, die eine Blüte imitierten. Er streckte die Hand aus, die noch in einem luftgefüllten grauen Gummihandschuh steckte.

Dann öffnete er so behutsam wie möglich die Finger ihrer linken Hand. Nichts.

Doch als er die rechte Hand öffnete, löste sich etwas und trudelte in Zeitlupe wenige Zentimeter vor seinem Helmvisier aus synthetischem Quarzglas vorbei. Es sah aus wie eine Muschel.

Olga kehrte heim, aber hinter ihre blauen Augen kehrte kein Leben zurück. Es wurde natürlich versucht, aber je mehr sie sich anstrengten, desto weniger blieb von ihr übrig, und sie zerlegten sie in ihrem Wissensdurst immer feiner, bis ihr Martyrium schließlich ein Ende fand und ihre kostbaren Relikte die Kühlräume ganzer Archive füllten. Kein Heiliger wurde je so fein zerschnitten; allein in den Plesetsk-Laboratorien war sie durch mehr als zwei Millionen Gewebeproben vertreten, die katalogisiert und numeriert im Untergeschoß eines bombensicheren Biologiekomplexes lagerten.

Mit der Muschel hatten sie mehr Glück. Die Exobiologen hatten mit einemmal enervierend festen Boden unter den Füßen: 1,7 Gramm hochorganisierte biologische Information definitiv außerirdischen Ursprungs. Olgas Muschel rief einen ganz neuen Wissenschaftszweig ins Leben, der sich ausschließlich der Erforschung von ... Olgas Muschel widmete.

Zweierlei stand bereits unmittelbar nach Beginn der Muschelforschung fest: Es handelte sich nicht um das Produkt einer bekannten terrestrischen Biosphäre, und da keine anderen Biosphären im Sonnensystem bekannt waren, mußte sie von einem anderen Stern stammen. Olga hatte entweder den Herkunftsort der Muschel besucht oder war – wie entfernt auch immer – mit etwas in Berührung gekommen, was zu dieser Reise imstande war – oder sie einst unternommen hatte.

In einer speziell umgerüsteten Aljut 9 wurde ein gewisser Major Grosz zu den Towjewski-Koordinaten hinausgeschickt. Ein zweites Schiff folgte ihm. Beim letzten seiner zwanzig Wasserstoffimpulse verschwand sein Schiff. Sie zeichneten sein Verschwinden auf und warteten. Zweihundertvierunddreißig Tage später kam er zurück. In der Zwischenzeit hatten sie das Gebiet unentwegt erkundet und verzweifelt nach etwas gesucht, was sich als die spezielle Anomalie erweisen würde, als das Störfeld, um das sich eine Theorie aufbauen ließe. Sie fanden nichts, nur Grosz' außer Kontrolle geratenes Schiff. Er beging Selbstmord, bevor sie zu ihm gelangten: das zweite Opfer der Straße.

Als sie die Aljut zu Tsiolkowski zurückschleppten, stellten sie fest, daß das aufwendige Aufzeichnungsgerät keine Daten enthielt. Obwohl alles funktionierte, hatte es versagt. Grosz wurde tiefgefroren mit dem nächsten Shuttle nach Plesetsk verfrachtet, wo die Bagger schon die Baugrube für ein neues Kellergeschoß aushoben.

Drei Jahre später – am Morgen nach dem Tod des siebten Kosmonauten – klingelte in Moskau ein Telefon. Der Anrufer stellte sich vor. Es war der Direktor der CIA der Vereinigten Staaten von Amerika. Er sei beauftragt, sagte er, ein Angebot zu unterbreiten. Unter bestimmten, sehr genau definierten Voraussetzungen könne sich die Sowjetunion der anerkannten westlichen Psychiatrie-Experten bedienen. Man sei bei der CIA der Ansicht, fuhr er fort, daß eine solche Hilfe derzeit sehr willkommen wäre.

Sein Russisch war ausgezeichnet.

Das statische Rauschen im Osteophon war ein unterschwelliger Sandsturm. Der Aufzug glitt in seinem schmalen Schacht durch den Boden des Himmels nach oben. Ich zählte blaue Lichter im Abstand von jeweils zwei Metern. Nach dem fünften Licht Dunkelheit, Stillstand.

In der hohlen Steuerkonsole der Straßenschiffattrappe verborgen, wartete ich im Aufzug wie das Geheimnis hinter der drehbaren Bücherwand in einem Kinderkrimi. Das Schiff war Kulisse, eine Requisite wie die bayerische Hütte auf der Gips-Alm irgendeines Vergnügungsparks – ein hübscher, aber überflüssiger Schnörkel. Falls die Heimkehrer uns überhaupt akzeptieren, nehmen sie uns als gegeben hin; unsere Geschichten und Requisiten machen da wohl keinen großen Unterschied.

»Alles klar«, sagte Hiro. »Keine Kundschaft in Sicht.« Reflexartig rieb ich mir die Narbe hinter dem linken Ohr, wo sie reingegangen waren, um das Osteophon einzusetzen. Die Seite der Modellkonsole klappte auf und ließ das himmlische Morgengrauen ein. Das Innere des falschen Schiffes war mir vertraut und fremd zugleich, wie die eigene Wohnung, wenn man eine Woche nicht zu Hause gewesen ist. Eins der neuen brasilianischen Rebengewächse hatte sich seit meinem letzten Besuch hier über die linke Aussichtsluke gerankt, aber sonst schien sich nichts verändert zu haben.

Um die Reben gab's viel Streit bei den biotektonischen Konferenzen, weil die Amis ein Mordsgeschrei wegen drohender Stickstoffverluste machten. Die Russen sind in bezug auf Biodesign sehr empfindlich, seit sie amerikanische Hilfe für ihr biotisches Programm auf Tsiolkowski 1 in Anspruch nehmen mußten. Hatten echte Probleme, weil ihnen der Hydroweizen wegfaulte. Trotz ihrer ganzen tollen Technik bekamen die Sowjets kein funktionierendes Ökosystem hin. Daß uns jenes anfängliche Debakel den Weg hier heraus zu ihnen ebnete, hilft da auch nichts. Sie sind irritiert; also bestehen sie auf den brasilianischen

Reben oder auf irgendwas anderem, um Grund zum Streiten zu haben. Aber ich mag die Reben. Die Blätter sind herzförmig und duften nach Zimt, wenn man sie zwischen den Fingern zerreibt.

Ich stand an der Luke und sah zu, wie die Lichtung Gestalt annahm, als reflektiertes Sonnenlicht in den Himmel fiel. Im Himmel gilt Greenwicher Zeit; große Mylar-Spiegel drehten sich draußen im Vakuum pünktlich zum Sonnenaufgang nach Greenwicher Zeit. In den Bäumen setzten die Vogelstimmen vom Band ein. Vögel tun sich ohne richtige Schwerkraft furchtbar schwer. Wir können keine echten Vögel halten, weil sie uns bei der Zentrifugalkraft durchdrehen würden.

Wenn man den Himmel das erste Mal sieht, wird er seinem Namen gerecht: üppig, kühl und strahlend, mit blühenden Wiesen. Es hilft, wenn man nicht weiß, daß die meisten Bäume künstlich sind oder welch sorgfältige Pflege vonnöten ist, um ein annähernd optimales Gleichgewicht zwischen blaugrünen Algen und Kieselalgen in den Teichen aufrechtzuerhalten. Charmian sagt, sie sehe schon Bambi aus dem Wald hüpfen, und Hiro behauptet, genau zu wissen, wie viele Disneyland-Baumeister unter dem National Security Act zur Geheimhaltung verpflichtet worden sind.

»Wir kriegen Wortfetzen von Hofmannsthal rein«, sagte Hiro. Er sprach mehr oder weniger zu sich selbst; die Lenker-Surrogat-Konfiguration bildete sich heraus, und bald würden wir einander nicht mehr bewußt wahrnehmen. Der Adrenalinstoß klang ab. »Nichts Zusammenhängendes. ›*Schöne Maschine*‹ oder so was ... Hillary findet, sie klingt ziemlich ruhig, aber irgendwie daneben.«

»Verschon mich mit so was. Keine Erwartungen, klar? Laß uns locker rangehen.« Ich öffnete den Deckel und atmete Himmelsluft; sie schmeckte wie kühler Wein. »Wo ist Charmian?«

Er seufzte, eine leise, statische Bö. »Charmian sollte auf Lichtung fünf sein und sich um einen Chilenen kümmern, der seit drei Tagen zurück ist, aber da ist sie nicht, weil sie gehört hat, daß du kommst. Also wartet sie beim Karpfenteich auf dich. Sture Zicke«, fügte er hinzu.

Charmian warf mit Kieselsteinen nach dem chinesischen Spiegelkarpfen. Hinter das eine Ohr hatte sie sich weiße Blüten, hinter das andere eine welke Marlboro gesteckt. Ihre bloßen Füße waren schmutzig, und die Beine ihres Overalls waren über den Knien abgetrennt. Die schwarzen Haare hatte sie zu einem Pferdeschwanz gebunden.

Kennengelernt hatten mir uns auf einer Party in einer der Schweißwerkstätten draußen: hallende, betrunkene Stimmen in der hohlen Metallkugel und selbstgebrannter Wodka in der Schwerelosigkeit. Jemand hatte einen Beutel Wasser zum Nachspülen dabei; er drückte eine doppelte Handvoll heraus und formte die Masse mit einer schnellen Drehbewegung zu einer kreiselnden, schlottrigen Kugel aus Oberflächenspannung. Alte Witze übers Wasserreichen. Aber ich bin tolpatschig bei null g. Als der Ball zu mir kam, griff ich hinein. Schüttelte mir tausend silberne Wasserperlen aus den Haaren und schlug torkelnd danach. Die Frau neben mir lachte und schlug langsam Purzelbäume; ein großes, schlankes Mädchen mit schwarzem Haar. Trug eine von diesen weiten Hose mit Zugband, wie sie die Touris von Tsiolkowski mit nach Hause nehmen, und ein ausgeblichenes NASA-T-Shirt, das ihr drei Nummern zu groß war. Wenig später erzählte sie mir vom Drachenfliegen mit zehn *Tsiolniks* und wie stolz sie auf das schwache Marihuana waren, das sie in einem der Maiscontainer zogen. Daß auch sie ein Surrogat war, merkte ich erst, als Hiro sich einschaltete und verkündete, die Party sei vorbei. Eine Woche später zog sie bei mir ein.

»Eine Minute, okay?« Hiro knirschte mit den Zähnen, ein schauerliches Geräusch. »Eine. *Uno*.« Dann war er weg, hatte sich total ausgeschaltet, hörte vielleicht nicht mal mehr zu.

»Na, wie läuft's in Lichtung fünf?« Ich hockte mich neben sie und suchte mir ein paar eigene Kiesel.

»Nicht so besonders. Mußte 'ne Weile weg von dem Typ. Hab ihn mit Schlafmitteln vollgepumpt. Mein Dolmetscher hat mir gesagt, du kommst rauf.« Sie hat diesen texanischen Akzent, bei dem *ice* wie *ass* klingt.

»Ich dachte, du kannst Spanisch. Ist doch 'n Chilene, oder?« Ich warf einen Kiesel in den Teich.

»Ich spreche Mexikanisch. Die Kulturfreaks meinen, mein Akzent würde ihn stören. Bin direkt froh. Versteh kein Wort, wenn er schnell spricht.« Ein Kiesel von ihr klatschte ins Wasser. An der Oberfläche breiteten sich Ringe aus. »Was er ständig tut«, fügte sie hinzu. Ein Karpfen kam angeschwommen, um den Kiesel auf Eßbarkeit zu untersuchen. »Er wird's nicht schaffen.« Sie schaute mich nicht an. Ihr Tonfall war völlig neutral. »Der kleine Jorge schafft's nicht, soviel steht fest.«

Ich suchte meinen flachsten Stein aus und wollte ihn übers Wasser hüpfen lassen, aber er ging unter. Je weniger ich über Jorge, den Chilenen, wußte, desto besser. Zwanzig Prozent der Heimkehrer sind tot, wenn sie hier eintreffen. Selbstmord. Siebzig Prozent sind Kandidaten für die Psychiatrie: Bettnässer, Fasler, Weggetretene. Charmian und ich sind Surrogate für die restlichen zehn Prozent, für Leute wie Jorge.

Wenn die ersten Heimkehrer nur mit Muscheln zurückgekommen wären, dann gäbe es den Himmel hier draußen wohl kaum. Der Himmel wurde gebaut, nachdem ein toter Franzose mit einem zwölf Zentimeter großen Ring aus magnetisch kodiertem Stahl in der kalten Hand zurückgekehrt war, eine makabre Parodie des glücklichen kleinen Gewinners der Freifahrt auf dem Karussell. Wie oder wo er an den Ring gekommen war, werden wir wohl nie erfahren, aber das Ding entpuppte sich als Stein von Rosette der Krebsforschung. Nun ist für die Menschheit also die Zeit des Cargo-Kults angebrochen. Wir können dort draußen

Dinge finden, über die wir vielleicht auch in tausend Jahren Forschung nicht stolpern würden. Charmian sagt, wir sind wie diese armen Schweine auf ihren Inseln, die pausenlos Landebahnen bauen, damit die großen Silbervögel zurückkommen. Sie sagt, Kontakte mit »überlegenen« Zivilisationen würde man seinem schlimmsten Feind nicht an den Hals wünschen.

»Hast du dich schon mal gefragt, wie sie auf diesen Schwindel gekommen sind, Toby?« Sie blinzelte ins Sonnenlicht, nach Osten, durch unsere horizontlose und grüne zylindrische Landschaft. »Die haben sich bestimmt die ganzen Asse geholt, die Hirnklempner-Elite, und sie an 'nem langen Tisch aus echtem Rosenholzimitat versammelt, wie sie im Pentagon überall rumstehen. Dann hat jeder einen leeren Notizblock und einen nagelneuen, extraspitzen Bleistift gekriegt. Alle waren sie da: die Freudianer, Jungianer, Adlerianer, Skinners Rattenfreaks, alles, was das Herz begehrt. Und jedes dieser Arschlöcher wußte genau, daß der Zeitpunkt gekommen war, seine Trümpfe auszuspielen. Als Berufsstand, nicht bloß als Anhänger irgendeiner Schule. Da hocken sie, die Verkörperung der westlichen Psychiatrie. Und nichts passiert! Nach wie vor purzeln die Leute tot von der Straße, oder sie kommen sabbernd zurück und lallen Abzählreime. Der Rest hält ungefähr drei Tage durch, sagt keinen Pieps und erschießt sich dann oder wird katatonisch.« Sie zog eine kleine Taschenlampe aus ihrem Gürtel, knackte beiläufig das Plastikgehäuse und pulte den Parabolspiegel heraus. »Der Kreml rast. Die CIA tobt. Und was am schlimmsten ist, die Multis, die die ganze Show finanzieren, kriegen kalte Füße. ›Tote Raumfahrer? Keine Daten? Ohne uns, Freunde!‹ Sie werden also langsam nervös, die Starpsychiater, bis irgendeiner von diesen Heinis, so 'n grinsender Spinner aus Berkeley oder so, ankommt und sagt:« – ihr Tonfall wurde zur säuselnden Parodie – »›He, warum stekken wir diese Leute nicht in 'ne richtig hübsche Umgebung mit reichlich astreinem Dope und 'ner verläßlichen Bezugsperson, hm?‹« Sie lachte kopfschüttelnd. Sie benutzte den Spiegel, um das Sonnenlicht zu bündeln und sich eine Zigarette anzuzünden. Streichhölzer kriegen wir nicht; Feuer stört das Sauerstoff-Kohlendioxid-Verhältnis. Ein winziger Rauchfaden stieg vom weißglühenden Brennpunkt auf.

»Okay«, sagte Hiro, »die Minute ist um.« Ich schaute auf meine Armbanduhr; es waren eher drei Minuten gewesen.

»Viel Glück, Baby«, sagte sie leise und gab vor, sich auf die Zigarette zu konzentrieren. »Alles Gute.«

Die Angst vor dem bevorstehenden Schmerz. Jedesmal. Man weiß, was passieren wird, aber nicht, wann oder wie es passiert. Man versucht, ihnen Halt zu geben; man wiegt sie im Dunkeln. Aber wenn man sich gegen den Schmerz sperrt, kann man nicht funktionieren. Wie in diesem Gedicht, das Hiro immer zitiert: *Lehre uns, zu sorgen, ohne uns zu sorgen.*

Wir sind wie intelligente Stubenfliegen, die durch einen internationalen Flughafen schwirren; manche von uns schaffen es, zufällig in ein Flugzeug nach London oder Rio zu kommen, die Reise zu überstehen und vielleicht sogar zurückzukehren. »He«, sagen die anderen Fliegen, »was ist auf der anderen Seite der Tür? Was wissen die, was wir nicht wissen?« Am Ende der Straße zerrinnt einem jede menschliche Sprache unter den Händen – außer vielleicht die Sprache des Schamanen, des Kabbalisten, die Sprache des Mystikers, die darauf abzielt, Hierarchien von Dämonen, Engeln und Heiligen zu beschreiben.

Allerdings gelten auf der Straße Regeln, und ein paar davon kennen wir. Daran können wir uns festhalten.

Erste Regel: Eine Person pro Flug; keine Teams, keine Paare.

Zweite Regel: Keine künstlichen Intelligenzen; was immer da draußen ist, hat nichts übrig für kluge Maschinen, jedenfalls nicht für solche, wie wir sie bauen können.

Dritte Regel: Aufzeichnungsinstrumente sind Platzverschwendung; sie kommen stets leer zurück.

Dutzende neuer Schulen der Physik sind im Gefolge der Heiligen Olga entstanden, immer bizarrere und elegantere Ketzerlehren, die sich allesamt auf die Innenbahn drängeln wollten. Aber sie sind eine nach der anderen gestürzt. In der lauschigen Stille der Himmelsnächte glaubt man die Paradigmen zerschellen und die Trümmer der Theorien klirrend zu glitzerndem Staub zerfallen zu hören, wenn das Lebenswerk der Denkfabrik irgendeines Konzerns zu einer knappen Fußnote der Geschichte reduziert wird – und das alles in der Zeit, die der versehrte Reisende braucht, um ein paar Silben ins Dunkel zu hauchen.

Trampende Fliegen auf einem Flughafen. Den Fliegen sei empfohlen, nicht zu viele Fragen zu stellen; sie sollten lieber nicht darauf aus sein, den Gesamtzusammenhang zu ergründen. Wiederholte Vorstöße in diese Richtung führen zwangsläufig zum langsamen, unerbittlichen Aufkeimen von Paranoia; das Hirn projiziert riesige dunkle Muster an die Wände der Nacht, Muster, die sich irgendwie verfestigen und zum Wahnsinn führen oder zur Religion. Schlaue Fliegen halten es da mit der Blackbox-Theorie. Blackbox ist die sanktionierte Metapher: Die Straße bleibt das X in jeder sinnvollen Gleichung. Wir sollen uns nicht den Kopf darüber zerbrechen, was es mit der Straße auf sich hat oder wer sie eingerichtet hat. Konzentrieren wir uns statt dessen darauf, was wir in die Box hineinstecken und was wir herausbekommen. Zum einen die Dinge, die wir auf die Straße schicken (eine Frau namens Olga, ihr Schiff, viele weitere, die ihr folgten), zum anderen die Dinge, die zu uns kommen (eine geistig Umnachtete, eine Muschel, Artefakte, Fragmente fremdartiger Technologie). Die Blackbox-Theoretiker sagen uns, wir sollten uns in erster Linie darum kümmern, diesen Austausch zu optimieren. Wir sind hier draußen, um sicherzustellen, daß unsere

Spezies was kriegt für ihr Geld. Dennoch treten gewisse Dinge immer deutlicher zutage; zum Beispiel, daß wir nicht die einzigen Fliegen sind, die den Weg in den Flughafen gefunden haben. Wir haben Artefakte von wenigstens einem Dutzend grundverschiedener Kulturen aufgelesen, von »anderen Hinterwäldlern«, wie Charmian sie nennt. Wir sind wie Ratten im Laderaum eines Frachters, die mit Ratten aus anderen Häfen Tauschhandel treiben und von den hellen Lichtern träumen, von der großen Stadt.

Schlicht gesagt ist es eine Frage von Input und Output. Leni Hofmannsthal ist Output.

Wir inszenierten die Heimkehr von Leni Hofmannsthal auf Lichtung 3, auch Elysium genannt. Ich duckte mich in einen Hain peinlichst genau reproduzierter junger Weinblattahornbäume und betrachtete ihr Schiff. Es hatte ursprünglich wie eine flügellose Libelle ausgesehen, wobei der schlanke, zehn Meter lange Hinterleib den Reaktionsantrieb barg. Da das Triebwerk entfernt worden war, glich es nun einer mattweiß verpuppten Larve, deren vorgewölbte Augen mit der gewohnten, nutzlosen Palette von Sensoren und Sonden vollgestopft waren. Es lag inmitten der Lichtung auf einer kleinen Anhöhe, die so geformt war, daß sie eine ganze Reihe verschiedener Schiffstypen tragen konnte. Die neueren Raumfahrzeuge sind kleiner, wie moderne Waschmaschinen: minimalistische Kapseln, die nicht mehr den Anschein erwecken, sie seien Forschungsschiffe. Fleischbehälter eben.

»Gefällt mir nicht«, sagte Hiro. »Gefällt mir gar nicht. Irgendwas stimmt da nicht...« Es klang, als hätte er mit sich selbst gesprochen; für mich war es fast so, als wäre er *ich* im Selbstgespräch mit mir, was bedeutete, daß die Lenker-Surrogat-Konfiguration nahezu vollständig ausgebildet war. In meiner Rolle fixiert, bin ich nicht länger der Kontaktmann für Himmels hungriges Ohr, keine spezialisierte Sonde mehr, die per Funk mit einem noch stärker spezialisierten Psychiater in Verbindung steht; wenn die Konfiguration zur Gestalt wird, verschmelzen Hiro und ich zu etwas anderem, das wir uns niemals eingestehen können, wenn es sich nicht gerade vollzieht. Unsere Beziehung würde einem klassischen Freudianer Alpträume verursachen. Aber ich wußte, daß Hiro recht hatte: diesmal schien wirklich etwas fürchterlich faul zu sein.

Die Lichtung war annähernd rund. Das mußte so sein; es handelte sich nämlich in Wirklichkeit um ein kreisförmiges Segment von fünfzehn Meter Durchmesser aus dem Boden des Himmels, eine kreisrunde Aufzugsplattform, die als kleine Almwiese getarnt war. Sie hatten Lenis Triebwerk abgesägt, ihr Schiff in den Außenzylinder geschleppt, die Lichtung zur Luftschleuse heruntergefahren und das Schiff dann auf einem überdimensionalen Präsentierteller in Form einer blühenden Wiese in den Himmel erhoben. Sie hatten Lenis Sensoren durch Störfrequenzen blockiert und ihre Sichtfenster und Luken verschlossen; der Himmel soll für den Neuankömmling eine Überraschung sein.

Ich ertappte mich bei der Überlegung, ob Charmian wohl schon wieder bei Jorge war. Vielleicht machte sie ihm gerade was zu essen, einen der Fische, die wir »fangen«, indem sie aus einem Käfig am Teichgrund direkt in unsere Hände entlassen werden. Ich stellte mir den Geruch von brutzelndem Fisch vor, schloß die Augen und sah Charmian mit naßglänzenden Schenkeln durchs seichte Wasser waten, ein langbeiniges Mädchen in einem Fischteich im Himmel.

»Los, Toby! Rein!«

Mir dröhnte der Schädel, so laut war die Stimme. Training und Gestaltreflex hatten mich schon halb über die Lichtung getragen. »Verdammt, verdammt, verdammt...« Hiros Mantra. Und in diesem Augenblick wußte ich, daß tatsächlich alles komplett schiefgelaufen war. Hillary, die Dolmetscherin, war ein schriller Unterton; das BBC-Eis knisterte, als sie rasend schnell etwas von anatomischen Karten runterrasselte. Hiro mußte die Luke per Fernbedienung entriegelt haben, aber er wartete nicht, bis sie sich selbsttätig aufschraubte. Er zündete die sechs Sprengbolzen im Rahmen und sprengte die ganze Luke ab. Sie verfehlte mich nur knapp. Ich war instinktiv ausgewichen. Dann kletterte ich die glatte Hülle des Schiffes hinauf und griff nach den Wandinnenstreben am Eingang; die Aluleiter war mit der Luke davongeflogen.

Und dort erstarrte ich, geduckt, im Plastikgestank der Bolzen, denn in diesem Moment überkam mich die Furcht, die wahre *Furcht*, zum ersten Mal.

Ich hatte sie schon früher gespürt, aber nur ansatzweise, nur ganz am Rande. Nun jedoch war sie gewaltig, der Schlund der Nacht, eine kalte, unversöhnliche Leere. Sie war die letzten Worte, tiefstes All, jeder lange Abschied in der Geschichte unserer Art.

Ich krümmte mich wimmernd zusammen, drückte mich zitternd und schluchzend an den Boden. Sie halten uns Vorträge, warnen uns vor ihr, versuchen, sie als einen vorübergehenden Anfall von Platzangst wegzuerklären, mit der wir in unserem Beruf ständig rechnen müssen. Aber wir wissen, was es ist; Surrogate wissen es, Lenker können es nicht wissen. Keine Erklärung war auch nur annähernd richtig.

Es ist die *Furcht*. Der Zeigefinger der Ewigen Nacht, der Finsternis, die die lallenden Verdammten in den sanften, weißen Schlund der Psychiatrie entläßt. Olga, Sankt Olga hat sie als erste kennengelernt. Sie hat versucht, uns davor zu bewahren, indem sie auf das Funkgerät losging, sich beim Versuch, die Sendeanlage des Schiffs zu zerstören, die Finger blutig kratzte und betete, daß die Erde sie vergessen, sie sterben lassen würde...

Hiro war am Rand der Verzweiflung, aber er hatte es offenbar verstanden und wußte, was zu tun war.

Er gab mir die Schmerzschaltung zu schmecken. Kräftig.

Immer wieder, wie einen elektrischen Viehtreiberstock. Er trieb mich ins Schiff. Er trieb mich durch die *Furcht*.

Jenseits der *Furcht* war ein Raum. Stille und der Geruch eines fremden Menschen, einer Frau.

Das vollgepackte Modul war abgenutzt, beinahe anheimelnd; das überstrapazierte Plastik der Beschleunigungsliege war mit abblätterndem Silberband geflickt. Der Raum war wie ein eng anliegendes Kleidungsstück, dessen Träger fehlte. Leni war nicht da. Dann sah ich das irre Kugelschreibergekritzel an der Wand, ein Fries unleserlicher Symbole, abertausend winzige, krumme Rechtecke, die sich aneinanderreihten und einander überlappten. Das jämmerliche Geschmier bedeckte fast das ganze hintere Schott.

Hiro war statisches Rauschen, ein flehendes Wispern: *Finde sie, Toby, schnell, bitte finde sie, Toby, finde sie, finde sie, finde ...*

Ich fand sie in der OP-Kabine, einer engen Kammer neben dem Einstiegsschacht. Über ihr die *schöne Maschine*, der funkelnde OP-Automat, die dünnen, glänzenden Arme ordentlich gefaltet – verchromte Beine einer Spinnenkrabbe –, mit Gefäßklemmen, Pinzetten, Laserskalpellen bestückt.

Hillary war hysterisch, fast unhörbar auf einem schwachen Kanal; sie faselte irgendwas von der Anatomie des menschlichen Arms, von Sehnen, Arterien, den Grundlagen der Taxonomie. Hillary schrie.

Es war kein Blut da. Der Automat ist eine reinliche Maschine, die in der Schwerelosigkeit absolut sauber arbeiten kann und das Blut absaugt. Leni war gestorben, kurz bevor Hiro die Luke absprengte. Ihr rechter Arm war wie in einer mittelalterlichen Zeichnung auf der weißen Kunststoffarbeitsfläche ausgebreitet: abgehäutet, Muskeln und anderes Gewebe sauber freigelegt, symmetrisch verteilt und mit einem Dutzend rostfreier Präpariernadeln festgesteckt. Sie war verblutet. Ein OP-Automat ist sorgfältig gegen Selbstmord programmiert, läßt sich aber im

Bedarfsfall auch als Sezierroboter zur Konservierung biologischen Materials einsetzen.

Sie hatte eine Möglichkeit gefunden, ihn irrezuführen. Das läßt sich durchaus bewerkstelligen, wenn man genügend Zeit hat. Sie hatte acht Jahre Zeit gehabt.

Da lag sie auf einer Klappliege, die ans fossile Skelett eines Zahnarztstuhls erinnerte; durch die Liege war die ausgebleichte Inschrift auf dem Rücken ihres Overalls zu sehen, das Warenzeichen eines westdeutschen Elektronikkonzerns. Ich versuchte, es ihr zu erklären.

Ich sagte: »Bitte, du bist tot. Verzeih uns, wir sind gekommen, um dir zu helfen, Hiro und ich. Verstehst du? Hiro *kennt* dich, mußt du wissen. Er ist hier, in meinem Kopf. Er kennt dein Dossier, dein Sexualprofil, deine Lieblingsfarben; er kennt deine Kindheitsängste, deinen ersten Freund, den Namen deines Lieblingslehrers. Und ich habe genau die richtigen Pheromone und bin ein wandelndes Drogenarsenal. Ist bestimmt was nach deinem Geschmack dabei. Und wir können lügen, Hiro und ich; wir sind erstklassige Lügner. Bitte. Das verstehst du doch, oder? Wir sind uns vollkommen fremd, aber Hiro und ich, wir erschaffen für dich den *vollkommenen* Fremden, Leni.«

Sie war eine kleine Frau mit glattem blondem Haar, das bereits graue Strähnen zeigte. Ich strich ihr einmal übers Haar und ging dann hinaus auf die Lichtung. Als ich dort stand, erzitterte das hohe Gras, die Wildblumen begannen zu schwanken, und es ging abwärts mit uns. Das Schiff ruhte mitten auf dem landschaftlich gestalteten Aufzugteller. Die Lichtung senkte sich aus dem Himmel herab, und der Sonnenschein verlor sich im grellen Licht großer Dampfbogenlampen, die harte Schatten aufs weite Luftschleusendeck warfen. Gestalten in Rot rannten umher. Ein roter Karren auf dicken Gummirädern wich uns mit einer Kehrtwendung aus.

Nevsky, der KGB-Surfer, wartete schon am Fuß der Gangway, die zum Rand der Lichtung gerollt wurde. Ich sah ihn erst, als ich unten war.

»Geben Sie mir jetzt bitte die Drogen, Mr. Halpert.«

Ich stand schwankend da, mit Tränen in den Augen. Er streckte die Hand aus und stützte mich. Ich überlegte, ob er überhaupt wußte, warum er hier auf dem Schleusendeck war, ein Gelber in rotem Bereich. Aber das war ihm wahrscheinlich egal; ihm schien sowieso fast alles egal zu sein. Er hatte die Checkliste parat.

»Geben Sie sie mir, Mr. Halpert.«

Ich stieg aus dem Overall, rollte ihn zusammen und reichte ihn ihm. Er stopfte ihn in einen verschließbaren Plastikbeutel, verstaute den Beutel in einer Tasche, die an sein Handgelenk gekettet war, und verstellte die Kombination.

»Nimm sie nicht alle auf einmal, Kleiner«, sagte ich. Dann fiel ich in Ohnmacht.

Spät in jener Nacht brachte Charmian eine besondere Art von Dunkelheit in meine Kabine – Einzeldosen, in dicke Folie eingeschweißt. Sie hatte keinerlei Ähnlichkeit mit der Dunkelheit der Ewigen Nacht, der lebenden, jagenden Finsternis, die darauf lauert, die Anhalter in die Psychiatrie zu zerren, mit der Finsternis, der die *Furcht* entspringt. Es war eine Dunkelheit wie die Schatten, die sich in einer regnerischen Nacht über die Rückbank im Wagen der Eltern bewegen, wenn man fünf ist, warm eingepackt und geborgen. Charmian ist viel gerissener als ich, wenn es darum geht, Checklistenabhakern wie Nevsky ein Schnippchen zu schlagen.

Ich fragte sie nicht, weshalb sie nicht mehr im Himmel war oder was mit Jorge passiert war. Sie erkundigte sich ihrerseits nicht nach Leni.

Hiro war weg, totale Funkstille. Ich hatte ihn bei der Nachbesprechung an jenem Nachmittag gesehen; wie üblich schauten wir einander nicht in die Augen. Das hatte nichts zu bedeuten.

Ich wußte, daß er sich wieder melden würde. Im Grunde war es ein Routinefall gewesen. Ein schlechter Tag im Himmel, aber angenehm war es ja nie. Es ist schlimm, die *Furcht* zum ersten Mal am eigenen Leib zu spüren, aber ich hatte immer gewußt, daß sie da war und auf uns lauerte. Sie sprachen über Lenis Werte und über die Kugelschreiberzeichnungen von molekularen Ketten, die sich auf Befehl verändern. Moleküle, die als Schalter fungieren können, als logische Elemente, ja sogar als eine Art Schaltsystem, wenn sie sich schichtweise zu einem Riesenmolekül aufbauen, einem winzigen Computer. Wir werden wahrscheinlich nie erfahren, was Leni da draußen begegnet ist; auch über die Einzelheiten der Transaktion werden wir wohl nie Genaueres erfahren. Falls doch, würden wir es vielleicht bereuen. Wir sind nicht der einzige Hinterwäldlerstamm, der Brosamen aufliest.

Zum Teufel mit Leni, zum Teufel mit dem Franzosen, zum Teufel mit allen, die Sachen heimbringen, die Krebsmittel, Muscheln und namenloses Zeug anschleppen – die uns hier warten lassen, die die Psychiatrie füllen, die uns die *Furcht* bringen. Doch diese Dunkelheit, warm und nah, Charmians ruhiges Atmen, das Rauschen des Meeres – das bietet Halt. Hier draußen wird man high genug; man hört das Meer, ganz tief drin, hinter dem ständigen Muschelrauschen des Osteophons. Wir tragen das mit uns herum, auch wenn wir der Heimat noch so fern sind.

Charmian bewegte sich neben mir und murmelte den Namen eines Fremden, den Namen eines gebrochenen Raumfahrers, der längst in der Psychiatrie verschwunden war. Sie hält momentan den Rekord; sie hat einen Mann zwei Wochen lang am Leben erhalten, bis er sich die Daumen in die Augen stieß. Sie schrie während der ganzen Fahrt nach unten und brach sich am Plastikdeckel des Aufzugs sämtliche Nägel ab. Dann gaben sie ihr ein Beruhigungsmittel.

Dennoch haben wir beide jenen Trieb in uns, diese besondere Sehnsucht, die anomale Dynamik, die uns immer wieder in den

Himmel zurückkehren läßt. Wir sind beide auf gleiche Weise dazu gekommen, als wir wochenlang in unseren kleinen Schiffen draußen lagen und darauf warteten, von der Straße fortgetragen zu werden. Und als unser letzter Impuls abgestrahlt war, wurden wir hierher zurückgeschleppt. Manche Leute werden einfach nicht genommen, und keiner weiß, warum. Und eine zweite Chance kriegt man nicht. Ist zu teuer, sagen sie, sehen einem auf die verbundenen Handgelenke und verschweigen den wahren Grund: Man ist zu wertvoll geworden, zu nützlich als potentielles Surrogat. Mach dir keine Sorgen wegen des Selbstmordversuchs, sagen sie; so was kommt laufend vor. Absolut verständlich: das Gefühl totaler Zurückweisung. Aber ich wollte aus dem Leben scheiden, unbedingt. Charmian auch. Sie versuchte es mit Tabletten. Aber sie bearbeiteten uns, bogen uns ein bißchen zurecht, lenkten unseren Antrieb in eine neue Richtung, pflanzten das Osteophon ein und verkuppelten uns mit einem Lenker.

Olga muß das alles irgendwie gewußt, irgendwie vorhergesehen haben. Sie hat versucht, uns daran zu hindern, den Weg nach draußen zu finden, dorthin, wo sie gewesen war. Sie wußte, falls wir sie fänden, müßten wir ebenfalls hin. Selbst jetzt noch, wider besseres Wissen, möchte ich hin. Keine Chance. Dafür können wir hier im Dunkeln schaukeln, das sich hoch über uns auftürmt, Charmians Hand in der meinen. Zwischen unseren Handflächen die zerrissene Folienpackung der Droge. Und Sankt Olga lächelt von den Wänden auf uns herab; man kann sie fühlen, all die vielen Bilder vom gleichen Schnappschuß, herausgetrennt und an die Wände der Nacht geheftet, ihr unschuldiges Lächeln, immerfort.

Bruce Sterling und William Gibson

ROTER STERN, WINTERORBIT

Oberst Korolew drehte sich langsam in seinem Gurtzeug und träumte vom Winter und von der Schwerkraft. Er war wieder jung, ein Kadett, der sein Pferd über die spätnovemberliche Steppe von Kasachstan ins trockene Mars-Abendrot trieb.

Das ist nicht richtig, dachte er...

Und erwachte – im Museum des sowjetischen Triumphs im Weltraum – von den Lauten, die Romanenko und die Frau des KGB-Mannes von sich gaben. Hinter der Trennwand im Heck der Saljut legten sie wieder los, daß die Gurte nur so ächzten und die gepolsterte Hülle rhythmisch knarrte und erbebte. Hufe im Schnee.

Korolew befreite sich aus den Gurten, stieß sich gekonnt ab und landete in der Naßzelle. Er schlüpfte aus dem abgetragenen Overall, klemmte sich den Nachtstuhl um die Lenden und wischte den beschlagenen Stahlspiegel blank. Seine arthritische Hand war im Schlaf wieder angeschwollen. Das Handgelenk war spindeldürr vom Kalziumverlust. Vor zwanzig Jahren war er zum letztenmal auf der Erde gewesen. Er war im Orbit alt geworden.

Er rasierte sich mit einem Absaugrasierer. Ein Mosaik geplatzter Äderchen überzog seine linke Wange und Schläfe: ein weiteres Erbe der Leckage, die ihn zum Krüppel gemacht hatte.

Als er herauskam, waren die Ehebrecher fertig. Romanenko ordnete seine Kleidung. Valentina, die Frau des Politoffiziers, hatte die Ärmel ihres braunen Overalls abgetrennt; ihre blassen

Arme glänzten, schweißnaß von der anstrengenden Übung. Das aschblonde Haar wehte im Luftzug eines Ventilators. Ihre kornblumenblauen Augen standen ein wenig zu eng beieinander, und ihr Blick war teils entschuldigend, teils verschwörerisch. »Schauen Sie mal, was wir Ihnen mitgebracht haben, Oberst...«

Sie gab ihm ein Minifläschchen Cognac.

Verdutzt betrachtete Korolew das Air-France-Emblem auf dem Plastikverschluß.

»Ist mit der letzten Sojus gekommen. In einer Gurke, sagt mein Mann.« Sie kicherte. »Er hat's mir geschenkt.«

»Wir dachten, das wäre was für Sie, Oberst«, meinte Romanenko und grinste übers ganze Gesicht. »Schließlich können *wir* jederzeit Urlaub nehmen.« Korolew ignorierte den verlegenen Seitenblick auf seine verkümmerten Beine und die blassen, baumelnden Füße.

Er öffnete das Fläschchen, und der aromatische Duft ließ ihm das Blut kribbelnd in die Wangen steigen. Vorsichtig saugte er ein paar Milliliter Schnaps heraus. Das Zeug brannte wie Säure. »Herrgott«, keuchte er, »ist schon Jahre her. Wenn ich das austrinke, bin ich blau!« Er lachte. Tränen verschleierten seinen Blick.

»Mein Vater sagt, Sie hätten seinerzeit getrunken wie ein Weltmeister.«

»Ja«, sagte Korolew und nahm noch einen kleinen Schluck, »das stimmt.« Der Cognac durchströmte ihn wie flüssiges Gold. Er mochte Romanenko nicht, ebensowenig, wie er dessen Vater gemocht hatte – einen leichtlebigen Parteimann, der sich längst gut eingerichtet hatte: Vortragsreisen, eine Datscha am Schwarzen Meer, amerikanischer Schnaps, französische Anzüge, italienische Schuhe... Der Junge hatte die gleiche Visage wie sein Vater, die gleichen klaren, grauen Augen, die nie von Zweifeln getrübt wurden.

Der Alkohol strömte durch Korolews dünnes Blut. »Ihr seid zu großzügig.« Er stieß sich sachte ab und landete genau an seiner Konsole. »Ihr müßt euch *Samisdata* mitnehmen, amerikanische Kabelprogramme, eben abgefangen. Tolles Zeug! Reine Verschwendung, bei einem Greis wie mir.« Er steckte eine leere Kassette in den Schacht und überspielte das Material.

»Ich geb's den Schützen«, sagte Romanenko grinsend. »Die können's auf den Radarkonsolen im Geschützturm abspielen.« Die Partikelstrahlstation hieß seit jeher Geschützturm. Die Soldaten, die dort Dienst taten, waren besonders scharf auf solches Zeug. Korolew zog eine zweite Kopie für Valentina.

»Ist es unanständig?« Ihr Blick war erschrocken und zugleich fasziniert. »Dürfen wir wiederkommen? Donnerstag um Mitternacht?«

Korolew lächelte sie an. Sie war Fabrikarbeiterin gewesen, bevor man sie für den Weltraum ausgewählt hatte. Ihre Schönheit ließ sich für Propagandazwecke ausschlachten; sie war ein Rollenmodell fürs Proletariat. Jetzt, mit dem Cognac im Blut, tat sie ihm leid, und er brachte es nicht fertig, ihr das bißchen Spaß zu verderben. »Ein mitternächtliches Rendezvous im Museum, Valentina? Wie romantisch.«

Ein wenig wacklig im freien Fall, gab sie ihm einen Kuß auf die Wange. »Danke, Herr Oberst.«

»Sie sind wirklich was Besonderes, Oberst«, sagte Romanenko und klopfte Korolew so behutsam wie möglich auf die spindeldürre Schulter. Nach zahllosen Stunden an der Kraftmaschine strotzten Romanenkos Arme vor Muskeln.

Korolew verfolgte, wie sich das Pärchen vorsichtig ins kugelförmige Zentraldock vorarbeitete, das drei alternde Saljuts und zwei Korridore verband. Romanenko nahm den »Nord«-Korridor zum Geschützturm; Valentina ging in die andere Richtung zur nächsten Gelenkkugel mit der Saljut, in der ihr Mann schlief.

Es gab fünf Kugeldocks mit jeweils drei Saljuts in Kosmograd.

Die militärischen Einrichtungen und die Abschußrampen für Satelliten lagen an den entgegengesetzten Enden des Komplexes. Die brummende, surrende, pfeifende Station hatte die Atmosphäre einer U-Bahn und den modrigen, metallischen Gestank eines Trampschiffes.

Korolew trank noch einen Schluck aus der Flasche. Nun war sie halb leer. Er versteckte sie in einem der Museumsexponate, einer NASA-Hasselblad, die vom Apollo-Landeplatz stammte. Seit seinem letzten Urlaub – vor der Leckage – hatte er keinen Schnaps mehr getrunken. Ihm war schwummrig; er badete in angenehmer, schmerzlicher, trunkener Nostalgie.

Nachdem er zu seiner Konsole geschwebt war, verschaffte er sich Zugang zu einem Speichersektor, der eigentlich die gesammelten Reden von Alexei Kossygin enthalten sollte; die hatte er jedoch heimlich gelöscht und durch *Samisdata* ersetzt, eine Privatsammlung digitaler Popmusik, den Lieblingsnummern aus seiner Jugend in den Achtzigern. Er hatte britische Gruppen von einem westdeutschen Sender mitgeschnitten, Heavy metal aus den Staaten des Warschauer Pakts, amerikanische Schwarzmarkt-Importe. Er setzte die Kopfhörer auf und rief den Czestochowa Reggae von Brygada Cryzis ab.

Nach all den Jahren hörte er die Musik gar nicht mehr richtig, sondern schwelgte in wehmütigen Erinnerungen. In den Achtzigern war er ein langhaariges Kind der sowjetischen Oberschicht gewesen, das dem Zugriff der Moskauer Polizei nur dank der Stellung des Vaters entgangen war. Er erinnerte sich an das Rückkopplungsgeheul aus den Lautsprechern eines heißen, dunklen Kellerlokals, in dem ein schattenhaftes Völkchen verkehrte, ein buntes Gemisch aus Jeansklamotten und gebleichten Haaren. Er hatte Marlboros mit afghanischem Haschpulver drin geraucht. Er erinnerte sich an den Mund einer amerikanischen Diplomatentochter im Fond des väterlichen schwarzen Lincoln. Namen und Gesichter tauchten im warmen Cognac-Dunst vor ihm auf.

Nina, die Ostdeutsche, die ihm ihre vervielfältigten Übersetzungen polnischer Dissidentenblätter gezeigt hatte...

Bis sie eines Abends nicht im Café auftauchte. Gerüchte über parasitäre Umtriebe, antisowjetische Aktivitäten und das lauernde chemische Grauen der *Psikuska* machten die Runde...

Korolew begann zu zittern. Er wischte sich übers Gesicht und merkte, daß es schweißnaß war. Er nahm den Kopfhörer ab.

Es war schon fünfzig Jahre her, und dennoch überkam ihn plötzlich nackte Angst. Er konnte sich nicht erinnern, sich jemals derart gefürchtet zu haben, nicht einmal bei der Leckage, die ihm die Hüfte zertrümmert hatte. Er zitterte am ganzen Leib. Die Lichter. Die Lichter in der Saljut waren zu hell, aber er wollte nicht zu den Schaltern gehen. Eine simple Verrichtung, die er regelmäßig ausführte, aber... Die Schalter mit den isolierten Leitungen kamen ihm plötzlich bedrohlich vor. Verwirrt sah er sich um. Das kleine Aufziehmodell eines Lunokhod-Mondjeeps, das mit seinen Klettbandrändern an der gekrümmten Wand haftete, schien dort wie etwas Lebendiges zu kauern, zum Sprung geduckt, lauernd. Die Augen der sowjetischen Weltraumpioniere in den offiziellen Porträts fixierten ihn verächtlich.

Der Cognac. Die vielen Jahre in der Schwerelosigkeit hatten seinem Stoffwechsel zugesetzt. Er war nicht mehr der alte. Aber er nahm sich vor, nicht in Panik zu geraten und die Sache durchzustehen. Wenn er sich übergab, würden ihn alle auslachen.

Jemand klopfte an den Museumseingang, und der Klempner Nikita, Kosmograds Oberbastler, hechtete mit einem tadellosen Sprung in Zeitlupe durch die offene Luke. Der junge Mechaniker machte ein finsteres Gesicht, und Korolew fühlte sich eingeschüchtert. »Früh auf den Beinen, Klempner«, sagte er, ängstlich darauf bedacht, den Anschein der Normalität zu wahren.

»Kleines Leck in Delta Drei.« Er runzelte die Stirn. »Können Sie Japanisch?« Der Klempner zog eine Kassette aus einer der ausgebeulten Taschen seiner schmutzigen Arbeitsweste und wedelte ihm damit vor der Nase herum. Er trug eine sorgfältig gewaschene und gebügelte Levi's und ausgelatschte Adidas-Laufschuhe. »Haben wir letzte Nacht aufgeschnappt.«

Korolew duckte sich, als ob die Kassette eine Waffe wäre. »Nein, kein Japanisch.« Sein unterwürfiger Ton überraschte ihn. »Nur Englisch und Polnisch.« Er spürte, wie er rot wurde. Der Klempner war sein Freund; er kannte ihn gut und vertraute ihm, aber...

»Fühlen Sie sich nicht wohl, Oberst?« Der Klempner legte die Kassette ein und rief mit flinken, schwieligen Fingern ein Wörterbuchprogramm auf. »Sie sehen aus, als hätten Sie was Falsches gegessen. Hören Sie sich das mal an.«

Korolew sah nervös zu, wie ein Werbespot für Baseball-Handschuhe über den Bildschirm flimmerte. Die kyrillischen Untertitel des Wörterbuchprogramms rasten über den Monitor, während ein japanischer Sprecher in wahnwitzigem Tempo seinen Text herrunterrasselte.

»Gleich kommen die Nachrichten«, sagte der Klempner, an einem Niednagel kauend.

Korolew kniff nervös die Augen zusammen, als die Übersetzung durchs Gesicht des japanischen Sprechers lief:

WIE DIE AMERIKANISCHE ABRÜSTUNGSGRUPPE BEHAUPTET ... BEDEUTEN DIE VORKEHRUNGEN IM BAIKONUR-KOSMODROM ... DASS DIE RUSSEN ENDLICH BEREIT SIND ... DIE BEWAFFNETE RAUMSTATION ZU VERSCHROTTEN ... DIE KOMISCHE STADT...

»Kosmisch«, brummte der Klempner. »Fehler im Wörterbuch.«

DIE ZUR JAHRHUNDERTWENDE ALS BRÜCKENKOPF INS ALL GEBAUT WURDE ... DAS AUFWENDIGE PROJEKT WURDE DURCH DAS SCHEITERN DES BERGBAUPROJEKTS AUF DEM MOND BLOCKIERT ... DIE KOSTENINTENSIVE STATION WIRD AN LEISTUNGSFÄHIGKEIT LÄNGST VON UNSEREN UNBEMANNTEN

ORBITALFABRIKEN ÜBERTROFFEN ... DIE KRISTALLE, HALBLEITER UND HUNDERTPROZENTIG REINE MEDIKAMENTE ERZEUGEN ...

»Klugscheißer.« Der Klempner schnaubte. »Ich sag Ihnen, da hat dieser Drecks-KGBler Jefremow die Finger drin.«

GRAVIERENDES SOWJETISCHES AUSSENHANDELSDEFIZIT ... ALLGEMEINE UNZUFRIEDENHEIT MIT DEM WELTRAUMPROGRAMM ... JÜNGSTE BESCHLÜSSE DES POLITBÜROS UND DES SEKRETARIATS DES ZENTRALKOMITEES ...

»Die wollen den Laden hier dichtmachen!« Der Klempner verzog wütend das Gesicht.

Korolew wandte sich vom Bildschirm ab. Er zitterte unkontrolliert. Tränen perlten schwerelos von seinen Wimpern. »Laß mich in Ruhe damit! Ich kann's nicht ändern!«

»Was ist denn los, Oberst?« Der Klempner packte ihn an der Schulter. »Sehen Sie mich an. Jemand hat Sie mit der *Furcht* geimpft!«

»Verschwinde«, bat Korolew.

»Dieser widerliche Giftzwerg! Was hat er Ihnen gegeben? Tabletten? Eine Spritze?«

Korolew erschauerte. »Ich hab was getrunken...«

»Er hat Ihnen die *Furcht* eingeflößt! Einem alten Mann wie Ihnen! Dem schlag ich die Fresse ein!« Der Klempner zog die Knie an, machte eine Rolle rückwärts, stieß sich von einem Haltegriff ab und katapultierte sich aus dem Raum.

»Warte! Klempner!« Aber der Klempner war bereits wie ein Wiesel durch die Kugel geschossen und im Korridor verschwunden. Jetzt merkte Korolew, daß er es nicht ertragen konnte, allein zu sein. In der Ferne hörte er das metallische Echo verzerrter, aufgebrachter Stimmen.

Zitternd schloß er die Augen und wartete, daß jemand ihmzu Hilfe käme.

Er hatte den Psychiatrie-Offizier Byschkow gebeten, ihm zu helfen, die alte Uniform anzuziehen, die mit dem Stern des Tsiolkowski-Ordens über der linken Brusttasche. Die schwarzen Paradestiefel aus dickem, gestepptem Nylon mit Klettbandsohle paßten ihm nicht mehr; daher blieben seine verkrüppelten Füße bloß. Byschkows Injektion hatte ihn binnen einer Stunde wieder auf die Beine gebracht, doch sie machte ihn abwechselnd depressiv und fuchsteufelswild. Nun wartete er im Museum auf Jefremow, den er zu sich gerufen hatte.

Sie bezeichneten sein Heim als Museum des sowjetischen Triumphs im All, und als seine Wut nachließ und alter Trostlosigkeit wich, kam er sich selber vor wie eins seiner Ausstellungsstücke. Er starrte betrübt auf die goldgerahmten Porträts der großen Visionäre des Weltraums, auf Tsiolkowski, Rynin und Tupolew. Darunter hingen in etwas kleineren Rahmen die Porträts von Verne, Goddard und O'Neill.

In Momenten tiefster Depression hatte er sich manchmal eingebildet, einen ähnlichen, fremdartigen Ausdruck in diesen Augen zu sehen, insbesondere in den Augen der beiden Amerikaner. War es schlicht und einfach Wahnsinn, wie er ab und zu in zynischer Stimmung dachte? Oder erblickte er da die subtile Manifestation einer sonderbaren, unausgewogenen Kraft, in der er häufig die tätige menschliche Evolution vermutet hatte?

Einmal, ein einziges Mal nur hatte Korolew diesen Blick in seinen eigenen Augen gesehen – an dem Tag, als er den Fuß auf den Boden des Coprates-Beckens setzte. Das marsianische Sonnenlicht, das in sein Helmvisier fiel, hatte ihm das Spiegelbild eines fremden Augenpaars mit unerschrockenem, aber gehetztem Blick gezeigt, und der stille, heimliche Schock, den diese Erscheinung ausgelöst hatte, war, wie er nun erkannte, der denkwürdigste, transzendentalste Augenblick seines Lebens gewesen.

Über den schwerfälligen Ölporträts hing ein Bild dieser Landung in Farben, die ihn an Borschtsch und Bratensoße erinnerten, eine dem sozialistischen Realismus entsprechende, kitschige Verklärung der Realität. Der Maler hatte die Gestalt im Raumanzug mit der tiefernsten Vulgarität des offiziellen Stils neben dem Landefahrzeug plaziert.

Er fühlte sich beschmutzt, als er da stand und auf Jefremow wartete, den KGB-Mann und Politoffizier von Kosmograd.

Als Jefremow endlich in die Saljut kam, fiel Korolew auf, daß er eine geplatzte Lippe und frische Blutergüsse am Hals hatte. Er trug einen blauen Kansai-Overall aus japanischer Seide und elegante italienische Bordschuhe. Er hüstelte höflich. »Guten Morgen, Genosse Oberst.«

Korolew starrte ihn an, bis das Schweigen lastend wurde. »Jefremow«, sagte er dann. »Ich bin nicht sonderlich erfreut über Sie.«

Jefremow wurde rot, hielt dem Blick jedoch stand. »Sprechen wir offen miteinander, Oberst, von Russe zu Russe. Es war natürlich nicht für Sie gedacht«.

»Die *Furcht*, Jefremow?«

»Das Beta-Carbolin, ja. Wenn Sie diesem Treiben nicht Vorschub geleistet hätten, wenn Sie sich nicht hätten bestechen lassen, wäre das nicht passiert«.

»Ich bin also ein Kuppler, Jefremow? Ein Kuppler und Säufer? Sie sind ein Hahnrei, ein Schmuggler und Denunziant. Lassen Sie sich das gesagt sein«, fügte er hinzu, »von Russe zu Russe.«

Nun setzte der KGB-Mann seine offizielle, ausdruckslos höfliche Unfehlbarkeitsmiene auf.

»Sagen Sie mir doch mal, Jefremow, was Ihre wirkliche Aufgabe ist. Was tun Sie hier seit Ihrer Ankunft auf Kosmograd? Wir wissen, daß die Station verschrottet wird. Was hat die zivile Besatzung bei der Rückkehr nach Baikonur zu erwarten? Eine Anklage wegen moralischer Zersetzung?«

»Es wird Ermittlungen geben, sicher. In gewissen Fällen vielleicht sogar Einweisungen. Wollen Sie etwa andeuten, Oberst

Korolew, daß die Sowjetunion für die Mißerfolge von Kosmograd verantwortlich ist?«

Korolew schwieg.

»Kosmograd war ein Traum, Oberst. Ein Traum, der nicht hielt, was er versprach. So wie der Weltraum selbst. Für uns gibt es keinen Grund, hier oben zu sein. Wir haben eine ganze Welt, auf der wir für Ordnung sorgen müssen. Moskau ist die größte Macht der Geschichte. Wir dürfen die globale Perspektive nicht aus den Augen verlieren.«

»Glauben Sie, Sie könnten uns so einfach beiseite schieben? Eine Elite wie uns? Eine technisch hervorragend ausgebildete Elitetruppe?«

»Eine Minderheit, Korolew, eine Minderheit, die sich selbst überlebt hat. Worin besteht denn der Beitrag Ihrer ›Elite‹, außer in rauhen Mengen amerikanischen Mülls? Die Besatzung sollte hier oben arbeiten, aber nicht als Schwarzhändlerbande Jazz und Pornos verhökern.« Jefremows glattes Gesicht war gelassen. »Die Besatzung kehrt nach Baikonur zurück. Die Waffensysteme lassen sich auch vom Boden aus steuern. Sie selber bleiben natürlich hier und empfangen gelegentlich Gastkosmonauten: Afrikaner, Südamerikaner. Bei denen genießt der Weltraum immer noch ein gewisses Prestige.«

Korolew knirschte mit den Zähnen. »Was haben Sie mit dem Jungen gemacht?«

»Mit Ihrem Klempner?« Der Politoffizier runzelte die Stirn. »Er hat einen Offizier des Komitees für Staatssicherheit tätlich angegriffen. Er steht unter Arrest, bis er nach Baikonur verlegt werden kann.«

Korolew rang sich ein unwirsches Lachen ab. »Lassen Sie ihn laufen. Sie haben auch ohne ihn schon genug Ärger am Hals. Ich werde mit Marschall Gubarew persönlich sprechen. Auch wenn ich meinen Rang nur ehrenhalber bekleide, Jefremow, so besitze ich doch noch einen gewissen Einfluß.«

Der KGB-Mann zuckte die Achseln. »Die Schützen haben von Baikonur Befehl erhalten, das Kommunikationsmodul unter Verschluß zu halten. Bei Zuwiderhandlungen drohen strengste Disziplinarmaßnahmen.«

»Also stehen wir unter Kriegsrecht?«

»Wir sind nicht in Kabul, Korolew. Die Zeiten sind hart. Sie sind hier die moralische Autorität; Sie sollten versuchen, mit gutem Beispiel voranzugehen.«

»Warten wir's ab«, sagte Korolew.

Kosmograd geriet aus dem Erdschatten ins ungefilterte Sonnenlicht. Die Wände von Korolews Saljut knackten und knirschten wie eine Kiste voller Glasflaschen. Die Beobachtungsfenster einer Saljut, dachte Korolew, der geistesabwesend die geplatzten Äderchen an seiner Schläfe betastete, gehen immer als erstes kaputt.

Der junge Grischkin schien dasselbe zu denken. Er zog eine Tube mit Dichtungsmasse aus einer Knöcheltasche und machte sich daran, die Fensterdichtung zu überprüfen. Er war der Assistent des Klempners und dessen bester Freund.

»Wir müssen jetzt abstimmen«, sagte Korolew müde. Elf der insgesamt vierundzwanzig zivilen Besatzungsmitglieder von Kosmograd waren zur Versammlung erschienen – zwölf, wenn er sich selbst mitzählte. Blieben dreizehn, die nicht in die Sache verwickelt werden wollten oder Streiks grundsätzlich ablehnten. Mit Jefremow und den sechs Schützen belief sich die Zahl der Abwesenden auf insgesamt zwanzig. »Wir haben unsere Forderungen diskutiert. Alle, die dafür sind…« Er hob seine Rechte. Drei weitere hoben die Hand. Grischkin, der am Fenster hantierte, streckte den Fuß aus.

Korolew seufzte. »Wir sind sowieso schon so wenige. Da sollten wir uns zumindest einig sein. Laßt uns hören, was ihr einzuwenden habt.«

»Der Ausdruck *Militärgewahrsam*«, sagte ein Biotechniker namens Korowkin, »ließe sich so auffassen, als wollten wir das Militär und nicht den Kriminellen Jefremow für diese Situation verantwortlich machen.« Man sah dem Mann an, daß ihm äußerst unbehaglich zumute war. »Wir haben Verständnis für euch, aber unterschreiben werden wir nicht. Wir sind Parteimitglieder.« Er wollte offenbar noch etwas hinzufügen, behielt es aber dann für sich. »Meine Mutter«, merkte seine Frau leise an, »war Jüdin.«

Korolew nickte wortlos.

»Ihr begeht eine sträfliche Dummheit«, erregte sich Gluschko, der Botaniker. Weder er noch seine Frau hatte die Hand gehoben. »Das ist Wahnsinn. Kosmograd ist am Ende, das wissen wir alle, und je eher es heimwärts geht, desto besser. Was war dieser Laden hier denn je anderes als ein Gefängnis?« Sein Stoffwechsel stand mit der Schwerelosigkeit auf Kriegsfuß; das Blut staute sich in Hals und Gesicht, so daß er einem seiner Versuchskürbisse ähnelte.

»Du bist Botaniker, Vasili«, meinte seine Frau steif, »aber ich bin Sojus-Pilotin, wie du ja wohl weißt. Deine berufliche Laufbahn steht nicht auf dem Spiel.«

»Ich werde diese Idiotie *nicht* unterstützen!« Gluschko katapulierte sich mit einem zornigen Tritt gegen das Schott aus dem Raum. Seine Frau folgte ihm und schimpfte mit verhaltener Stimme auf ihn ein, wie es bei persönlichen Auseinandersetzungen an Bord üblich war.

»Fünf der insgesamt vierundzwanzig Zivilisten in der Besatzung sind bereit zu unterschreiben«, sagte Korolew.

»Sechs«, verbesserte ihn Tatjana, die andere Sojus-Pilotin, die ihr schwarzes Haar mit einem geflochtenen grünen Nylonband nach hinten gebunden hatte. »Sie vergessen den Klempner.«

»Die Sonnenballons!« rief Grischkin und deutete zur Erde. »Seht!«

Kosmograd stand nun über Kalifornien mit seiner klaren

Küstenlinie, den tiefgrünen Feldern und den riesigen, verfallenden Städten, deren Namen einen sonderbar magischen Klang hatten. Hoch über einer Stratokumulusdecke schwebten fünf Solarballons, verspiegelte geodätische Kugeln, die an Starkstromleitungen hingen. Sie waren ein kostengünstiger Ersatz für die grandios geplanten und dann verworfenen amerikanischen Solarsatelliten. Die Ballons funktionierten, vermutete Korolew, denn in den letzten zehn Jahren waren sie zusehends häufiger aufgetaucht.

»Und in diesen Dingern sollen Menschen leben?« Der Systemanalytiker Stoiko hatte sich zu Grischkin ans Beobachtungsfenster begeben.

Korolew erinnerte sich an den Wust sonderbarer, komplett untauglicher Energieversorgungskonzepte, die die Amerikaner nach Abschluß der Wiener Verträge vorgelegt hatten. Da die Ölförderung weltweit fest in sowjetischer Hand war, schienen die Amerikaner zu jedem Experiment bereit zu sein. Dann hatte ihnen die Kernschmelze in Kansas die Atomkraft ein für allemal vermiest. Im Verlauf von über drei Jahrzehnten war es mit ihrer Wirtschaft allmählich bergab gegangen, und sie hatten sich in den Isolationismus geflüchtet. *Der Weltraum*, dachte er wehmütig. *Sie hätten in den Weltraum gehen sollen.* Die seltsame Willenslähmung, die sie trotz der brillanten Anfangserfolge erfaßt hatte, war ihm rätselhaft geblieben. Vielleicht war es aber auch nur mangelnde Phantasie gewesen, ein Defizit an visionärer Weitsicht. *Seht ihr, Amis*, sagte er sich im stillen, *ihr hättet wirklich versuchen sollen, mit uns gemeinsam unsere glorreiche Zukunft zu gestalten – hier in Kosmograd.*

»Wer möchte schon in so 'nem Ding leben?« fragte Stoiko, klopfte Grischkin auf die Schulter und lachte mit der stillen Kraft der Verzweiflung.

»Das soll wohl ein Witz sein«, sagte Jefremow. »Wir haben doch alle auch so schon genug Ärger.«

»Das ist kein Witz, Jefremow. Hier sind unsere Forderungen.« Die fünf Dissidenten hatten sich in die Saljut gezwängt, die der Politoffizier mit Valentina bewohnte, und ihn an die rückwärtige Trennwand gedrängt. Die Trennwand zierte ein peinlich genau in Airbrushtechnik kopiertes Foto des von einem Traktor herunterwinkenden Staatschefs. Korolew wußte, daß Valentina und Romanenko im Museum waren und sich dort kräftig in die Gurte legten. Er fragte sich, wie Romanenko es regelmäßig schaffte, sich um den Wachdienst im Geschützturm zu drücken.

Jefremow zuckte die Achseln. Er überflog die Liste der Forderungen. »Der Klempner muß in Gewahrsam bleiben. Ich habe klare Befehle. Und was den Rest dieses Dokuments anbelangt...«

»Sie haben ohne Erlaubnis Psychopharmaka eingesetzt!« schrie Grischkin.

»Das war eine rein persönliche Angelegenheit«, erwiderte Jefremow gelassen.

»Ein Verbrechen war das«, sagte Tatjana.

»Pilotin Tatjana, wir wissen beide, daß unser Freund Grischkin hier der aktivste *Samisdata*-Pirat auf dieser Station ist! Begreifen Sie denn nicht, daß wir alle Verbrecher sind? Das ist doch das Schöne an unserem System, nicht wahr?« Das verzerrte Grinsen, das er plötzlich aufsetzte, war erschreckend zynisch. »Kosmograd ist nicht die *Potemkin*, und ihr seid keine Revolutionäre. Ihr *fordert* ein Gespräch mit Marschall Gubarew? Er steht in Baikonur unter Arrest. Und ihr *fordert* ein Gespräch mit dem Forschungsminister? Der Minister leitet die Säuberungsaktion.« Mit einer entschlossenen Geste zerriß er den Computerausdruck, so daß die gelben Fetzen wie Schmetterlinge in Zeitlupe durch die Schwerelosigkeit segelten.

Am neunten Tag des Streiks trafen sich Korolew, Grischkin und Stoiko in der Saljut, die normalerweise Grischkin und der Klempner bewohnten.

Seit vierzig Jahren führten die Bewohner von Kosmograd einen antiseptischen Krieg gegen Moder und Schimmel. Staub, Fettpartikel und Dampf setzten sich in der Schwerelosigkeit nicht ab, und Sporen lauerten überall – in der Polsterung, in der Kleidung, in den Lüftungsschächten. In der warmen, feuchten Atmosphäre, in der jede angesetzte Kultur bestens gediehen wäre, breiteten sie sich aus wie Ölpfützen. Nun lag der Geruch von Trockenfäule in der Luft; zudem stank es bedrohlich nach durchgeschmorten Kabeln.

Korolew war vom dumpfen Knall einer startenden Sojus aus dem Schlaf gerissen worden. Gluschko und seine Frau, vermutete er. In den zurückliegenden achtundvierzig Stunden hatte Jefremow die Evakuierung jener Besatzungsmitglieder überwacht, die sich dem Streik nicht angeschlossen hatten. Die Schützen blieben im Geschützturm und in ihrem ringförmigen Quartier, wo sie nach wie vor den Klempner Nikita festhielten.

Grischkins Saljut war zur Streikzentrale geworden. Keiner der männlichen Streikenden rasierte sich, und Stoiko hatte sich eine Staphylokokkeninfektion eingefangen, die böse Striemen über seine Unterarme zog. Umringt von knalligen Pin-ups aus dem amerikanischen Fernsehen, wirkten sie wie ein verkommenes Trio von Pornofreaks. Die Lichter waren gedämpft; Kosmograd lief mit halber Energie. »Wenn die anderen weg sind«, sagte Stoiko, »werden wir stärker.«

Grischkin stöhnte. Seine Nasenlöcher waren mit weißen Mullbinden zugestopft. Er war überzeugt, daß Jefremow versuchen würde, den Streik mit Beta-Carbolin-Aerosolen zu beenden. Die Mullpfropfen waren nur *ein* Symptom für das Ausmaß der Anspannung und der Paranoia. Bevor der Evakuierungsbefehl von Baikonur kam, hatte einer der Techniker stundenlang

Tschaikowskis Ouvertüre »1812« mit ohrenbetäubender Lautstärke gespielt. Und Gluschko hatte seine nackte, grün und blau geschlagene, kreischende Frau durch ganz Kosmograd gejagt. Stoiko hatte die Akten des KGB-Mannes sowie Byschkows psychiatrische Aufzeichnungen gesichtet; viele Meter gelben Endlospapiers schlängelten sich träge durch die Korridore und flatterten leise im Luftzug der Ventilatoren.

»Stellt euch vor, was sie nach deren Aussagen auf der Erde mit uns machen werden«, meinte Grischkin leise. »Wir kriegen nicht mal einen Prozeß. Gleich ab in die *Psikuska*.« Der finstere Spitzname für die politische Psychiatrie schien dem Jungen eine Heidenangst einzuflößen. Korolew stocherte lustlos in einem zähen Chlorella-Pudding.

Stoiko schnappte sich ein schwebendes Stück Endlospapier und las laut vor: »Verfolgungswahn, gepaart mit einer Tendenz zum Idealismus. Revisionistische Phantasien, in denen sich eine feindselige Einstellung dem Gesellschaftssystem gegenüber ausdrückt.« Er zerknüllte das Papier. »Wenn wir das Kommunikationsmodul in die Hand bekämen, könnten wir uns an einen amerikanischen Fernmeldesatelliten hängen und ihnen den ganzen Kram zuspielen. Dann würde Moskau endlich kapieren, *wie* feindselig wir eingestellt sind!«

Korolew fischte eine gestrandete Fruchtfliege aus seinem Grünalgenpudding. Die doppelten Flügelpaare und der gegabelte Mittelleib waren stumme Zeugen für Kosmograds hohe Strahlungswerte. Die Insekten waren bei einem längst vergessenen Experiment entschlüpft und bevölkerten die Station bereits seit Jahrzehnten. »Die Amerikaner haben kein Interesse an uns«, sagte Korolew. »Solche Enthüllungen können Moskau nicht mehr in Verlegenheit bringen.«

»Außer wenn die Getreidelieferungen fällig sind«, wandte Grischkin ein.

»Amerika ist auf den Export ebenso angewiesen wie wir auf

den Import.« Grimmig löffelte Korolew sich Grünalgen in den Mund, kaute mechanisch und schluckte. »Die Amerikaner könnten uns gar nicht erreichen, selbst wenn sie wollten. Canaveral ist eine Ruine.«

»Wir haben nicht mehr viel Treibstoff«, sagte Stoiko.

»Den können wir von den verbliebenen Fähren nehmen«, meinte Korolew.

»Und wie, zum Teufel, sollen wir dann je runterkommen?« Grischkins Fäuste zitterten. »Selbst in Sibirien gibt's Bäume. Bäume und einen Himmel! Verdammt noch mal! Soll das Ding doch abstürzen! Abstürzen und verglühen!«

Korolews Pudding spritzte ans Schott.

»O Gott«, sagte Grischkin, »tut mir leid, Oberst. Ich weiß, Sie können nicht zurück.«

Als er das Museum betrat, sah er die Pilotin Tatjana mit tränenfeuchten Wangen vor dem abscheulichen Bild der Marslandung schweben.

»Wußten Sie, daß in Baikonur eine Büste von Ihnen steht, Oberst? In Bronze. Ich bin auf dem Weg zum Unterricht immer dran vorbeigegangen.« Ihre Augen waren vom Schlafmangel rotgerändert.

»Büsten gehören nun mal dazu. Eine Akademie muß welche haben.« Lächelnd ergriff er ihre Hand.

»Wie war das damals?« Sie betrachtete nach wie vor das Bild.

»Ich kann mich kaum noch erinnern. Inzwischen habe ich die Filme so oft gesehen, daß ich mich statt dessen an sie erinnere. Ich habe die gleichen Bilder vom Mars im Kopf wie jedes Schulkind.« Wieder lächelte er sie an. »Aber so wie auf diesem schlechten Bild war es nicht. Das weiß ich trotz allem noch ganz genau.«

»Warum hat es sich so entwickelt, Oberst? Warum ist es jetzt aus? Als kleines Mädchen hab ich das alles im Fernsehen gesehen. Da lag unsre Zukunft bis in alle Ewigkeit im Weltraum...«

»Vielleicht hatten die Amerikaner recht. Die Japaner haben statt Menschen Maschinen hochgeschickt, Roboter, die ihre Orbitalfabriken bauten. Der Bergbau auf dem Mond war ein Fehlschlag für uns, aber wir dachten, es würde wenigstens eine ständige Forschungseinrichtung dabei herauskommen. Es war wohl alles eine Frage des Geldes und der Leute am grünen Tisch, die die Entscheidungen treffen.«

»Hier ist ihre endgültige Entscheidung, was Kosmograd betrifft.« Sie reichte ihm einen gefalteten Zettel. »Ein Ausdruck von Jefremows Befehlen aus Moskau. Sie lassen Kosmograd in den nächsten drei Monaten aus der Umlaufbahn stürzen.«

Er ertappte sich dabei, daß er jetzt selbst das häßliche Bild anstarrte. »Das spielt kaum mehr eine Rolle«, hörte er sich sagen.

Und dann weinte sie bitterlich und vergrub das Gesicht an Korolews verkrüppelter Schulter.

»Aber ich habe einen Plan, Tatjana«, sagte er und streichelte ihr Haar. »Hör mir zu.«

Er warf einen Blick auf seine alte Rolex. Sie befanden sich über Ostsibirien. Er erinnerte sich noch gut daran, wie der Schweizer Botschafter ihm die Uhr in einem grandiosen Kuppelsaal des Großen Kremlpalasts überreicht hatte.

Es wurde Zeit.

Er schwebte aus seiner Saljut ins Kugeldock, wobei er eine Endlospapierschlange abwehrte, die sich um seinen Kopf zu wikkeln drohte.

Mit seiner gesunden Hand konnte er immer noch schnell und gut arbeiten. Lächelnd holte er eine große Sauerstoffflasche aus ihrem Haltenetz. Er hielt sich an einem Griff fest und schleuderte die Flasche dann mit aller Kraft durch die Kugel. Mit lautem Scheppern prallte sie von der anderen Seite ab, ohne Schaden anzurichten. Er holte sie zurück und warf sie ein zweites Mal.

Dann gab er Dekompressionsalarm.

Staub spritzte aus den Lautsprechern, als die Sirene zu heulen begann. Durch den Alarm ausgelöst, schlossen sich die Schotten der Kugel mit hydraulischem Zischen. Es knackte in Korolews Ohren; er schnaubte durch die Nase und machte sich dann wieder daran, die Flasche einzufangen.

Die Beleuchtung flammte hell auf und verlosch flackernd. Er lächelte und tastete im Dunkeln nach der Stahlflasche. Stoiko hatte das System abstürzen lassen. Das war nicht schwer gewesen. Die Datenspeicher waren bereits bis an den Rand des Zusammenbruchs mit schwarz mitgeschnittenen Fernsehsendungen gefüllt. »Knallhartes Zeug«, murmelte er und schlug die Flasche gegen die Wand. Mattes Licht flackerte auf, als die Notstromversorgung einsetzte.

Seine Schulter begann zu schmerzen. Ungerührt hämmerte er weiter und dachte dabei an den Höllenlärm, den eine echte Leckage verursachte. Es mußte ordentlich scheppern, wenn er Jefremow und die Schützen täuschen wollte.

Quietschend begann sich das Handrad an einer der Luken zu drehen. Mit einem dumpfen Laut ging sie schließlich auf, und Tatjana lugte zaghaft lächelnd herein.

»Ist der Klempner frei?« fragte er und ließ die Flasche los.

»Stoiko und Umansky verhandeln mit der Wache.« Sie schlug sich mit der Faust in die offene Hand. »Grischkin macht die Landefähren bereit.«

Er folgte ihr ins nächste Kugeldock. Stoiko half dem Klempner gerade durch die Luke, die zum Quartierring führte. Der Klempner war barfuß, sein Gesicht bleich unter dem struppigen Bart. Der Meteorologe Umansky, der einen bewußtlosen Soldaten hinter sich herschleifte, folgte ihnen.

»Wie geht's, Klempner?« erkundigte sich Korolew.

»Bißchen wacklig. Die haben mich auf *Furcht* gesetzt. Keine großen Dosen, aber ... und ich dachte, das wär 'ne echte Leckage!«

Grischkin glitt aus der Sojus-Fähre neben Korolew und zog ein Bündel mit Werkzeug und Meßgeräten an einer Nylonleine hinter sich her. »Sind alle in Ordnung. Nach dem Systemabsturz hat sich die Bordautomatik eingeschaltet. Hab 'n bißchen an den Fernsteuerungen rumgeschraubt, damit man sie nicht vom Boden aus übernehmen kann. Wie geht's, Nikita?« fragte er den Klempner. »Du gehst steil nach Zentralchina runter.«

Der Klempner erschrak, schüttelte sich und erschauerte. »Ich kann kein Wort Chinesisch.«

Stoiko reichte ihm einen Ausdruck. »Phonetisches Mandarin. ICH MÖCHTE ÜBERLAUFEN. BRINGEN SIE MICH BITTE ZUR NÄCHSTEN JAPANISCHEN BOTSCHAFT.«

Der Klempner grinste und fuhr sich durch den fettigen, verschwitzten Haarschopf. »Und was wird aus euch?« fragte er.

»Glaubst du, wir tun das alles nur deinetwegen?« Tatjana schnitt eine Grimasse. »Sieh zu, daß die chinesischen Pressedienste die beigefügte Erklärung kriegen, Klempner. Jeder von uns hat eine Kopie davon. Wir werden schon dafür sorgen, daß die Welt erfährt, was die Sowjetunion Juri Wasilewitsch Korolew antun will, dem ersten Menschen auf dem Mars!« Sie warf dem Klempner eine Kußhand zu.

»Was machen wir mit Filipschenko?« fragte Umansky. Einige dunkle Kügelchen aus gerinnendem Blut schwebten wackelnd an der Wange des bewußtlosen Soldaten vorbei.

»Warum nehmt ihr den armen Kerl nicht einfach mit?« meinte Korolew.

»Na, dann komm, du Arschgesicht!« Der Klempner packte Filipschenko am Gürtel und bugsierte ihn durch die Luke in die Sojus. »Ich, der Klempner Nikita, tue dir den größten Gefallen deines elenden Lebens.«

Korolew sah zu, wie Stoiko und Grischkin die Luke hinter den beiden schlossen. »Wo sind Romanenko und Valentina?« Korolew blickte wieder auf seine Uhr.

»Hier, Oberst«, meldete sich Valentina. Ihr blondes Haar umschwebte ihr Gesicht in der Luke einer weiteren Sojus. »Wir haben die hier ausprobiert.« Sie kicherte.

»Dafür habt ihr in Tokio noch Zeit genug«, schimpfte Korolew. »In ein paar Minuten werden sie in Wladiwostock und Hanoi Abfangjäger losschicken.«

Romanenkos bloßer, muskulöser Arm erschien in der Öffnung und zog Valentina in die Sojus zurück. Stoiko und Grischkin machten die Luke dicht.

»Bauern im Weltall.« Tatjana gab einen verächtlichen Spucklaut von sich.

Kosmograd dröhnte hohl, als der Klempner mit dem bewußtlosen Filipschenko startete. Ein zweites Dröhnen, und das Liebespaar war ebenfalls fort.

»Komm schon, Umansky!« sagte Stoiko. »Leben Sie wohl, Oberst.« Die beiden Männer schwebten den Korridor hinab.

»Ich fliege mit dir«, sagte Grischkin zu Tatjana. Er grinste. »Schließlich bist du Pilotin.«

»Nein«, sagte sie. »Jeder fliegt allein. Wir verteilen das Risiko. Die Automatik bringt dich sicher runter. Du darfst nur die Instrumente nicht anrühren.«

Korolew sah zu, wie sie Grischkin in die letzte Sojus dieser Kugel half.

»Ich geh mit dir tanzen, Tatjana«, sagte Grischkin. »In Tokio.« Sie machte seine Luke dicht. Wieder ein Dröhnen, und damit waren Stoiko und Umansky vom nächsten Kugeldock gestartet.

»Geh jetzt, Tatjana«, sagte Korolew. »Beeil dich. Ich will nicht, daß sie dich über internationalem Gewässer abschießen.«

»Dann sind Sie allein hier, Oberst, allein mit unseren Feinden.«

»Wenn ihr alle weg seid, werden sie ebenfalls verschwinden«, sagte er. »Und ich verlasse mich darauf, daß der Kreml durch eure Aussagen unter so starken internationalen Druck gerät, daß man mich hier weiterleben läßt.«

»Und was soll ich denen in Tokio sagen, Oberst? Haben Sie eine Botschaft für die Welt?«

»Sag ihnen...« Und die Klischees, die nun auf ihn einstürmten, klangen alle so absolut *zutreffend*, daß er am liebsten hysterisch losgelacht hätte: *Ein kleiner Schritt ... Wir kamen in Frieden ... Arbeiter der Welt ...* »Du mußt ihnen klarmachen«, sagte er und kniff sich in das verkümmerte Handgelenk, »daß ich es brauche. Es steckt in mir drin.«

Sie umarmte ihn und brach auf.

Er wartete allein im kugelförmigen Dock. Die Stille zerrte an seinen Nerven; beim Systemabsturz war die Belüftungsanlage deaktiviert worden, deren Summen ihn seit zwanzig Jahren begleitete. Schließlich hörte er, wie Tatjanas Sojus abkoppelte.

Jemand kam durch den Korridor. Es war Jefremow, der sich im Raumanzug unbeholfen bewegte. Korolew lächelte.

Hinter der Lexan-Sichtscheibe des Helms trug Jefremow seine ausdruckslos höfliche, offizielle Maske zur Schau, doch er mied Korolews Blick, als er an ihm vorbeiglitt. Er war auf dem Weg zum Geschützturm.

»Nein!« schrie Korolew.

Die aufheulende Sirene versetzte die Station in höchste Alarmbereitschaft. Die Luke zum Geschützturm stand offen, als er dort ankam. Drinnen folgten die Soldaten mit zackigen Bewegungen ihren im ständigen Drill konditionierten Reflexen und spannten die breiten Sitzgurte an ihren Konsolen über die Oberteile ihrer klobigen Raumanzüge.

»Tun Sie das nicht!« Er klammerte sich an das steife Ziehharmonikagewebe von Jefremows Anzug. Einer der Beschleuniger lud sich mit stakkatoartigem Wimmern auf. Auf einem Radarschirm schoben sich grüne Fadenkreuze über einen roten Punkt.

Jefremow setzte seinen Helm ab. Seelenruhig und mit unbewegter Miene stieß er Korolew mit dem Helm weg.

»Sie sollen aufhören!« bettelte Korolew. Die Wände bebten, als ein Strahl mit einem Peitschenknall losbrach. »Ihre Frau, Jefremow! Sie ist auch da draußen!«

»Raus, Korolew!« Jefremow packte Korolews arthritische Hand und drückte sie kräftig. Korolew schrie auf. »Raus!« Eine behandschuhte Faust stieß ihn vor die Brust.

Korolew trommelte hilflos auf den Raumanzug ein, als er auf den Korridor hinausgeschoben wurde. »Nicht einmal ich wage es, mich den Befehlen der Roten Armee zu widersetzen, Oberst.« Man sah ihm an, daß er sich nicht wohl fühlte; die Maske war abgebröckelt. »Also, Kamerad«, sagte er. »Jetzt warten Sie hier, bis es vorbei ist.«

In diesem Moment krachte Tatjanas Sojus in das Waffensystem und den Quartierring. Für den Bruchteil einer Sekunde sah Korolew in einer Daguerreotypie aus grellem Sonnenlicht den Geschützturm schrumpeln und bersten wie eine Bierdose unter einer Stiefelsohle; er sah den enthaupteten Rumpf eines Soldaten von einer Konsole wegwirbeln; er sah, wie Jefremow den Mund öffnete, um etwas zu sagen, und wie ihm die Haare zu Berge standen, als das Vakuum die Luft durch den offenen Helmring aus dem Anzug saugte. Ein feiner doppelter Blutstrahl schoß aus Korolews Nasenlöchern, während das Brausen der ausströmenden Luft von einem tieferen Tosen in seinem Kopf übertönt wurde.

Das letzte, was Korolew hörte, war der Knall der zufallenden Luke.

Als er wieder zu sich kam, war es dunkel. Hinter seinen Augen wütete pochender Schmerz. Alte Lektionen fielen ihm wieder ein: Dies war eine ebenso große Gefahr wie die Leckage selbst, der Stickstoff würde Blasen im Blut bilden und mit brennendem, lähmendem Schmerz zuschlagen...

Aber es war alles so entrückt, so akademisch. Er verschraubte die Luken lediglich aus einem Gefühl von *noblesse oblige*. Es war eine mühselige Arbeit; er sehnte sich danach, ins Museum zurückzukehren und zu schlafen.

Die Leckstellen konnte er mit Dichtungsmasse schließen, doch er war außerstande, die zusammengebrochenen Systeme zu reparieren. Immerhin hatte er Gluschkos Garten. Mit dem Gemüse und den Algen würde er weder verhungern noch ersticken. Das Kommunikationsmodul war mit dem Geschützturm und dem Quartierring draufgegangen, die beim Aufprall von Tatjanas selbstmörderischer Sojus von der Station abgesprengt worden waren. Er vermutete, daß die Kollision Kosmograd aus der Umlaufbahn geworfen hatte, konnte aber nicht vorhersagen, wann es zur letzten heißen Begegnung der Station mit der oberen Erdatmosphäre kommen würde. Er war neuerdings häufig krank, und er hielt es für möglich, daß er sterben würde, bevor die Station verglühte – ein Gedanke, der ihn bedrückte.

Er verbrachte unzählige Stunden vor dem Bildschirm und sichtete die Videobänder der Museumsbibliothek. Eine passende Beschäftigung für den letzten Menschen im All, der einst der erste Mensch auf dem Mars gewesen war.

Das Material über Gagarin wurde zur Obsession für ihn. Immer wieder schaute er sich die grobkörnigen Fernsehbilder aus den Sechzigern an, die Nachrichtensendungen, an deren Ende unweigerlich der Tod des Kosmonauten stand. Die verbrauchte Luft von Kosmograd war von den Geistern der Märtyrer erfüllt. Gagarin, die erste Saljut-Besatzung, die Amerikaner, die bei lebendigem Leibe in ihrer plumpen Apollo gebraten worden waren...

Oft träumte er von Tatjana und sah in ihren Augen den gleichen Ausdruck wie in den Augen der Porträts im Museum. Und einmal erwachte er – wahrhaftig oder im Traum – in der Saljut, in der sie geschlafen hatte; er trug seine alte Uniform und eine batteriebetriebene Arbeitslampe an der Stirn. Von fern, wie in einer Nachrichtensendung auf dem Monitor im Museum, sah er sich den Stern des Tsiolkowski-Ordens von der Brust reißen und ihn an Tatjanas Pilotendiplom heften.

Als das Klopfen ertönte, wußte er, daß auch das ein Traum sein mußte.

Die Luke schwang auf.

Im bläulich flackernden Lichtschein der alten Filme sah er, daß die Frau schwarz war. Lange, verfilzte Korkenzieherlocken standen von ihrem Kopf ab wie aufgerichtete Kobras. Sie trug eine Schutzbrille und einen seidenen Fliegerschal, der sich hinter ihr in der Schwerelosigkeit verdrehte. »Andy«, sagte sie auf Englisch, »komm her und sieh dir das an!«

Ein kleiner, muskulöser, fast kahlköpfiger Mann, der nur ein Sportsuspensorium und einen Werkzeuggürtel am Leib trug, tauchte hinter ihr auf und lugte herein. »Ist der lebendig?«

»Natürlich bin ich lebendig«, sagte Korolew in leicht gebrochenem Englisch.

Der Mann namens Andy segelte über ihren Kopf hinweg in den Raum. »Alles okay, Kamerad?« Sein rechter Bizeps war mit einem geodätischen Ballon über gekreuzten Blitzen und den Worten SUNSPARK 15, UTAH tätowiert. »Wir haben nicht damit gerechnet, hier jemand anzutreffen.«

»Ich auch nicht«, erwiderte Korolew erstaunt.

»Wir wollen hier wohnen und leben.« Die Frau kam näher. »Wir sind von den Ballons. Instandbesetzer sozusagen. Haben gehört, daß die Station aufgegeben worden ist. Weißt du, daß die Kiste an Höhe verliert?«

Der Mann schlug einen unbeholfenen Purzelbaum, und das Werkzeug an seinem Gurt klimperte. »Diese Schwerelosigkeit ist einfach irre.«

»Mein Gott«, sagte die Frau, »ich kann mich gar nicht dran

gewöhnen. Ein herrliches Gefühl. Wie beim Fallschirmspringen, bloß ohne Wind.«

Korolew blickte den Mann an. Er strahlte die unbekümmerte Gedankenlosigkeit eines Menschen aus, der die Freiheit schon mit der Muttermilch eingesogen hatte. »Aber ihr habt doch nicht mal eine Startrampe«, sagte er.

»'ne Startrampe?« Der Mann lachte. »Wir ziehen einfach die ausgemusterten Antriebsaggregate an den Leitungen zu den Ballons hoch, lassen sie fallen und zünden sie mitten in der Luft.«

»Das ist doch Wahnsinn«, sagte Korolew.

»Hat uns immerhin hier raufgebracht, oder?«

Korolew nickte. Wenn das ein Traum war, dann ein sehr merkwürdiger. »Ich bin Juri Wasilewitsch Korolew.«

»Mars!« Die Frau klatschte in die Hände. »Wenn das die Kinder hören!« Sie nahm den kleinen Lunokhod-Mondjeep von der Wand und zog ihn auf.

»He«, sagte der Mann, »ich muß was tun. Wir haben ein paar Antriebsaggregate draußen. Müssen die Kiste hochbringen, bevor sie zu glühen anfängt.«

Etwas prallte gegen die Außenhülle, und Kosmograd dröhnte. »Das wird Tulsa sein«, sagte Andy mit einem Blick auf seine Armbanduhr. »Pünktlich auf die Sekunde.«

»Aber warum?« Korolew schüttelte völlig verwirrt den Kopf. »Warum seid ihr gekommen?«

»Haben wir doch gerade gesagt. Um hier zu leben. Wir können dieses Ding vergrößern, vielleicht auch noch andere bauen. Sie haben gesagt, mit den Ballons würden wir's nie lebend schaffen, aber wir waren die einzigen, die das hinkriegen konnten. Es war *die* Chance für uns, aus eigener Kraft hier raufzukommen. Wer will schon hier draußen leben und einer Regierung, einer Handvoll Militärbonzen oder Bürohengsten dienen? Man muß schon eine neue Herausforderung *suchen* – es muß eben in einem drinstecken, stimmt's?«

Korolew lächelte. Andy grinste zurück. »Wir haben uns an die Stromleitungen gehängt und uns einfach dran hochgezogen. Und wenn man ganz oben ist, Mann, macht man entweder den großen Sprung oder vermodert.« Seine Stimme wurde lauter. »Und man schaut nicht zurück, nein, Sir! Wir haben den Sprung gemacht, und jetzt bleiben wir hier!«

Die Frau setzte das Modellauto mit den Klettbandrädern auf die gekrümmte Wand und ließ es los. Fröhlich surrend flitzte es über ihren Köpfen dahin. »Ist das nicht süß? Die Kinder werden begeistert sein.«

Korolew starrte Andy ins Gesicht. Ein weiteres Dröhnen erschütterte Kosmograd und schubste das kleine Lunokhod-Modell auf einen neuen Kurs.

»East Los Angeles«, sagte die Frau. »Das ist der Ballon mit den Kindern.« Sie zog ihre Schutzbrille ab, und Korolew sah herrlichen Wahnsinn aus ihren Augen sprühen.

»So«, sagte Andy und rasselte mit seinem Werkzeuggurt, »und wie wär's jetzt mit 'ner kleinen Führung durch die Bude?«

William Gibson

NEW ROSE HOTEL

Sieben Nächte in einem gemieteten Sarg, Sandii. Im New Rose Hotel. Ich vergehe vor Sehnsucht nach dir. Und dann dieses Gefühl, wenn ich dich schlage. Ich lass' es immer wieder ablaufen, langsam und so schön fies, daß ich's fast spüren kann. Manchmal hole ich deine kleine Automatik aus meiner Tasche und streiche mit dem Daumen über das glatte, billige Chrom. Chinesische 22er, Bohrung nicht größer als die geweiteten Pupillen deiner Augen damals.

Fox ist jetzt tot, Sandii.

Fox hat gesagt, ich soll dich vergessen.

Ich sehe Fox noch vor mir, wie er am gepolsterten Tresen einer dunklen Hotelbar in der Bencoolen Street in Singapur lehnt und mit den Händen verschiedene Einflußsphären beschreibt, interne Reibereien, den Verlauf einer bestimmten Karriere, eine von ihm entdeckte Schwachstelle im Panzer irgendeiner Denkfabrik. Fox war Spürhund im Krieg um die Köpfe, Mittelsmann bei Abwerbungen und Firmenwechseln. Er war Soldat in den geheimen Scharmützeln der Zaibatsu, der Multis, die ganze Wirtschaftssysteme beherrschen.

Ich sehe Fox grinsen; er redet schnell, tut meine Ausflüge aufs Feld der Industriespionage mit einem Kopfschütteln ab. Das PLUS, sagt er, du mußt das PLUS finden. Man hörte förmlich die Großbuchstaben. Das PLUS war Fox' Gral, jenes entscheidende

dende Quentchen zusätzlichen, nicht übertragbaren Talents in den Köpfen der besten Forscher der Welt.

Das PLUS kannst du nicht auf Papier bannen, sagte Fox, und du kannst es auch nicht auf Diskette abspeichern.

Überläufer brachten das große Geld.

Fox war elegant. Die Seriosität seiner dunklen französischen Anzüge wurde von einer lausbübischen, widerspenstigen Stirnlocke ausgeglichen. Es gefiel mir nicht, wie diese Wirkung zunichte gemacht wurde, wenn er von der Bar zurücktrat und seine linke Schulter in einem schiefen Winkel abstand, den kein Pariser Schneider kaschieren konnte. In Bern hatte ihn irgendwer mit einem Taxi überfahren, und offenbar hatte niemand so recht gewußt, wie man ihn wieder hinbiegen sollte.

Ich glaube, ich schloß mich ihm an, weil er dieses PLUS suchte.

Und auf unserer Suche, irgendwo auf dem Weg zum *Plus* fand ich dich, Sandii.

Das New Rose Hotel ist ein Gestell voller Särge am ausgefransten Rand des internationalen Flughafens Narita. Plastikkapseln von einem Meter Höhe und drei Meter Länge sind wie überschüssige Godzilla-Zähne auf einem zubetonierten Platz am Flughafenzubringer gestapelt. Jede Kapsel ist mit einem bündig in den Deckel eingelassenen Fernseher ausgestattet. Manchmal schau ich mir den ganzen Tag lang japanische Gameshows und alte Filme an. Ab und zu halte ich deine Knarre in der Hand.

Manchmal kann ich die Jets hören, die über Narita Warteschleifen an den Himmel malen. Ich schließe die Augen und stelle mir vor, wie die scharfen weißen Kondensstreifen verschwimmen und verblassen.

In einer Bar in Yokohama hab ich dich zum erstenmal gesehen. Eurasisch, halb *gaijin*, hohe Hüften und geschmeidige Bewegungen, die chinesische Kopie eines japanischen Designermodells. Dunkle europäische Augen, asiatische Wangenknochen. Ich weiß noch, wie du deine Tasche später in einem Hotelzimmer aufs Bett geleert und in deinen Schminksachen gewühlt hast. Ein zerknülltes Bündel neuer Yen, ein schäbiges, von Gummibändern zusammengehaltenes Adreßbüchlein, ein Mitsubishi-Bankchip, der japanische Paß mit der aufgedruckten goldenen Chrysantheme und die chinesische 22er.

Du hast mir deine Geschichte erzählt. Dein Vater sei leitender Angestellter in Tokio gewesen, bis er bei Hosaka, der größten Zaibatsu überhaupt, in Ungnade gefallen und verstoßen worden sei. In jener Nacht war deine Mutter Holländerin, und ich hörte dir zu, deinem Märchen vom Sommer in Amsterdam, von dem weichen braunen Teppich aus Tauben auf dem Dam.

Ich fragte nicht, weshalb dein Vater in Ungnade gefallen war. Ich sah dir beim Anziehen zu; beobachtete, wie dein dunkles, glattes Haar hin und her schwang und durch die Luft schnitt.

Jetzt ist Hosaka hinter mir her.

Die Särge des New Rose stecken in einem buntlackierten, recycelten Stahlrohrgerüst. Farbe blättert ab, wenn ich die Leiter hinaufsteige, rieselt bei jedem Schritt über die Laufplanken hinunter. Meine linke Hand zählt die Sargdeckel ab, auf denen mehrsprachig Geldstrafen angedroht werden, wenn man seinen Schlüssel verliert.

Ich schaue hoch, wenn die Jets von Narita aufsteigen und in die Heimat fliegen, die nun so unerreichbar ist wie der Mond.

Fox erkannte rasch, daß wir dich brauchen konnten, aber er verkannte deinen Ehrgeiz. Allerdings hat er auch nie die ganze Nacht mit dir am Strand von Kamakura gelegen, hat nie deine Alpträume zu hören bekommen oder eine ganze erdichtete Kindheit, die sich unter den Sternen veränderte und verwandelte, wenn dein Kindermund sich auftat und eine neue Version enthüllte, die wirklich und endgültig wahre, wie du jedesmal schworst.

Mir, der ich dich an den Hüften hielt, während der Sand auf deiner Haut abkühlte, war das egal.

Einmal hast du mich stehenlassen und bist zu diesem Strand zurückgelaufen, angeblich, weil du unseren Schlüssel vergessen hattest. Ich fand ihn in der Tür, lief hinter dir her und sah dich knöcheltief im Wasser stehen, zitternd, dein glatter Rücken starr, dein Blick in die Ferne gerichtet. Du konntest nicht sprechen. Hattest eine Gänsehaut. Warst weggetreten. Ein zittriges Flehen um andere Zukünfte und bessere Vergangenheiten.

Sandii, du hast mich hier allein gelassen.

Hast deine ganzen Sachen hiergelassen.

Deine Kanone. Deine Schminksachen, all die Plastikdöschen mit Lidschatten und Rouge. Deinen Cray-Microcomputer, ein Geschenk von Fox, mit einer Einkaufsliste von dir drin. Manchmal lasse ich sie ablaufen und starre auf jeden Punkt, der über den kleinen Bildschirm wandert.

Ein Kühlaggregat. Ein Fermentiergerät. Ein Inkubator. Ein Elektrophorese-System mit Agarose-Zelle und Durchleuchter. Ein Gewebepräparator. Ein Hochleistungs-Flüssigkeitschromatograph. Ein Fließzytometer. Ein Spektrofotometer. Vier Gros Fläschchen Borosilikat-Szintillator. Eine Mikrozentrifuge. Und ein DNA-Syntheseautomat mit integriertem Computer. Plus Software.

Teuer, Sandii. Aber schließlich hat ja Hosaka die Rechnung bezahlt. Später hast du sie sogar noch kräftiger zur Ader gelassen, aber da warst du bereits weg.

Hiroshi hat die Liste für dich zusammengestellt. Vermutlich im Bett. Hiroshi Yomiuri. Die Maas Biolabs GmbH hatte ihn. Hosaka wollte ihn haben.

Der Kerl war ein Spitzenmann. Jede Menge PLUS. Fox verfolgte Gentechniker wie ein Fan die Spieler in einem Schlagerspiel. Fox war so scharf auf Hiroshi, daß ihm förmlich der Speichel im Mund zusammenlief.

Bevor du auf der Bildfläche erschienst, hatte er mich bereits dreimal nach Frankfurt geschickt, nur um einen Blick auf Hiroshi zu werfen. Nicht um mich an ihn ranzumachen oder ihm auch nur ein winziges Zeichen zu geben. Bloß um ihn ein bißchen zu beobachten.

Bei Hiroshi deutete alles darauf hin, daß er in Frankfurt bleiben wollte. Er hatte ein deutsches Mädel mit einer Vorliebe für Loden und kastanienbraune, polierte Reitstiefel gefunden. Er hatte ein renoviertes Stadthaus im richtigen Viertel gekauft. Er hatte mit dem Fechtsport angefangen und Kendo aufgegeben.

Und überall die aalglatten, schwerbewaffneten Bewacher von Maas, wie eine zähe, gläserne Schutzhülle. Bei meiner Rückkehr erklärte ich Fox, daß wir nie an ihn rankommen würden.

Das hast du für uns erledigt, Sandii. Und du hast ihn haargenau richtig angefaßt. Unsere Hosaka-Kontakte waren wie spezialisierte Zellen zum Schutz des Stammorganismus. Wir waren Mutagene, Fox und ich, dubiose Agentia, Treibgut in den Schattenzonen des Konzernmeers.

Als wir dich in Wien plaziert hatten, boten wir ihnen Hiroshi an. Sie zuckten mit keiner Wimper. Totenstille im Hotelzimmer in L.A. Sie sagten, sie müßten es sich überlegen.

Fox nannte Hosakas Hauptkontrahenten im Genspiel unverblümt beim Namen und verstieß damit gegen die Vereinbarung, keine echten Namen zu nennen.

Sie müßten es sich überlegen, sagten sie.

Fox gab ihnen drei Tage.

Eine Woche bevor ich dich nach Wien brachte, fuhr ich mit dir nach Barcelona. Ich weiß noch, daß du deine Haare unter einer grauen Baskenmütze versteckt hattest; deine hohen mongolischen Wangenknochen spiegelten sich in den Schaufenstern alter Läden. Wir spazierten die Ramblas hinunter zum phönizischen Hafen, vorbei am glasüberdachten Mercado, wo Orangen aus Afrika feilgeboten wurden.

Das alte Ritz. Unser Zimmer, warm und dunkel. Europa, weich und schwer wie eine Daunendecke, unter der wir geschützt waren. Ich konnte in dich eindringen, wenn du schliefst. Du warst immer bereit. Deine Lippen ein weiches, rundes, erstauntes O, dann vergrubst du das Gesicht im dicken weißen Kissen – das altertümliche Bettzeug des Ritz. In deinem Innern stellte ich mir all das Neonlicht vor, die Menschenmassen am Bahnhof von Shinjuku, die funkensprühende, elektrische Nacht. Ja, so hast du dich bewegt, im Rhythmus einer neuen Zeit, träumerisch und losgelöst von jeder Heimaterde.

Als wir nach Wien flogen, brachte ich dich im Lieblingshotel von Hiroshis Frau unter. Ein stilles, solides Haus, marmorner Schachbrettboden im Foyer und Messingaufzüge, die nach Limonenöl und Zigarillos rochen. Es war nicht schwer, sie sich dort vorzustellen, wo sich die Glanzlichter ihrer Reitstiefel im polierten Marmor spiegelten. Aber wir wußten, daß sie nicht mitkommen würde. Diesmal nicht.

Sie war in irgendeinem rheinländischen Kurbad, während Hiroshi zu einer Konferenz nach Wien gereist war. Als das Sicherheitsteam von Maas ins Hotel einfiel, um es durchzuchekken, war von dir nichts zu sehen.

Hiroshi traf eine Stunde später ein. Allein.

Stell dir ein Alien vor, hat Fox einmal gesagt, das auf die Erde kommt, um die vorherrschende Intelligenzform zu bestimmen. Das Alien schaut sich um und trifft seine Entscheidung. Was meinst du, worauf fällt seine Wahl? Ich habe wohl die Achseln gezuckt.

Die Zaibatsu, sagte Fox, die Multis. Der Lebenssaft der Zaibatsu sind Informationen, nicht Menschen. Die Struktur ist unabhängig von den Einzelwesen, aus denen sie besteht. Der Konzern als Lebensform.

Nicht schon wieder den PLUS-Vortrag, wehrte ich ab.

Maas ist anders, sagte er, ohne meinen Einwand zu beachten.

Maas war klein, agil, rücksichtslos. Ein Atavismus. Maas war PLUS pur.

Ich weiß noch, wie Fox Hiroshis PLUS analysierte. Radioaktive Nukleasen, monoklonale Antikörper, irgendwas mit Protein- und Nukleotid-Bindungen ... Fox sprach von heißen Proteinen und schnellen Bindungen. Hiroshi sei ein Freak, sagte er, einer, der Paradigmen umstoße, Weichen für einen ganzen Wissenschaftszweig stelle, ein ganzes Wissensgebiet revolutioniere. Schlüsselpatente, sagte er, und seine Kehle war wie zugeschnürt vom Reichtum, vom feinen Geruch steuerfreier Millionen, der diesem Wörtchen anhaftete.

Hosaka wollte Hiroshi haben, aber sein PLUS war so gewaltig, daß es ihnen angst machte. Sie wollten, daß er allein und isoliert arbeitete.

Ich ging nach Marrakesch, in die Altstadt, die Medina. Ich fand ein Heroinlabor, das auf Pheromon-Extraktionen umgerüstet war. Das kaufte ich mit Hosakas Geld.

Ich ging mit einem schwitzenden portugiesischen Geschäftsmann über den Markt auf der Djemaa el Fna, und wir besprachen den Einbau von Neonröhren und belüfteten Tierkäfigen. Hinter der Stadtmauer der Hohe Atlas. Auf der Djemaa el Fna wimmelte es von Gauklern, Tänzern, Märchenerzählern, kleinen Jungen, die mit den Füßen Töpferscheiben drehten, und beinamputierten Bettlern mit Holzschalen unter animierten Reklamehologrammen für französische Software.

Wir schlenderten an Naturwollballen und Plastikeimern voller chinesischer Mikrochips vorbei. Ich deutete an, daß meine Auftraggeber die Herstellung von synthetischem Beta-Endorphin planten. Man muß den Leuten immer was vorsetzen, was sie verstehen.

Manchmal, Sandii, denke ich noch an Harajuku. Ich mache die Augen zu in meinem Sarg und sehe dich dort – die glitzernde Pracht, das kristallene Labyrinth der Boutiquen, der Geruch neuer Kleider. Deine Wangenknochen vor verchromten Regalen mit Ledermode aus Paris. Ab und zu halte ich deine Hand.

Wir dachten, wir hätten dich gefunden, Sandii, aber in Wirklichkeit hast du uns gefunden. Jetzt weiß ich, daß du uns gesucht hast – oder jemanden wie uns. Fox war entzückt, er grinste breit über unseren Fund: so ein hübsches neues Werkzeug, rasiermesserscharf. Genau das richtige, um eine widerspenstige Scheibe PLUS – Hiroshis PLUS – vom eifersüchtig wachenden Stammorganismus Maas Biolabs abzusäbeln.

Du mußt lange nach einer Möglichkeit gesucht haben, von dort wegzukommen, in den vielen Nächten in Shinjuku. Den Nächten, die du sorgsam aus dem wirren Kartenhaufen deiner Vergangenheit aussortiert hast.

Meine eigene Vergangenheit war schon Jahre zuvor spurlos untergegangen, mit Mann und Maus. Ich verstand Fox' Gewohnheit, spät nachts seine Brieftasche zu leeren und seine Papiere durchzusehen. Er legte die einzelnen Teile in verschiedenen Mustern aus, arrangierte sie neu und wartete, daß sich irgendein Bild ergäbe. Ich wußte, wonach er suchte. Das gleiche hast du mit deinen diversen Kindheiten getan.

Im New Rose ziehe ich heute abend eine Karte aus dem Haufen deiner Vergangenheiten.

Ich wähle die Originalversion, den berühmten Yokohama-Hotelzimmer-Monolog, den du mir in unserer ersten Nacht im Bett vorgetragen hast. Den mit dem verstoßenen Vater, dem Hosaka-Manager. Hosaka. Perfekt. Und mit der holländischen Mutter, den Sommertagen in Amsterdam, dem weichen Teppich aus Tauben nachmittags auf dem Dam.

Aus der Hitze von Marrakesch ins klimatisierte Hilton. Das durchgeschwitzte Hemd klebte mir kalt am Rücken, als ich die Nachricht las, die du mir durch Fox hattest zukommen lassen. Du hattest ganze Arbeit geleistet; Hiroshi würde seine Frau verlassen. Trotz der transparenten, straffen Membran aus Maas-Sicherheitsleuten fiel es dir nicht schwer, mit uns in Verbindung zu treten; du hattest Hiroshi das beste Lokal für Kaffee und Kipferl gezeigt. Dein Lieblingskellner war ein weißhaariger, freundlicher Herr, der leicht hinkte und für uns arbeitete. Deine Nachrichten hast du unter die Stoffserviette gelegt.

Heute habe ich den ganzen Tag über einen Hubschrauber beobachtet, der ein enges Gitter über mein Land zog, meine Wahlheimat, das New Rose Hotel. Von meinem Platz unter dem Deckel aus sah ich zu, wie sein geduldiger Schatten über den ölverschmierten Beton glitt. Nah. Sehr nah.

Von Marrakesch flog ich nach Berlin. Ich traf mich in einer Bar mit einem Waliser und bereitete Hiroshis Verschwinden vor.

Es würde eine komplizierte Angelegenheit werden, verzwickt wie das Zusammenspiel von Messingapparaturen und beweglichen Spiegeln in einem viktorianischen Zaubertrick, aber der beabsichtigte Effekt war sehr schlicht. Hiroshi würde hinter einen wasserstoffbetriebenen Mercedes treten und verschwinden. Das Dutzend Maas-Agenten, das ihm auf Schritt und Tritt folgte, würde den Wagen umschwirren wie Ameisen; der Maassche Sicherheitsapparat würde sich am Ort seines Verschwindens verhärten wie Epoxid.

In Berlin versteht man sich darauf, Geschäfte prompt abzuwickeln. Ich konnte sogar eine letzte Nacht mit dir arrangieren. Fox erfuhr nichts davon; er hätte es vielleicht nicht gebilligt. Den Namen der Stadt habe ich vergessen. Ich merkte ihn mir eine Stunde lang auf der Autobahn unter einem grauen rheinischen Himmel und vergaß ihn in deinen Armen.

Gegen Morgen begann es zu regnen. Unser Zimmer hatte nur ein Fenster, hoch und schmal, und dort stand ich und blickte in den Regen, der den Strom mit Silbernadeln spickte. Das Geräusch deines Atems. Flache, steinerne Brückenbogen überspannten den Strom. Die Straße war menschenleer. Europa, ein totes Museum.

Ich hatte deinen Flug von Orly nach Marrakesch bereits gebucht, unter deinem neuesten Namen. Du würdest schon unterwegs sein, wenn ich die letzte Nummer abzog und Hiroshi verschwinden ließ.

Deine Tasche lag auf der alten, dunklen Kommode. Während du schliefst, durchsuchte ich deine Sachen und entfernte alles, was nicht zu der neuen Identität paßte, die ich dir in Berlin besorgt hatte. Ich nahm die chinesische 22er, deinen Mikrocomputer und deinen Bankchip an mich. Ich holte einen neuen niederländischen Paß und einen auf den gleichen Namen ausgestellten Schweizer Bankchip aus meiner Tasche und verstaute beides in deiner.

Dabei strich meine Hand über etwas Flaches. Ich holte es heraus und hielt es hoch. Eine Diskette. Unbeschriftet.

Da lag sie auf meiner flachen Hand. Der Tod: latent, kodiert, lauernd.

Ich stand da und sah dich atmen, sah, wie sich deine Brust hob und senkte. Deine Lippen waren leicht geöffnet, und auf der vorstehenden, vollen Unterlippe war eine winzige Schramme.

Ich steckte die Diskette in deine Tasche zurück. Als ich mich neben dich legte, drehtest du dich im Halbschlaf zu mir um. In deinem Atem lag die elektrische Nacht eines neuen Asien, und die Zukunft stieg in dir auf wie klare Flüssigkeit und spülte alles fort, bis auf den Augenblick. Das war dein Zauber: Du lebtest außerhalb der Geschichte, ganz im Jetzt.

Und du konntest mich dorthin mitnehmen.

Nahmst mich zum allerletzten Mal mit.

Während ich mich rasierte, hörte ich, wie du deine Schminksachen in meine Tasche kipptest. Ich bin jetzt Holländerin, sagtest du. Da werde ich ein neues Aussehen brauchen.

Dr. Hiroshi Yomiuri verschwand in Wien, in einer stillen Gasse an der Singerstraße, zwei Blocks vom Lieblingshotel seiner Gattin entfernt. An einem klaren Oktobernachmittag löste sich Dr. Yomiuri vor einem Dutzend erfahrener Augenzeugen in Luft auf.

Er trat durch einen Spiegel. Irgendwo hinter der Bühne drehten sich die geölten Räder eines viktorianischen Mechanismus.

Ich saß in einem Hotelzimmer in Genf und nahm den Anruf des Walisers entgegen. Die Sache war erledigt; Hiroshi war untergetaucht und bereits auf dem Weg nach Marrakesch. Ich schenkte mir einen Drink ein und dachte an deine Beine.

Fox und ich trafen uns einen Tag später in einer Sushi-Bar im JAL-Terminal von Narita. Er war gerade mit einer Maschine der Air Maroc gelandet, erschöpft und triumphierend.

Er liebt das Land, sagte er und meinte Hiroshi. Er liebt sie, sagte er und meinte dich.

Ich lächelte. Du hattest versprochen, dich in einem Monat mit mir in Shinjuku zu treffen.

Deine billige, kleine Kanone im New Rose Hotel. Das Chrom blättert schon ab. Ein plump gearbeitetes Ding mit undeutlichen chinesischen Schriftzeichen im rauhen Stahl. Die Griffschalen sind aus rotem Plastik, und auf beiden Seiten ist ein kleiner Reliefdrache zu sehen. Wie bei einem Kinderspielzeug.

Fox aß im JAL-Terminal Sushi und war ganz außer sich vor Freude über unseren Erfolg. Er hatte Probleme mit seiner Schulter gehabt, aber er sagte, das sei ihm egal. Er könne sich jetzt bessere Ärzte leisten. Könne sich jetzt alles leisten.

Irgendwie bedeutete es mir nicht viel, das Geld, das wir von Hosaka kassiert hatten. Nicht, daß ich unseren neuen Reichtum in Frage stellte, aber die letzte Nacht mit dir hatte mich davon überzeugt, daß uns in der neuen Ordnung alles wie von selbst zufiel; es hing nur davon ab, wer und was wir waren.

Der arme Fox. Seine blauen Oxford-Hemden waren gestärkter denn je, seine Anzüge aus Paris noch dunkler und eleganter. Als er da im JAL-Terminal hockte und Sushi in ein rechteckiges Schälchen mit grünem Meerrettich tunkte, hatte er nicht mal mehr eine Woche zu leben.

Es ist dunkel jetzt, und die Sargreihen des New Rose Hotel

werden die ganze Nacht über von Scheinwerfern auf hohen, lakkierten Stahlmasten beleuchtet. Nichts hier scheint seinem ursprünglichen Zweck zu dienen. Alles besteht aus Resten oder ist wiederverwertet, selbst die Särge. Vor vierzig Jahren haben sich diese Plastikkapseln in Tokio oder Yokohama gestapelt, als moderne Inseln der Ruhe für reisende Geschäftsleute. Vielleicht hat schon dein Vater in so einem Ding geschlafen. Als das Gerüst noch neu war, stand es um den Rohbau eines verspiegelten Wolkenkratzers in der Ginza, und Scharen von Bauarbeitern wimmelten darauf herum.

Heute abend trägt die Brise den Lärm einer Pachinko-Halle und den Geruch von gedünstetem Gemüse von den Handkarren auf der anderen Straßenseite heran.

Ich schmiere Krillpaste mit Krabbengeschmack auf orangefarbene Reiscracker. Ich höre die Flugzeuge.

Während dieser letzten Tage in Tokio wohnten Fox und ich Wand an Wand in zwei Suiten im dreiundfünfzigsten Stock des Hyatt. Kein Kontakt mit Hosaka.

Sie zahlten und löschten uns dann aus ihrem offiziellen Konzerngedächtnis.

Aber Fox konnte es nicht lassen. Hiroshi war sein Baby, sein Lieblingsprojekt. Er hatte einen Besitzanspruch entwickelt, ein fast väterliches Interesse an Hiroshi. Er liebte Hiroshis PLUS. Deshalb wollte er, daß ich Kontakt zu meinem portugiesischen Geschäftspartner in der Medina hielt, der gern bereit war, Hiroshis Labor für uns im Auge zu behalten.

Wenn er anrief, dann aus einer Telefonzelle an der Djemaa el Fna, untermalt von plärrenden Händlern und Panflöten aus dem Atlas. Er erzählte uns, jemand fliege massenhaft Security nach Marrakesch ein. Fox nickte. Hosaka.

Nach nicht einmal einem Dutzend Anrufen merkte ich, daß mit Fox eine Veränderung vorging. Er wirkte angespannt und entrückt. Oft sah ich ihn am Fenster stehen und aus dem dreiundfünfzigsten Stock in die kaiserlichen Gärten starren; er wollte nicht damit herausrücken, was ihn beschäftigte.

Frag ihn nach mehr Einzelheiten, sagte er nach einem solchen Telefonat. Unser Kontaktmann hatte jemanden das Labor betreten sehen, und Fox glaubte, es sei Moenner, Hosakas führender Gentechniker.

Es war Moenner, sagte er nach dem nächsten Anruf. Beim übernächsten glaubte er, Chedanne erkannt zu haben, den Leiter von Hosakas Protein-Gruppe. Seit über zwei Jahren war keiner der beiden mehr außerhalb der Konzern-Arcologien gesichtet worden.

Inzwischen war klar, daß sich Hosakas führende Forscher klammheimlich in der Medina tummelten; die schwarzen Learjets der Firmenleitung landeten mit flüsterleisen Karbonfaserflügeln auf dem Flughafen von Marrakesch. Fox schüttelte den Kopf. Er war ein Profi, ein Spezialist, und er betrachtete diese plötzliche Konzentration von Hosakas erstklassigem PLUS in der Medina als gravierenden unternehmerischen Fehler der Zaibatsu.

Herrgott, sagte er und goß sich einen Black Label ein, die haben da im Moment ihre komplette biologische Abteilung versammelt. Eine Bombe genügt. Er schüttelte den Kopf. Eine Granate zur rechten Zeit am rechten Ort...

Ich erinnerte ihn daran, daß es da unten von Sicherheitsleuten förmlich wimmelte. Hosaka hatte direkte Verbindungen ins Parlament, und die massenhafte Einschleusung von Agenten nach Marrakesch konnte nur mit Billigung und Unterstützung der marokkanischen Regierung erfolgt sein.

Laß gut sein, sagte ich. Es ist vorbei. Du hast ihnen Hiroshi verkauft. Jetzt vergiß ihn.

Ich weiß, was da los ist, sagte er. Ich weiß es. Hab das schon mal erlebt.

Er sagte, es gebe einen gewissen Unsicherheitsfaktor in der Laborarbeit. Das EXTRAPLUS, wie er es nannte. Wenn einem Forscher ein Durchbruch gelingt, sind andere zuweilen nicht in der Lage, die Resultate des Entdeckers zu wiederholen. Dies war um so wahrscheinlicher bei Hiroshi, der mit seiner Arbeit die Grundlagen seines Forschungsgebietes über den Haufen warf. Die Lösung bestand oft darin, den Neuerer zwecks ritueller Handauflegung von einem Labor des Konzerns zum anderen zu fliegen. Ein paar unbedeutende Änderungen in der Apparatur, und schon funktionierte es. Verrückte Sache, sagte Fox. Keiner weiß, warum das so ist, aber es klappt. Er grinste.

Aber sie gehen ein ganz schönes Risiko ein, sagte er. Die Scheißkerle haben uns erklärt, sie wollten Hiroshi isolieren, ihn von ihrem Hauptforschungsstrang fernhalten. Schwachsinn. Du kannst deinen Arsch drauf wetten, daß da in der Forschungsabteilung von Hosaka irgendein Machtkampf im Gange ist. Irgendein hohes Tier fliegt seine Lieblinge ein und schart sie um Hiroshi. Wenn Hiroshi die Fundamente der Gentechnik zum Einsturz bringt, stehen sie in der Medina alle Gewehr bei Fuß.

Er trank seinen Scotch und zuckte die Achseln.

Geh ins Bett, sagte er. Du hast recht, die Sache ist gelaufen.

Ich ging ins Bett, aber das Telefon weckte mich. Wieder Marrakesch, das statische Rauschen der Satellitenverbindung, ein ängstlicher portugiesischer Wortschwall.

Hosaka sperrte unser Guthaben nicht, sondern sorgte dafür, daß es sich einfach in Nichts auflöste. Trügerisches Gold. Eben noch Millionäre in der härtesten Währung der Welt, waren wir nun bettelarm. Ich weckte Fox.

Sandii, sagte er. Sie hat sich kaufen lassen. Die Security-Leute von Maas haben sie in Wien umgepolt. Du lieber Himmel.

Ich sah zu, wie er seinen zerbeulten Koffer mit einem Schweizer Armeemesser aufschlitzte. Im Futter waren drei Goldbarren mit Kontaktkleber befestigt. Glatte, flache Barren, von der Münzanstalt irgendeiner untergegangenen afrikanischen Regierung geprüft und gestempelt.

Ich hätte es wissen müssen, meinte er tonlos.

Nein, erwiderte ich. Ich glaube, ich sagte deinen Namen.

Vergiß sie, sagte er. Hosaka will uns kaltmachen. Sie werden denken, wir hätten sie reingelegt. Schnapp dir das Telefon, und ruf unsern Kontostand ab.

Es gab keinen Kontostand mehr. Man teilte mir mit, keiner von uns beiden hätte je ein Konto gehabt.

Nichts wie weg, sagte Fox.

Wir rannten davon. Durch einen Personaleingang nach draußen, ins Verkehrsgewühl von Tokio und runter nach Shinjuku. Erst da wurde mir klar, wie weit der Arm von Hosaka wirklich reichte. Wir standen vor verschlossenen Türen. Leute, mit denen wir seit zwei Jahren Geschäfte machten, sahen uns kommen und ließen die Rolläden hinter den Augen herunterrasseln. Wir mußten uns verdrücken, bevor sie zum Telefon greifen konnten. Die Oberflächenspannung der Unterwelt hatte sich verdreifacht, und wir prallten überall gegen die gleiche zähe Membran und wurden von ihr zurückgeworfen. Keine Chance, abzutauchen und von der Bildfläche zu verschwinden.

Hosaka ließ uns fast den ganzen ersten Tag laufen. Dann schickten sie jemand, der Fox zum zweitenmal das Kreuz brechen sollte.

Ich sah nicht, wie sie es taten, aber ich sah ihn fallen. Wir waren eine Stunde vor Ladenschluß in einem Kaufhaus der Ginza, da sah ich ihn im hohen Bogen vom glänzenden Zwischengeschoß in die Waren des neuen Asien stürzen.

Mich verpaßten sie irgendwie, und ich rannte einfach weiter. Fox hatte das Gold dabei, aber ich hatte noch hundert neue Yen in der Tasche. Ich rannte. Den ganzen Weg bis zum New Rose Hotel.

Jetzt ist es soweit.

Komm mit mir, Sandii. Hör dir an, wie das Neon an der Straße nach Narita summt. Ein paar verspätete Nachtfalter flechten

Zeitrafferkreise um die Scheinwerfer, die das New Rose beleuchten.

Und das Komische ist, Sandii, manchmal habe ich das Gefühl, du existierst gar nicht wirklich. Fox hat irgendwann mal gesagt, du seist Ektoplasma, ein von den wirtschaftlichen Extremen heraufbeschworener Spuk. Der Geist des neuen Jahrhunderts, fleischgeworden in den abertausend Betten der Hyatts und Hiltons dieser Welt.

Jetzt halte ich deine Knarre in der Hand, in der Jackentasche, und meine Hand scheint so weit weg zu sein. Abgetrennt.

Ich erinnere mich an meinen portugiesischen Geschäftsfreund, der sein Englisch vergaß und mir in vier Sprachen, die ich kaum verstand, alles zu erklären versuchte: Ich dachte, er wollte mir erzählen, daß die Medina brannte. Es war aber nicht die Medina. Es waren die Köpfe der besten Forscher von Hosaka. Eine Seuche, flüsterte mein Geschäftsfreund. Pest und Fieber und Tod.

Der schlaue Fox kam während unserer Flucht von selber dahinter. Ich brauchte nicht mal zu erwähnen, daß ich in Deutschland eine Diskette in deiner Tasche gefunden hatte.

Jemand hat den DNA-Syntheseautomaten umprogrammiert, sagte er. Das Gerät sollte über Nacht das richtige Makromolekül erzeugen. Mit dem eingebauten Computer und der maßgeschneiderten Software. Teuer, Sandii. Aber längst nicht so teuer, wie du Hosaka letztlich zu stehen gekommen bist.

Ich hoffe, Maas hat dir einen guten Preis gezahlt.

Die Diskette in meiner Hand. Regen auf dem Fluß. Ich wußte es, aber ich wollte es nicht wahrhaben. Ich steckte den Code für das Meningitis-Virus in deine Tasche zurück und legte mich wieder zu dir.

Und so starb Moenner, zusammen mit anderen Hosaka-Forschern. Und mit Hiroshi. Chedanne trug einen dauerhaften Hirnschaden davon.

Hiroshi hatte sich keine Gedanken über eine mögliche Kontamination gemacht. Die Proteine, die er eingab, waren harmlos.

Der Syntheseautomat summte also die ganze Nacht munter vor sich hin und bastelte ein Virus nach den Vorgaben der Maas Biolabs GmbH.

Maas. Klein, agil, rücksichtslos. PLUS pur.

Die Straße zum Flughafen ist ein langer, schnurgerader Schlauch. Bleib im Schatten.

Und ich schrie auf den Portugiesen ein, um zu erfahren, was mit dem Mädchen passiert war, mit Hiroshis Frau. Verschwunden, sagte er. Das Surren eines viktorianischen Räderwerks.

Fox mußte also fallen, mußte mit seinen drei kläglichen Goldbarren in die Tiefe stürzen und sich endgültig das Kreuz brechen. Auf dem Boden eines Kaufhauses der Ginza, wo die Kunden erst eine Sekunde lang große Augen machten, bevor sie loskreischten.

Ich kann dich einfach nicht hassen, Baby.

Und Hosakas Hubschrauber ist wieder da, ganz ohne Licht; er jagt mit Infrarot, sucht nach Körperwärme. Ein gedämpftes Heulen, als er einen Kilometer entfernt wendet und zu uns zurückkommt, zum New Rose. Ein zu schneller Schatten vor dem Lichterschein von Narita.

Ist schon in Ordnung, Baby. Aber bitte komm her. Und halte meine Hand.

William Gibson

DER WINTERMARKT

Es regnet viel hier oben. An manchen Wintertagen wird's überhaupt nicht richtig hell; alles bleibt trüb und grau. Aber dann gibt es auch Tage, da geht sozusagen der Vorhang auf, und voilà, drei Minuten Berge im Sonnenschein, das Logo im Vorspann zu Gottes ureigenstem Film. So war's auch an dem Tag, als ihre Agenten aus dem tiefsten Innern der verspiegelten Pyramide am Beverly Boulevard anriefen und mir mitteilten, sie sei mit dem Netz verschmolzen, habe endgültig übergesetzt, und *Kings of Sleep* bekomme dreifach Platin. Ich hatte den Großteil der *Kings* geschnitten, hatte die Hirnkartographie gemacht und das Ganze mit dem Fast-wipe-Modul bearbeitet, so daß mir ein Anteil an den Tantiemen zustand.

Nein, sagte ich, nein. Dann ja, ja – und hängte ein. Schnappte mir meine Jacke und rannte die Treppe hinunter, immer drei Stufen auf einmal, schnurstracks in die nächste Bar und in einen achtstündigen Blackout, der auf einem Betonsims zwei Meter über Mitternachtsschwärze endete. Das Wasser des False Creek. Die Lichter der Stadt, die gleiche graue Himmelskuppel wie immer, nur kleiner jetzt, erhellt von Neon- und Quecksilberdampflampen. Und es schneite, wenige, aber große Flocken, die spurlos im schwarzen Wasser verschwanden.

Ich blickte nach unten und sah meine Fußspitzen über dem Rand des Betons, dazwischen Wasser. Ich trug japanische Schuhe, neue, teure Ginza-Stiefel aus Handschuhleder mit

Gummikappen. Ich blieb lange dort stehen, bevor ich den einen Schritt zurücktrat.

Weil sie tot war und ich sie hatte gehen lassen. Weil sie jetzt unsterblich war und ich ihr dazu verholfen hatte. Und weil ich wußte, daß sie mich morgen früh anrufen würde.

Mein Vater war Tontechniker, Galvaniker – der Mann, der die Preßmatritzen herstellte. Er war schon lange im Geschäft, schon seit vordigitaler Zeit. Die Prozesse, mit denen er sich beschäftigte, waren zum Teil mechanisch und hatten den klapprigen, quasi-viktorianischen Touch der Technik des zwanzigsten Jahrhunderts. Im Grunde genommen war er Dreher. Die Leute brachten ihm Tonaufnahmen, und er schnitt den Schall in die Rillen einer Lackscheibe. Dann wurde die Scheibe galvanisch versilbert und zur Anfertigung einer Matritze verwendet, mit der man Schallplatten preßte: die schwarzen Dinger, die man in Antiquitätenläden sieht. Ich weiß noch, daß er mir wenige Monate vor seinem Tod erzählte, bestimmte Frequenzen – Einschaltstöße, wie er sie nannte – könnten den Kopf, den Schneidekopf einer Folienschneidemaschine durchaus überhitzen. Da diese Köpfe unerhört teuer waren, beugte man Schäden mit einem sogenannten Frequenzwandler vor. Und daran dachte ich, als ich dort mit den Fußspitzen über dem Wasser stand: an den durchbrennenden Kopf.

Denn das haben sie mit ihr gemacht.

Und das hat sie gewollt.

Kein Frequenzwandler für Lise.

Auf dem Weg zum Bett kappte ich meine Telefonleitung – mit dem Gewindesockel eines westdeutschen Kamerastativs, dessen Reparatur einen Wochenlohn verschlingen würde.

Irgendwann später wachte ich auf und fuhr mit dem Taxi nach Granville Island, zu Rubin.

Rubin ist in gewissem Sinn – obwohl das keiner so richtig versteht – ein Meister, ein Lehrer, ein *Sensei*, wie die Japaner sagen. Er ist der Meister des Abfalls, Herr über Schrott und Schutt, über das Meer von Unrat, in dem unser Jahrhundert treibt. *Gomi no sensei*. Meister des Mülls.

Diesmal hockte er zwischen zwei heimtückisch aussehenden Schlagzeugmaschinen, die ich zum erstenmal sah; ihre rostigen Spinnenarme waren von zerbeulten Blechdosen umgeben, die Rubin aus den Müllhalden von Richmond gefischt hatte. Er bezeichnet seine Bude nie als Studio und sich selbst nie als Künstler. »Rummurksen« nennt er das, was er da tut, und er betrachtet es offenbar als Fortsetzung der todlangweiligen Hinterhofnachmittage seiner Kindheit. In seiner vollgestopften, unordentlichen Bude, einer Art Minihangar, der an der Uferseite des Marktes klebt, schlendert er mit den intelligenteren und agileren seiner Kreationen im Schlepptau herum wie ein halbwegs gütiger Teufel, der darauf erpicht ist, in seinem immerwährenden *Gomi*-Inferno noch absonderlichere Prozesse auszutüfteln. Ich habe erlebt, wie Rubin seine Konstruktionen darauf programmiert hat, Passanten im Outfit eines gerade angesagten Modeschöpfers zu identifizieren und wüst zu beschimpfen; andere widmen sich noch obskureren Missionen, und manche scheinen ausschließlich gebaut worden zu sein, um sich unter größtmöglichem Getöse zu demontieren. Rubin ist wie ein Kind; ein Kind, das in den Galerien von Tokio und Paris hoch gehandelt wird.

Ich erzählte ihm also von Lise. Er ließ mich reden (»raus damit«), dann nickte er. »Ich weiß«, sagte er. »Irgend so ’n Schwachkopf von CBC hat achtmal angerufen.« Er nahm einen Schluck aus einem zerbeulten Becher. »Wie wär’s mit ’nem Wild Turkey sour?«

»Warum haben die dich angerufen?«

»Weil mein Name hinten auf *Kings of Sleep* draufsteht. In der Widmung.«

»Hab ich noch gar nicht gesehen.«

»Hat sie dich schon angerufen?«

»Nein.«

»Macht sie noch.«

»Rubin, sie ist tot. Man hat sie schon eingeäschert.«

»Ich weiß«, sagte er. »Anrufen wird sie dich trotzdem.«

Gomi.

Wo hört *Gomi* auf, wo fängt die Welt an? Den Japanern war schon vor einem Jahrhundert der Platz für *Gomi* im Raum Tokio ausgegangen, so daß sie den Plan ausheckten, aus *Gomi* Platz zu schaffen. Schon 1969 hatten sie sich in der Bucht von Tokio eine kleine Insel aus *Gomi* gebaut und sie Dream Island getauft. Aber die Stadt stieß nach wie vor neuntausend Tonnen pro Tag aus, so daß als nächstes New Dream Island entstand. Heute koordinieren sie das Ganze, und immer neue Nippons erheben sich aus dem Pazifik. Rubin verfolgt das in den Nachrichten, ohne einen Kommentar dazu abzugeben.

Über *Gomi* hat er nichts zu sagen. Es ist sein Element, die Luft, die er atmet, das Wasser, in dem er sein Leben lang geschwommen ist. In einem lahmen, lasterähnlichen Gefährt – einem abgetakelten, uralten Mercedes-Airporter, dessen Dach unter einem wabbeligen, zur Hälfte mit Biogas gefüllten Gummiballon verschwindet – kurvt er im Raum Vancouver herum und sucht geeignetes Zeug für die sonderbaren Entwürfe, die ihm seine Muse – wer oder was immer das sein mag – in den Schädel kritzelt. Immer mehr *Gomi* schleppt er an. Manches davon funktioniert noch. Und manches, wie Lise, ist menschlich.

Ich lernte Lise auf einer von Rubins Parties kennen. Rubin gab viele Parties. Er selbst schien sich nie sonderlich zu amüsieren, aber es waren tolle Parties. Ich verlor in jenem Herbst den Überblick, wie oft ich morgens auf Rubins Schaumstoffmatratze zu mir kam, aus dem Schlaf gerissen von seiner antiken Espressomaschine, einem mattsilbernen Ungetüm mit einem imposanten Chromadler oben drauf, deren Prusten und Zischen ohrenbetäubend laut von den Wellblechwänden widerhallte und dennoch ungeheuer anheimelnd klang: Es gab Kaffee. Das Leben ging weiter.

Zum ersten Mal sah ich sie in der Küchenecke. Küche wäre nicht ganz das richtige Wort dafür gewesen: nichts weiter als drei Kühlschränke, eine Kochplatte und ein kaputter Umluftherd, alles *Gomi*. Ich sah sie zum ersten Mal am offenen Bierkühlschrank. Licht fiel heraus, und ich bemerkte ihre Wangenknochen und ihren entschlossenen Mund, aber auch das schwarzglänzende Polykarbonat an ihrem Handgelenk und die helle, nässende Blase, wo das Außenskelett scheuerte. In meinem Suff fiel bei mir nicht der Groschen; ich kapierte nicht, was das war, aber ich wußte, daß es nichts Spaßiges war. Also tat ich, was jeder Lise gegenüber normalerweise tut, und schaltete auf einen anderen Film um. Ich ließ Bier Bier sein und ging statt dessen zum Wein auf der Theke neben dem Umluftherd. Ohne mich noch einmal umzusehen.

Aber sie fand mich wieder. Zwei Stunden später kam sie zu mir, schlängelte sich mit dieser schrecklichen Anmut, die man in ihr Außenskelett einprogrammiert hatte, durch Menschen und Müll. Als ich sie auf mich zukommen sah, begriff ich endlich, worum es sich handelte, war aber zu verlegen, um wegzutauchen und abzuhauen, eine Entschuldigung zu murmeln und mich aus dem Staub zu machen. Ich stand wie angewurzelt da, den Arm um ein Mädchen gelegt, das ich nicht kannte, und Lise bewegte sich mit dieser spöttischen Anmut geradewegs auf mich zu – oder besser, sie wurde auf mich zubewegt. Wizz brannte in ihren Augen. Dann hatte sich das Mädchen in stiller Panik aus meinem Arm gelöst und war verschwunden, und im nächsten Moment stand Lise in ihrer dünnen Polykarbonat-Prothese vor mir. Ein Blick in diese Augen, und ich hatte das Gefühl, ihre Synapsen wimmern zu hören, ein unglaublich schrilles Kreischen, als das Wizz jeden Schaltkreis in ihrem Hirn öffnete.

»Nimm mich mit zu dir«, sagte sie, und die Worte trafen mich wie Peitschenhiebe. Ich glaube, ich schüttelte den Kopf. »Nimm mich mit zu dir.« Aus ihrer Stimme klangen Schmerz, subtile Raffinesse und verblüffende Grausamkeit. Und ich wußte, daß ich noch nie so tief und innig gehaßt worden war wie jetzt von diesem verwüsteten kleinen Mädchen – dafür, daß ich sie vor Rubins Bierkühlschrank angesehen und wie ich dann weggeschaut hatte.

Deshalb – falls dies das richtige Wort ist – habe ich es getan, wie man manchmal etwas tut, ohne zu wissen warum, obwohl man im tiefsten Innern weiß, daß man nie anders hätte handeln können.

Ich nahm sie mit zu mir.

Ich habe zwei Zimmer in einem alten Wohnklotz Ecke Fourth und MacDonald, im zehnten Stock. Die Aufzüge funktionieren für gewöhnlich, und wenn man sich aufs Balkongeländer setzt, sich an der Ecke des Nachbarhauses festhält und rücklings hinauslehnt, sieht man einen schmalen Streifen Meer und Gebirge.

Sie hatte auf dem ganzen Weg von Rubin zu mir kein Wort gesagt, und da ich inzwischen wieder einigermaßen nüchtern war, fühlte ich mich ausgesprochen unwohl, als ich die Tür aufschloß und sie reinließ.

Das erste, was ihr auffiel, war das tragbare Fast-wipe-Modul, das ich in der Nacht zuvor aus dem Pilot mitgebracht hatte. Das Außenskelett trug sie mit demselben Gang wie vorhin über den staubigen, überbreiten Teppich, dem Gang eines Models auf dem Laufsteg. Ohne den Lärm der Party hörte ich es jetzt leise klicken. Sie blieb stehen und betrachtete das Fast-wipe. Ich konnte die Rippen des Skeletts erkennen, als sie so dastand; sie zeichneten sich durch das abgenutzte, schwarze Leder ihrer Jacke auf dem Rücken ab. Eine dieser Krankheiten. Entweder eine der alten, die sie nie ganz durchschaut haben, oder eine der neuen, eindeutig umweltbedingten, denen sie noch nicht mal einen Namen gegeben haben. Sie konnte sich nicht bewegen ohne das zusätzliche Skelett, das direkt mit ihrem Gehirn gekoppelt war. Myoelektrisches Interface. Die fragil wirkenden Polykarbonatschienen bewegten ihre Arme und Beine, die schmalen Hände hingegen wurden von einem ausgeklügelten System gesteuert. Galvanische Einlagen. Ich dachte an zuckende Froschbeine in einem Film aus dem Biologieunterricht und haßte mich dafür.

»Das ist ein Fast-wipe-Modul«, sagte sie in einem ganz neuen, nüchternen Ton, und ich schloß daraus, daß die Wirkung des Wizz nachgelassen hatte. »Was hat das hier zu suchen?«

»Ich bin Cutter«, sagte ich, während ich die Tür hinter mir zuzog.

»Sieh an.« Sie lachte. »Tatsächlich? Und wo?«

»Auf der Insel. Autonomic Pilot heißt der Laden.«

Sie wandte den Kopf und drehte sich dann, die Hand auf die ausgestellte Hüfte gestützt, zu mir um – oder vielmehr, sie wurde gedreht. Das Wizz, der Haß und eine schreckliche Parodie von Lust schossen mir aus den fahlen, grauen Augen entgegen. »Willst du's mir besorgen, Cutter?«

Und wieder spürte ich die Peitsche, aber ich hatte nicht vor, das noch mal einfach so hinzunehmen. Also sah ich sie kühl an, musterte sie aus dem bierdumpfen Inneren meines gehenden, sprechenden, ganz normalen Körpers mit seinen lebendigen Gliedern, und ich spuckte die Worte förmlich aus: »Würdest du denn überhaupt was davon merken?«

Gut gegeben. Kann sein, daß sie blinzelte, aber sie verzog keine Miene. »Nein«, sagte sie, »aber ich schau manchmal gern dabei zu.«

Zwei Tage nach ihrem Tod in Los Angeles steht Rubin am Fenster und sieht zu, wie der Schnee in den False Creek fällt. »Du bist also nie mit ihr ins Bett gegangen?«

Eins seiner mechanischen Geschöpfe, eine kleine Escher-Echse mit Rollenlagern, schlängelt sich flink vor mir über den Tisch.

»Nein«, sage ich, und das stimmt. Dann lache ich. »Aber wir haben uns direkt gekoppelt. Gleich in der ersten Nacht.«

»Du hattest sie nicht alle beisammen«, sagt er, aber es klingt irgendwie anerkennend. »Dabei hättste draufgehen können. Dein Herzschlag hätte aussetzen können. Oder deine Atmung...« Er dreht sich wieder zum Fenster um. »Hat sie schon angerufen?«

Wir koppelten uns. Direkt.

Ich hatte das noch nie getan. Wenn ich gefragt worden wäre, weshalb, hätte ich geantwortet, ich sei Cutter und ein Profi mache so was nicht.

Folgendes käme der Wahrheit wohl näher:

In der Branche, der korrekten Branche – Pornos hab ich nie gemacht –, nennen wir das Rohprodukt »trockene Träume«. Trockene Träume sind neuraler Output von Bewußtseinsstufen, zu denen die meisten Menschen nur im Schlaf Zugang haben. Künstler hingegen – jedenfalls solche wie die, mit denen ich bei Autonomic Pilot arbeite – können die Oberflächenspannung durchbrechen und eintauchen; tief hinein und weit hinaus, hinaus ins Jungsche Meer, und bringen ... tja, Träume mit. Einfach ausgedrückt. Manche Künstler haben das wohl schon immer getan, ganz gleich in welchem Medium, aber die Neuroelektronik läßt uns an diesem Erlebnis teilhaben, und mit Hilfe des Netzes wird es aufgezeichnet, so daß wir es präsentieren und verkaufen können, und dann sehen wir uns an, wie es auf dem Markt läuft. Tja, wie mein Vater immer gesagt hat, es gibt nichts Neues unter der Sonne.

Für gewöhnlich bekomme ich das Rohmaterial unter Studiobedingungen, gefiltert durch Dämpfer im Wert von etlichen Millionen Dollar. Ich brauche den Künstler gar nicht zu sehen. Das Zeug, das wir dem Konsumenten vorsetzen, ist strukturiert, ausbalanciert, künstlerisch aufbereitet. Es gibt immer noch Leute, die so naiv sind zu glauben, es mache Spaß, sich direkt mit jemandem zu koppeln, den man liebt. Ich glaube, die meisten Teenager probieren es mal. Es ist ja auch kinderleicht; die Kiste, die Elektroden und die Kabel kriegt man in jedem Zubehörladen. Ich hab's aber nie getan. Und wenn ich's mir recht überlege, bin ich mir nicht mal sicher, daß ich erklären könnte, warum nicht. Oder daß ich's auch nur versuchen möchte.

Ich weiß allerdings, warum ich's mit Lise gemacht habe, warum ich mich neben sie auf meinen mexikanischen Futon setzte und das Glasfaserkabel in die Buchse an ihrem Rückgrat, an der glatten Wirbelsäule des Außenskeletts steckte. Sie war ganz oben am Nacken, verdeckt von ihren schwarzen Haaren.

Ich hab's gemacht, weil sie sich als Künstlerin bezeichnete und weil ich wußte, daß wir in gewisser Weise einen Kampf auf Leben und Tod ausfochten; und diesen Kampf würde ich *nicht* verlieren. Das mag Ihnen unlogisch erscheinen, aber Sie haben Lise ja schließlich auch nicht gekannt; oder Sie kennen sie von *Kings of Sleep*, was absolut nicht dasselbe ist. Sie haben nie ihren Hunger gespürt, der zu einem glasklaren Bedürfnis von schrecklicher Zielstrebigkeit zusammengeschmolzen war. Leute, die *genau* wissen, was sie wollen, haben mir immer schon Angst eingeflößt, und Lise wußte seit langem, was sie wollte, und sie wollte nur eins. Und ich hatte Angst davor, mir einzugestehen, daß ich Angst hatte. Außerdem hatte ich im Mischraum von Autonomic Pilot genug Träume von Fremden gesehen, um zu wissen, daß die Ungeheuer im tiefsten Innern der Menschen meist lächerliche Figuren sind, die im klaren Licht des eigenen Bewußtseins grotesk erscheinen. Und ich war immer noch betrunken.

Ich setzte die Troden auf und streckte die Hand nach dem Schalter am Fast-wipe aus. Die Studiofunktionen hatte ich abgestellt und die achtzigtausend Dollar teure japanische Elektronik damit für einige Zeit zu einer der kleinen Kisten aus dem Zubehörladen umfunktioniert. »Los!« sagte ich und legte den Schalter um.

Worte. Worte reichen nicht aus. Oder jedenfalls kaum – wenn ich nur ansatzweise wüßte, wie ich beschreiben sollte, was aus ihr hochkam, was sie tat...

Es gibt da diese Stelle in *Kings of Sleep*: Man hat das Gefühl, um Mitternacht auf einem Motorrad ohne Licht zu fahren, aber irgendwie braucht man das Licht gar nicht; man rast über eine Küstenstraße am Abgrund entlang, so schnell, daß einen völlige Stille umfängt, weil man das Dröhnen der Maschine hinter sich läßt. Man läßt alles hinter sich zurück... In den *Kings* ist es nur ein kurzer Augenblick, aber er gehört zu den tausend Dingen, die man nicht vergißt, die man wieder hervorkramt und ins Vokabular seiner Empfindungen aufnimmt. Faszinierend. Freiheit und Tod, jeden Moment, jeden Moment, auf Messers Schneide, jetzt und für immer.

Ich kriegte die Version für Erwachsene, das pure Dahinjagen, den reinen, mörderischen Stoff, ungeschnitten und echt, der mit voller Wucht in eine Leere explodierte, die nach Armut und Lieblosigkeit und Finsternis stank.

Und das war es, worauf Lise aus war: dieses Dahinjagen, *von innen gesehen*. Es dauerte wohl kaum vier Sekunden.

Und natürlich hatte sie gewonnen.

Ich nahm die Troden ab und starrte mit feuchten Augen an die Wand. Die gerahmten Poster verschwammen.

Ich konnte Lise nicht anschauen. Ich hörte, wie sie das Glasfaserkabel herauszog. Ich hörte das Außenskelett knarren, als es sie vom Futon hochwuchtete, hörte es spröde ticken, als es sie in die Küche beförderte, wo sie ein Glas Wasser trank.

Dann fing ich an zu heulen.

Rubin führt eine dünne Sonde in den Rollenlagerbauch eines trägen mechanischen Geschöpfs ein und betrachtet die Schaltungen durch eine Vergrößerungsbrille mit Miniaturleuchten an den Bügeln.

»Sie hat dich also drangekriegt.« Er zuckt die Achseln und blickt auf. Es ist jetzt dunkel. Die beiden Lampen leuchten mir ins Gesicht. In seiner Wellblechbude ist es kalt und feucht, und vom Wasser tönt ein einsames Nebelhorn herüber. »Na und?«

Jetzt zucke ich die Achseln: »Ich hab's einfach getan... War irgendwie das einzige, was ich tun konnte.«

Die Lichtkegel schwenken wieder zum Siliziumherz seines defekten Spielzeugs. »Dann ist doch alles okay. Sie hat die richtige Wahl getroffen. Ich meine, sie wollte das sein, was sie ist, und sie ist jetzt dort, wo sie sein wollte. Dafür bist du genausowenig verantwortlich wie das Fast-wipe-Modul. Sie hätte sich einen anderen gesucht, wenn sie dich nicht gefunden hätte...«

Ich machte einen Deal mit Barry, dem Chefcutter, und bekam zwanzig Minuten um fünf Uhr an einem kalten Septembermorgen. Lise rückte an und knallte mir den gleichen Stoff vor den Latz, aber diesmal war ich mit Filtern und Hirnkarten gerüstet und fühlte nichts. Ich brauchte zwei Wochen, in denen ich mir lauter Minutenschnipsel von meiner Arbeitszeit abzwackte, um ihr Material im Schneideraum so zu bearbeiten, daß ich Max Bell, dem Pilot-Inhaber, etwas Brauchbares vorspielen konnte.

Bell war ganz und gar nicht begeistert, als ich ihm erklärte, was ich getan hatte. Eigenmächtige Cutter können zum Problem werden, und die meisten Cutter gelangen irgendwann zu der Überzeugung, sie hätten jemanden entdeckt, den Hit, das kommende Monster, und verschwenden dann viel Zeit und Geld auf diese fixe Idee. Bell nickte, als ich meinen Vortrag beendet hatte, und kratzte sich mit der Kappe seines roten Filzstifts an der Nase.

»Aha. Verstehe. So was Tolles hat die Welt nicht mehr gesehen, seit den Fischen Beine gewachsen sind, was?«

Trotzdem zog er sich das Demo rein, das ich zusammengestellt hatte, und als die Soft mit einem Klick aus dem Schlitz seines Braun-Tischgeräts sprang, starrte er mit ausdruckslosem Gesicht an die Wand.

»Max?«

»Hm?«

»Was denkst du?«

»Denken? Ich... Wie war ihr Name noch gleich?« Er kniff die Augen zusammen. »Lisa? Bei wem ist die unter Vertrag?«

»Lise. Bei niemand, Max. Sie hat noch nichts unterschrieben.«

»Großer Gott.« Sein Gesicht war immer noch ausdruckslos.

»Weißte, wie ich sie gefunden habe?« Rubin watet durch ramponierte Kartons, um den Lichtschalter zu finden. Die Kartons sind mit gewissenhaft sortiertem *Gomi* gefüllt: Lithiumbatterien, Tantal-Elektrolytkondensatoren, Hochfrequenz-Steckverbindungen, Brettschaltungen, Isolierband, Ferroresonanztrafos, Rollen mit Leitungsdraht... Ein randvoller Karton enthält die abgetrennten Köpfe Aberhunderter Barbie-Puppen, ein anderer gepanzerte Sicherheitshandschuhe, die wie Fäustlinge eines Raumanzugs aussehen. Licht durchflutet den Raum, und eine Art Gottesanbeterin aus bunten Blechstreifen im Kandinski-Look dreht ihren golfballgroßen Kopf der Glühbirne zu. »Ich war gerade in so 'ner Gasse an der Granville, *Gomi* sammeln, und da hockte sie. Mir ist das Skelett aufgefallen, und weil sie nicht so gut aussah, hab ich sie gefragt, ob ihr was fehlt. Keine Antwort. Hat einfach die Augen zugemacht. Nicht mein Problem, denk ich mir. Aber zufällig komm ich ungefähr vier Stunden später wieder hin, und da hockt sie immer noch. ›Hör mal, Süße‹, sag ich zu ihr, ›vielleicht ist deine Hardware im Arsch. Ich kann dir helfen, okay?‹ Nichts. ›Wie lange hockst du hier schon?‹ Nichts. Also zieh ich Leine.« Er geht rüber zu seiner Werkbank und streichelt mit blassem Zeigefinger die dünnen Metallglieder der Gottesanbeterin. An alten, von der Feuchtigkeit aufgequollenen Lochbrettplatten hinter der Werkbank hängen Zangen, Schraubenzieher, Kabelverlegemaschinen, ein rostiges Daisy-Luftgewehr, Abisolierzangen für Koaxialkabel, Bördelmaschinen, Meßsonden, Heißluftpistolen, ein Taschen-Oszilloskop, anscheinend alle Werkzeuge der Menschheitsgeschichte, ohne daß Rubin sich je die Mühe gemacht hätte, sie zu ordnen; dennoch habe ich ihn nie zögern sehen, wenn er nach irgendwas greift.

»Eine Stunde später bin ich wieder hingegangen«, sagt er. »Sie war mittlerweile hinüber – bewußtlos –, also hab ich sie hierher mitgenommen und das Außenskelett gecheckt. Die Batterien waren leer. Sie hat sich wohl da drin verkrochen, als ihr der Saft ausging, und sich drauf eingestellt zu verhungern.«

»Wann war das?«

»Ungefähr 'ne Woche, bevor du sie mit zu dir genommen hast.«

»Und wenn sie nun gestorben wäre? Wenn du sie nicht gefunden hättest?«

»Irgendwer hätte sie schon gefunden. Sie konnte nicht um was *bitten*, verstehste, sondern es einfach nur *annehmen*. Konnte es nicht ab, wenn man ihr 'nen Gefallen tun wollte.«

Max besorgte ihr Agenten, und tags darauf landeten drei entsetzlich smarte Juniorpartner mit einem Lear-Jet auf dem Flughafen von Vancouver. Lise wollte sie nicht bei Pilot treffen, sondern bestand darauf, daß wir das Trio zu Rubin brachten, wo sie immer noch schlief.

»Willkommen in Couverville«, sagte Rubin, als sie sich vorsichtig durch die Tür schoben. Sein langes Gesicht war ölverschmiert, der Hosenlatz seines zerlumpten Drillich-Overalls provisorisch mit einer zurechtgebogenen Büroklammer geflickt. Die beiden Typen grinsten mechanisch, während das Lächeln der

Frau ein kleines bißchen echter wirkte. »Mr. Stark«, sagte sie, »ich war letzte Woche in London. Ich habe Ihre Installation in der Tate Gallery gesehen.«

»*Marcellos Batteriefabrik*«, bemerkte Rubin. »Die Briten finden sie skatologisch.« Er zuckte die Achseln. »Tja, die Briten. Wenn die meinen...«

»Die haben recht. Sie ist aber auch sehr lustig.«

Die Typen glänzten und strahlten in ihren Anzügen wie studiogebräunte Leuchttürme. Das Demo war in Los Angeles angekommen. Das wußten sie.

»Und Sie sind Lise«, sagte die Frau, während sie durch Rubins *Gomi*-Haufen stakte. »Sie werden bald sehr berühmt sein, Lise. Wir haben viel zu besprechen...«

Aber Lise stand einfach nur da, vom Polykarbonat gestützt, mit dem gleichen Gesichtsausdruck wie in jener ersten Nacht in meiner Wohnung, als sie mich gefragt hatte, ob ich mit ihr ins Bett gehen wollte. Falls es der Junioragentin auffiel, so ließ sie sich jedenfalls nichts anmerken. Sie war ein Profi.

Genau wie ich, sagte ich mir.

Cool bleiben, sagte ich mir.

In den Stahltonnen auf dem Markt flackern Feuer. Es schneit immer noch, und Kinder kauern wie arthritische Krähen um die Flammen und hüpfen von einem Bein aufs andere, während der Wind an ihren dunklen Mänteln zerrt. Oben im chaotischen Künstlerslum von Fairview hängt gefrorene Wäsche an der Leine, und pinkfarbene Bettlaken heben sich gegen den schäbigen Hintergrund und das Durcheinander von Satellitenschüsseln und Solaranlagen ab. Die Schneebesen-Windmühle eines Alternativen dreht sich ununterbrochen und zeigt den Hydroenergiesteuern einen rotierenden Mittelfinger.

Rubin stapft in L.L.-Bean-Gummistiefeln mit Farbklecksen vor sich hin, den Kopf in die übergroße Drillichjacke eingezogen.

Manchmal zeigt einer der kauernden Teenies mit dem Finger auf ihn: der Typ, der das verrückte Zeug bastelt, die Roboter und den ganzen Scheiß.

»Weißte, was dein Problem ist?« sagt er, als wir auf dem Weg Richtung Fourth unter die Brücke kommen. »Du gehörst zu denen, die *immer das Handbuch lesen*. Alles, was konstruiert wird, jedes Stück Technik dient einem bestimmten Zweck. Es soll irgendwas tun, und irgendwer weiß auch schon ziemlich genau, was. Aber wenn es ’ne neue Technik ist, eröffnet sie Möglichkeiten, an die noch keiner gedacht hat. Wenn du das Handbuch studierst, Mann, probierste nicht rum, jedenfalls nicht richtig. Und dir wird mulmig, wenn jemand anders Verwendungsmöglichkeiten findet, an die du gar nicht gedacht hast. Wie Lise zu Beispiel.«

»Es hat andere gegeben. Vor ihr.« Der Verkehr braust über uns hinweg.

»Klar, aber in *deinem Leben* hat’s hundertprozentig noch niemand gegeben, der einfach hingegangen ist und sich in ein fest eingebautes Programm transformiert hat. Hat’s dir etwa schlaflose Nächte bereitet, als dieser Dingsda, dieser Franzose, der Autor, das vor drei, vier Jahren gemacht hat?«

»Hab ich eigentlich nicht weiter drüber nachgedacht. War doch ’n Reklametrick. PR...«

»Er schreibt nach wie vor. Das Verrückte daran ist, er wird weiterschreiben, bis jemand seinen Mainframe in die Luft jagt...«

Ich zucke zusammen, schüttle den Kopf. »Aber das ist *er* doch nicht, oder? Das ist doch nur ein Programm.«

»Interessanter Punkt. Schwer zu sagen. Aber bei Lise werden wir’s ja sehen. Die ist keine Schriftstellerin.«

Es war alles bereits vorhanden; die *Kings* steckten in ihrem Kopf wie sie in ihrem Außenskelett.

Die Agenten verschafften ihr einen Vertrag mit einem Label

und ließen ein Produktionsteam aus Tokio einfliegen. Lise erklärte ihnen, sie wolle mich als Cutter. Ich lehnte ab. Max zerrte mich in sein Büro und drohte mir mit fristloser Kündigung. Wenn ich nicht mitmachte, gäbe es keinen Grund, die Studioarbeit bei Pilot zu erledigen. Vancouver sei nicht gerade das Zentrum der Welt, und die Agenten wollten sie in Los Angeles haben. Für Max stand viel Geld auf dem Spiel, und Autonomic Pilot würde sich dadurch vielleicht einen Namen machen. Ich konnte ihm nicht erklären, warum ich abgelehnt hatte. Es war mir zu verrückt, zu persönlich; es wäre letztlich auf ihre Kosten gegangen. So jedenfalls dachte ich damals. Aber Max meinte es ernst. Er ließ mir im Grunde keine Wahl. Wir wußten beide, daß mir wohl kaum ein anderer Job ins Haus flattern würde. So gingen wir gemeinsam raus und sagten den Agenten, wir hätten uns geeinigt: ich sei dabei.

Die Agenten bleckten freudig die Zähne.

Lise brachte einen Wizz-Inhalator zum Vorschein und verpaßte sich eine volle Ladung. Ich glaubte zu sehen, wie die Agentin eine makellose Augenbraue hochzog, aber damit hatte es sich auch schon. Nachdem die Verträge unterschrieben waren, tat Lise mehr oder weniger, was sie wollte.

Und Lise wußte immer, was sie wollte.

Die Rohfassung der *Kings* war nach drei Wochen im Kasten. Ich fand alle möglichen Gründe, mich nicht bei Rubin blicken zu lassen, Gründe, an die ich zum Teil sogar selber glaubte. Sie wohnte noch immer bei ihm, obwohl die Agenten nicht allzu glücklich darüber waren, weil es in ihren Augen ein enormes Sicherheitsrisiko darstellte. Rubin erzählte mir später, daß er *seinen* Agenten einschalten mußte, damit der sie anrief und ihnen die Hölle heiß machte, und daraufhin vergingen ihnen die Bedenken offenbar. Ich hatte gar nicht gewußt, daß Rubin einen Agenten hatte. Ich vergaß immer wieder, daß Rubin Stark damals berühmter war als jeder andere, den ich kannte, und ganz bestimmt berühmter, als Lise meiner Meinung nach je sein würde. Ich wußte, daß wir an einer großen Sache arbeiteten, nur weiß man ja nie, wie so was am Ende wirklich einschlägt.

Aber in dieser Zeit bei Pilot war ich voll dabei. Und Lise war faszinierend.

Sie schien für dieses Medium geboren zu sein, obwohl die Technologie, die ihm zugrunde lag, bei ihrer Geburt noch gar nicht existiert hatte. Wenn man so was erlebt, fragt man sich, wie viele Tausend, vielleicht sogar Millionen begnadete Künstler im Lauf der Jahrhunderte ungehört gestorben sind – Leute, die zwar nicht das Zeug zum Dichter, Maler oder Saxophonisten hatten, in denen dafür aber *dieses* Zeug schlummerte, die psychischen Schwingungen, die man mit der erforderlichen Elektronik hätte anzapfen können...

Während unserer gemeinsamen Zeit im Studio erfuhr ich ein bißchen was über sie. Lauter Nebensächlichkeiten: daß sie in Windsor geboren war; daß ihr Vater Amerikaner war, in Peru gedient hatte und wahnsinnig und halb blind heimgekommen war; daß ihr Leiden angeboren war; daß die wunden Stellen daher rührten, daß sie das Außenskelett nie abnahm, weil der bloße Gedanke an ihre totale Hilflosigkeit ihr die Kehle zuschnürte und sie wahnsinnig machte. Daß sie wizzsüchtig war und sich täglich genug reinzog, um eine ganze Fußballmannschaft auf Trab zu bringen.

Ihre Agenten ließen Ärzte kommen, die das Polykarbonat mit Schaumstoff auspolsterten und die wunden Stellen mit mikroporösen Verbänden umwickelten. Sie pumpten sie mit Vitaminen voll und stellten einen Ernährungsplan für sie auf, aber keiner versuchte je, ihr den Inhalator wegzunehmen.

Sie schleppten Frisöre an und Visagisten, Mode- und Imageberater und kleine, wortgewandte Werbehamster. All das ließ sie mit einer Miene über sich ergehen, die beinahe wie ein Lächeln wirkte.

Während dieser drei Wochen redeten wir nicht miteinander. Nur Studio-Geschwätz, der Austausch zwischen Künstler und Cutter, ein sehr restringierter Code. Ihre geistigen Bilder waren so stark, so extrem, daß sie mir nie auch nur einen einzigen Effekt erklären mußte. Ich nahm, was sie mir gab, bearbeitete es und speiste es ihr wieder ein. Sie brauchte nur ja oder nein zu sagen, und normalerweise sagte sie ja. Die Agenten nahmen es wohlwollend zur Kenntnis, klopften Max auf die Schulter und luden ihn zum Essen ein, und mein Gehalt kletterte in die Höhe.

Und ich war ein Profi, wie er im Buche steht. Hilfsbereit, sorgfältig und höflich. Ich war fest entschlossen, nicht noch einmal zusammenzubrechen, und ich dachte nicht mehr an die Nacht, in der ich geheult hatte. Ich arbeitete besser denn je, und ich wußte es, und allein davon wird man schon high.

Und dann, eines Morgens, so gegen sechs, nach einer endlos langen Session, in der sie zum erstenmal die unheimliche Kotillon-Sequenz rüberbrachte, die von den Kids »Geistertanz« genannt wird, sprach sie mit mir. Einer der beiden Agenten hatte mit breitem Grinsen daneben gesessen, war jedoch inzwischen gegangen. Bei Pilot war es totenstill, nur ein Ventilator surrte irgendwo hinten neben Max' Büro.

»Casey«, sagte sie mit einer Stimme, die vom Wizz heiser war, »tut mir leid, daß ich dich so überfahren hab.«

Zuerst dachte ich, sie meinte die Aufnahme, die wir gerade beendet hatten. Ich blickte auf und sah sie an, und da wurde mir plötzlich bewußt, daß wir allein waren. Seit dem Demo waren wir nicht mehr allein gewesen.

Ich wußte absolut nicht, was ich sagen sollte. Ich wußte nicht mal, was ich empfand.

Das Außenskelett hielt sie aufrecht, aber sie sah schlechter aus als in jener ersten Nacht bei Rubin. Unter dem Zeug, das die Visagisten ihr ständig verpaßten, fraß das Wizz sie auf, und manchmal schien es mir, als sähe ich einen Totenkopf unter einem nicht allzu hübschen Teenagergesicht. Ich hatte keine Ahnung, wie alt sie eigentlich war. Weder alt noch jung.

»Der Toleranzeffekt«, sagte ich, während ich ein Stück Kabel aufrollte.

»Was ist das?«

»Das körperliche Signal dafür, daß du bei dir mal klar Schiff machen solltest. So 'ne Art mathematisches Gesetz. Es besagt, daß ein bestimmtes Stimulans X dich nur soundso oft richtig gut antörnt, selbst wenn du die Dosis erhöhst. Aber du fährst nie mehr so tierisch drauf ab wie bei den ersten paar Malen. Zumindest theoretisch nicht. Das ist nämlich das Problem bei den Designerdrogen: die sind zu clever gebaut. Das Zeug, das du dir reinziehst, hat 'n raffiniertes Anhängsel an einem seiner Moleküle, das dich dran hindert, das abgebaute Adrenalin in Adrenochrom umzuwandeln. Wenn es das nicht täte, wärst du schon lange schizo. Hast du vielleicht 'n paar kleine Probleme, Lise? Apnoe zum Beispiel? Hörst du vielleicht manchmal zu atmen auf, wenn du schlafen gehst?«

Aber ich war mir nicht mal sicher, ob ich den Zorn, den ich in meiner Stimme hörte, auch wirklich verspürte.

Sie sah mich mit ihren hellgrauen Augen an. Die Modeberater hatten ihre Billigjacke gegen einen fettgegerbten, mattschwarzen Blouson ausgetauscht, der ihre Polykarbonatrippen besser kaschierte. Der Reißverschluß war immer bis zum Hals zugezogen, sogar im überheizten Studio. Die Frisöre hatten tags zuvor erfolglos einen neuen Schnitt ausprobiert, und nun standen ihre widerspenstigen, dunklen Haare wie eine asymmetrische Explosion über dem verhärmten, dreieckigen Gesicht. Sie starrte mich an, und ich spürte wieder ihre kompromißlose Zielstrebigkeit.

»Ich schlafe nicht, Casey.«

Erst später, viel später fiel mir wieder ein, daß sie sich bei mir entschuldigt hatte. Das tat sie nie wieder, und es blieb das einzige Mal, daß ich sie etwas scheinbar Untypisches sagen hörte.

Rubin ernährt sich von Automatensandwiches, pakistanischem Imbißfraß und Espresso. Ich habe ihn nie was anderes zu sich nehmen sehen. Wir essen Samosas in einem engen Laden an der Fourth, in dem nur ein einziger Plastiktisch steht, eingeklemmt zwischen Theke und Klotür. Rubin führt sich sein Dutzend Samosas – sechs mit Fleisch und sechs mit Gemüse – hingebungsvoll zu Gemüte, einen nach dem anderen, ohne sich zwischendurch das Kinn abzuwischen. Er liebt den Laden. Den Griechen hinter der Theke haßt er. Das beruht auf Gegenseitigkeit; eine richtige Beziehung. Wenn der Grieche ginge, würde Rubin vielleicht nicht wiederkommen. Der Grieche starrt ungehalten auf die Krümel an Rubins Kinn und auf seiner Jacke. Zwischen den Happen durchbohrt Rubin ihn mit Blicken; die Augen hinter den verschmierten Gläsern seiner stahlgefaßten Brille sind schmal.

Die Samosas sind das Mittagessen. Zum Frühstück gibt's Eiersalat auf trockenem Weißbrot, verpackt in ein trübweißes Plastikdreieck, und dazu sechs mörderisch starke Täßchen Espresso.

»Du hast nicht damit gerechnet, Casey.« Er beäugt mich durch die speckige Brille. »Wenn's um unorthodoxes Denken geht, bist du 'ne Niete. Du liest lieber das Handbuch. Was dachtest du denn, worauf sie aus war? Auf Sex? Mehr Wizz? Eine Welttournee? So was hat sie nicht interessiert. Das hat sie so stark gemacht. Da war sie schon längst drüber weg. Deshalb hat *Kings of Sleep* so eingeschlagen, deshalb kaufen's die Kids und *glauben* dran. Die wissen Bescheid. Die Kids auf dem Markt, die sich den Arsch am Feuer wärmen und nicht wissen, wo sie heute nacht pennen sollen, die glauben dran. Die heißeste Soft seit acht Jahren. Der Typ von so 'nem Laden auf der Granville hat mir gesagt, ihm werden mehr von den Dingern geklaut, als er von allen anderen Sachen verkauft. Reiner Streß, das Zeug überhaupt dazuhaben... Sie ist groß rausgekommen, weil sie so war wie die Kids, nur ausgeprägter. Sie wußte Bescheid. Keine Träume, keine Hoffnung. Bei diesen Kids siehst du zwar keine Käfige, Casey, aber sie schnallen allmählich, daß sie nie mehr hier wegkommen.« Er wischt sich einen fettigen Fleischkrümel vom Kinn und übersieht drei weitere. »Also hat sie's ihnen vorgesungen, hat es so artikuliert, wie sie's nicht können, hat ihnen ein Bild gemalt. Und von dem Geld hat sie sich einen Fluchtweg gekauft, fertig.«

Ich sehe zu, wie der Dampf an der Scheibe kondensiert und dicke Tropfen Streifen ins Schwitzwasser ziehen. Draußen vor dem Fenster steht ein halb ausgeschlachteter Lada. Die Räder sind abmontiert, die Achsen liegen auf dem Pflaster.

»Wie viele haben das schon gemacht, Rubin? Hast du 'ne Ahnung?«

»Nicht allzu viele. Ist sowieso schwer zu sagen, weil viele davon wahrscheinlich Politiker sind, die wir für mausetot halten.« Er schaut mich komisch an. »Kein schöner Gedanke. Jedenfalls waren die als erste an dieser Technik dran. Ist immer noch viel zu teuer für 'nen x-beliebigen Dutzendmillionär, aber ich hab von mindestens sieben Fällen gehört. Angeblich hat's Mitsubishi mit Weinberg gemacht, bevor sein Immunsystem endgültig hinüber war. Der hat vorher das Hybridomlabor in Okajama geleitet. Na ja, bei monoklonalen Antikörpern sind sie immer noch ziemlich gut im Geschäft, also stimmt's vielleicht. Und Langlais, der Franzose, der Romanschreiber...« Er zuckt die Achseln. »Lise hatte nicht das Geld dafür. Hätt's nicht mal jetzt gehabt. Aber sie hat dafür gesorgt, daß sie zur richtigen Zeit am richtigen Ort war. Sie war kurz vorm Abkratzen, sie war in Hollywood, und es hat sich schon abgezeichnet, wie *Kings* einschlagen würde.«

An unserem letzten Produktionstag stieg die Band aus dem JAL-Shuttle aus London, vier schmächtige Kids, die wie eine gut geölte Maschine funktionierten und ein völlig überspanntes Modebewußtsein an den Tag legten – Coolness in Reinkultur.

Ich ließ sie bei Pilot auf identischen weißen Ikea-Bürostühlen in einer Reihe Platz nehmen, klatschte ihnen salzige Paste auf die Schläfen, klebte die Troden dran und spielte ihnen die Rohfassung ein, aus der einmal *Kings of Sleep* werden sollte. Als sie wieder zu sich kamen, begannen sie alle gleichzeitig zu reden und beachteten mich gar nicht mehr. Sie quasselten in der britischen Version der Geheimsprache aufeinander ein, die alle Studiomusiker draufhaben. Vier Paar blasse Hände fuhren hektisch gestikulierend durch die Luft.

Ich bekam genug mit, um zu verstehen, daß sie begeistert waren. Daß es ihnen gefallen hatte. Also schnappte ich mir meine Jacke und ging. Die Paste durften sie sich selber abwischen, vielen Dank.

Und in dieser Nacht sah ich Lise zum letztenmal, obwohl ich das nicht beabsichtigt hatte.

Auf dem Rückweg zum Markt verdaut Rubin geräuschvoll sein Essen. Rote Rücklichter spiegeln sich auf dem nassen Kopfsteinpflaster. Die Stadt hinter dem Markt ist eine blanke Lichtskulptur, eine Lüge; dort wühlen die Gebrochenen und Verlorenen im *Gomi*, der wie Humus an den Fundamenten der gläsernen Türme wuchert.

»Muß morgen nach Frankfurt, 'ne Installation aufbauen. Willste mit? Du könntest als Techniker laufen.« Er verkriecht sich noch tiefer in seine Jacke. »Bezahlen kann ich dir nix, aber den Flug würdest du umsonst kriegen...«

Komisches Angebot von Rubin, aber ich weiß, was dahintersteckt: Er macht sich Sorgen um mich, er meint, ich verhalte mich allzu sonderbar wegen Lise, und ihm fällt nichts Besseres ein, als mich aus der Stadt zu schaffen.

»In Frankfurt ist es jetzt kälter als hier.«

»'n bißchen Abwechslung würde dir vielleicht guttun, Casey. Ich weiß nicht...«

»Danke, aber Max hat 'ne Menge Arbeit für mich. Pilot ist jetzt groß im Geschäft, von überallher kommen die Leute angeflogen...«

»Schon klar.«

Nachdem ich die Band bei Pilot sitzenlassen hatte, machte ich mich auf den Heimweg. Ich ging zu Fuß bis rauf zur Fourth und fuhr mit dem Bus nach Hause, vorbei an den hell erleuchteten Schaufenstern, die ich jeden Tag sehe, den bunten, schicken Schaufenstern mit Kleidung, Schuhen, Software, italienischen Möbeln und japanischen Motorrädern, die aussehen wie zusammengekauerte, makellose Emailleskorpione. Die Auslagen verändern sich mit den Jahreszeiten, die Läden kommen und gehen. Die Urlaubszeit stand bevor, und es waren mehr Leute als sonst auf der Straße, viele Paare, die eilig und zielstrebig an den hellen Fenstern vorbeigingen, um das ideale Mitbringsel für wen auch immer zu besorgen. Die Hälfte der Frauen trug die wattierten, übers Knie reichenden Nylonboots, die im letzten Winter in New York aufgekommen waren und in denen Rubin zufolge jede Frau aussah, als hätte sie Elefantiasis. Ich grinste bei dem Gedanken, und plötzlich wurde mir klar, daß es wirklich vorbei war, daß ich mit Lise fertig war und daß sie nun so unerbittlich von Hollywood eingesaugt werden würde, als hätte sie die Zehenspitzen in ein schwarzes Loch gesteckt; es war die unvorstellbare Anziehungskraft des großen Geldes, die sie in die Tiefe zog. Im Glauben, daß sie schon weg war – und *weg* war sie inzwischen bestimmt –, gab ich meine Abwehrhaltung auf und verspürte einen Anflug von Mitleid. Aber nur einen Anflug, denn ich wollte mir den Abend nicht verderben lassen. Ich wollte feiern. Feiern wie schon lange nicht mehr.

Ich stieg an meiner Ecke aus, und der Aufzug funktionierte auf Anhieb. Gutes Zeichen, sagte ich mir. Oben zog ich mich aus und ging unter die Dusche, holte mir ein frisches Hemd aus dem

Schrank und stellte Burritos in die Mikrowelle. Fühl dich ganz normal, riet ich meinem Spiegelbild beim Rasieren. Du hast zu hart gearbeitet. Deine Kreditkarten sind fett geworden. Die brauchen dringend 'ne Abmagerungskur.

Die Burritos schmeckten wie Pappe, aber ich beschloß, sie lekker zu finden, weil sie so stinknormal waren. Mein Wagen stand mit leckgeschlagener Wasserstoffzelle in einer Werkstatt in Burnaby, also brauchte ich mir wegen der Fahrerei keine Sorgen zu machen. Ich konnte ausgehen und feiern und mich morgen früh krank melden. Max würde mich schon nicht beißen; ich war sein Star. Er schuldete mir was.

Du schuldest mir was, Max, sagte ich zu der eiskalten Flasche Moskovskaya, die ich aus dem Gefrierfach fischte. Du schuldest mir sogar 'ne ganze Menge. Drei Wochen lang hab ich die Träume und Alpträume eines total kaputten Menschen geschnitten, Max. In deinem Interesse. Damit du gedeihst und reich wirst. Ich goß drei Fingerbreit Wodka in ein Plastikglas, das von einer Party letztes Jahr übriggeblieben war, und ging ins Wohnzimmer zurück.

Manchmal kommt es mir vor, als würde hier kein bestimmter Mensch wohnen. Nicht, daß es so unordentlich wäre; die Hausarbeit geht mir gut, wenn auch ein bißchen mechanisch von der Hand. Ich denke sogar daran, die Oberseite der Bilderrahmen abzustauben und so weiter. Aber manchmal jagt mir die Bude mit ihrer Grundausstattung an elementaren Konsumgütern einen leisen Schauer ein. Ich meine, ich will sie nicht gerade mit Katzen und Zimmerpflanzen und dergleichen vollstopfen, aber es gibt Momente, da merke ich, daß hier sonstwer wohnen und das alles besitzen könnte; alles kommt mir irgendwie austauschbar vor, mein Leben und Ihres, meins und jedes andere...

Ich glaube, Rubin sieht die Dinge grundsätzlich auch so, aber er schöpft Kraft daraus. Er lebt im Müll anderer Leute, und alles, was er anschleppt, muß einmal funkelnagelneu gewesen sein und jemandem etwas bedeutet haben, wenn auch nur vorübergehend. Er packt also alles auf seinen komischen Laster, schafft es in seine Bude und läßt es dort vor sich hin gammeln, bis ihm eine neue Verwendungsmöglichkeit dafür einfällt. Irgendwann hat er mir mal ein Buch über Kunst im zwanzigsten Jahrhundert gezeigt, das ihm gefiel, und darin war ein Bild von einem beweglichen Objekt, das *Tote Vögel fliegen wieder* hieß, einem Ding, das echte tote Vögel an Stricken kreisen ließ. Rubin lächelte und nickte, und mir wurde klar, daß er den Künstler gewissermaßen als seinen geistigen Ahnen betrachtete. Aber was könnte Rubin schon aus meinen gerahmten Postern, meinem mexikanischen Futon und meinem Ikea-Schaumstoffbett machen? Tja, sagte ich mir, als ich den ersten kalten Schluck nahm, ihm würde schon was einfallen. Darum war er ein berühmter Künstler und ich nicht.

Ich drückte die Stirn an die Fensterscheibe, die so kalt war wie das Glas in meiner Hand. Zeit zu gehen, sagte ich mir. Du zeigst die Angstsymptome von Großstadt-Singles. Das läßt sich kurieren. Trink aus. Geh.

Ich kam in dieser Nacht nicht in Stimmung. Aber ich war auch nicht erwachsen und vernünftig genug, um aufzugeben und nach Hause zu gehen, mir einen alten Film reinzuziehen und auf meinem Futon einzupennen. Die Anspannung, die sich in den drei Wochen in mir aufgestaut hatte, trieb mich weiter wie die Feder einer mechanischen Uhr, und ich schlenderte wie aufgezogen durch die nächtliche Stadt und sorgte auf meiner mehr oder weniger ziellosen Tour mit weiteren Drinks für die nötige Schmierung. Wie ich sehr bald feststellte, war es eine jener Nächte, in denen man in ein anderes Kontinuum hinübergleitet, in eine Stadt, die genauso aussieht wie die, in der man lebt, allerdings mit dem Unterschied, daß es in ihr keinen Menschen gibt, den man kennt oder liebt oder mit dem man auch nur mal gesprochen hat. In solchen Nächten kann man in seine Stammkneipe gehen und feststellen, daß das Personal gerade ausgetauscht worden ist; dann wird einem bewußt, daß man nur reingegangen ist, um das vertraute Gesicht einer Bedienung, eines Barkeepers oder so zu sehen ... und so was schlägt bekanntlich auf die Stimmung.

Trotzdem schleppte ich mich durch sechs bis acht Lokale und landete schließlich in einem Club im West End, der aussah, als sei er seit den Neunzigern nicht mehr renoviert worden. Eine Menge Plastik mit abblätterndem Chrom und unscharfe Hologramme, die einem bei näherem Hinsehen Kopfschmerzen verursachten. Ich glaube, Barry hatte mir irgendwann von dem Lokal erzählt, obwohl ich keinen Schimmer habe, weshalb. Ich sah mich grinsend um. Wenn ich schon auf Depri-Einheiten aus war, dann war dies der richtige Ort. Ja, sagte ich mir, als ich mich am Ende des Tresens auf einen Barhocker schob, es war wirklich trist hier, echt finster. Schaurig genug, um diesem beschissenen Abend den letzten Schwung zu nehmen. Gut so. Ich wollte noch einen für unterwegs kippen, dieses Loch bestaunen und dann mit dem Taxi nach Hause.

Und dann sah ich Lise.

Sie hatte mich nicht bemerkt, noch nicht, und ich hatte noch meinen Mantel an, mit hochgeklapptem Kragen zum Schutz vor dem Wetter. Sie saß weiter vorn um die Ecke am Tresen und hatte ein paar geleerte Gläser vor sich stehen, große Gläser, zu denen man kleine Schirme aus Hongkong oder Wassernixen aus Plastik bekommt, und als sie zu dem jungen Burschen neben ihr aufschaute, sah ich das Wizz in ihren Augen aufblitzen und wußte, daß die Drinks alkoholfrei gewesen waren, denn die Stoffmenge, die sie sich reinzog, vertrug keinen Mix mehr. Der Junge hingegen war völlig blau, sternhagelvoll und kurz davor, vom Hocker zu kippen. Er faselte irgendwas vor sich hin und versuchte dabei verzweifelt, geradeaus zu gucken und Lise anzusehen, die im schwarzen Lederblouson ihrer Modeberater dasaß, mit bis zum Hals zugezogenem Reißverschluß, und aussah, als müßte ihr Schädel jeden Moment wie eine Tausend-Watt-Birne durch ihr blasses Gesicht leuchten. Als ich sie so dort sitzen sah, wurde mir schlagartig einiges klar.

Nämlich, daß sie wirklich starb, entweder am Wizz oder an ihrer Krankheit oder an einer Kombination von beidem, und daß sie es verdammt genau wußte. Daß der Bursche neben ihr zu besoffen war, um das Außenskelett zu bemerken, aber noch nüchtern genug, um die teure Jacke und das Geld wahrzunehmen, das sie für ihre Drinks hinblätterte. Und daß mein Eindruck von dem, was da ablief, haargenau der Realität entsprach.

Aber ich war nicht imstande, zwei und zwei zusammenzuzählen, nicht zu diesem Zeitpunkt. Ich krümmte mich nur innerlich zusammen.

Und sie lächelte oder verzog zumindest ihr Gesicht zu etwas, was sie wohl für ein Lächeln hielt, machte eine Miene, die der Situation angemessen war, und nickte in passenden Zeitabständen zum hirnlosen Geschwafel des Jungen. Dabei fiel mir wieder ihr schrecklicher Ausspruch ein – sie schaute gern zu.

Eins weiß ich jetzt. Ich weiß, wenn ich nicht zufällig in den Laden reingeschneit wäre und sie da drin gesehen hätte, dann hätte ich alles, was folgte, akzeptieren können. Vielleicht hätte ich mich sogar für sie gefreut oder eine Möglichkeit gefunden, an das zu glauben, was sie inzwischen geworden ist oder nach ihrem Bilde erschaffen hat, ein Programm, das vorgibt, Lise zu sein, und das sich wahrhaftig für Lise hält. Ich hätte glauben können, was Rubin glaubt: Daß sie, unsere Hi-Tech-Jeanne d'Arc, die darauf brannte, sich mit der festverdrahteten Gottheit in Hollywood zu vereinigen, schon so weit jenseits von allem war, daß sie nichts anderes mehr interessierte als die Stunde des Abschieds. Diesen armen, jämmerlichen Körper mit einem Aufschrei der Erleichterung wegzuwerfen, erlöst zu sein von den Fesseln des Polykarbonats und des verhaßten Fleisches. Vielleicht hat sie genau das getan. Vielleicht ist es tatsächlich so gewesen. Ich wette jedenfalls, so hat sie's sich vorgestellt.

Aber als sie da saß und die Hand dieses Besoffenen hielt, die sie nicht mal fühlen konnte, wurde mir endgültig klar, daß kein menschliches Motiv jemals ganz rein ist. Selbst Lise mit ihrem quälenden, wahnwitzigen Drang nach Ruhm und kybernetischer Unsterblichkeit hatte Schwächen, war in gewissem Sinn auch nur ein Mensch. Und als ich mir eingestand, in welchem, haßte ich mich dafür.

Ich wußte, sie war an diesem Abend ausgegangen, um Abschied zu nehmen. Um jemanden zu finden, der besoffen genug war, ihr einen Abschiedskuß zu geben. Denn ich hatte endlich begriffen, daß es stimmte: Sie schaute wirklich gern zu.

Ich glaube, sie hat mich gesehen, als ich ging. Ich bin praktisch davongerannt. Wenn sie mich bemerkt hat, wird sie mich wohl mehr denn je gehaßt haben – für das Entsetzen und das Mitleid in meinem Gesicht.

Ich habe sie nie wiedergesehen.

Irgendwann werde ich Rubin mal fragen, warum er keinen anderen Drink als Wild Turkey sour mixen kann. Sie haben's echt in sich, seine Drinks. Er reicht mir den verbeulten Aluminiumbecher, während es ringsum tickt und raschelt vom verstohlenen Treiben seiner kleineren Kreationen.

»Du solltest mitkommen nach Frankfurt«, sagt er noch mal.

»Und wieso, Rubin?«

»Weil sie dich ziemlich bald anrufen wird. Und meiner Meinung nach bist du noch nicht soweit. Du bist doch noch völlig durch den Wind wegen der Sache. Es wird klingen wie sie, es wird denken wie sie, und dann flippst du mir vielleicht aus. Komm mit nach Frankfurt, da kannst du 'ne kleine Verschnaufpause einlegen. Sie wird nicht wissen, daß du dort bist...«

»Ich hab dir doch gesagt«, erwidere ich und denke dabei an Lise an der Bar dieses Clubs, »ich hab 'ne Menge zu tun. Max...«

»Scheiß auf Max. Max hast du gerade reich gemacht. Der kann

die Hände in den Schoß legen. Du bist selber reich durch deinen Anteil an den *Kings*-Tantiemen. Du sturer Bock müßtest doch bloß mal deinen Kontostand abrufen. Du hast dir Urlaub verdient.«

Ich schaue ihn an und frage mich, wann ich ihm von dieser letzten Begegnung erzählen werde. »Rubin, ich finde das wahnsinnig nett, Mann, aber ich...«

Er trinkt mit einem Seufzer. »Aber was?«

»Rubin, wenn sie mich anruft, ist *sie* das dann?«

Er schaut mich lange an. »Das weiß nur Gott allein.« Sein Becher landet klappernd auf dem Tisch. »Ich meine, die Technologie ist da, Casey, also wer kann das schon sagen, Mann?«

»Und du meinst, ich soll mit dir nach Frankfurt fliegen?«

Er nimmt seine stahlgefaßte Brille ab und putzt sie ergebnislos mit seinem karierten Flanellhemd. »Ja, meine ich. Du brauchst Ruhe. Vielleicht nicht unbedingt jetzt, aber später bestimmt.«

»Wieso?«

»Du wirst ihr nächstes Werk bearbeiten müssen. Und zwar ziemlich bald, weil sie dringend Geld braucht. Sie beansprucht 'ne Menge ROM im Mainframe irgendeines Konzerns, und ihr Anteil an den *Kings* reicht nicht mal aus, um die Kosten für den Transfer dorthin zu bezahlen. Und du bist ihr Cutter, Casey. Ich meine, wer denn sonst?«

Zu keiner Regung fähig, starre ich ihn an, während er die Brille wieder aufsetzt.

»Wer denn sonst, Mann?«

Und in diesem Augenblick gibt eine seiner Konstruktionen ein Ticken von sich, ein helles, leises Geräusch, und ich weiß plötzlich, daß er recht hat.

Michael Swanwick und William Gibson

LUFTKAMPF

Er wollte weiter, ganz runter nach Florida. Seine Überfahrt auf einem Waffenschmugglerschiff abarbeiten, sich vielleicht von irgendeiner verlotterten Rebellenarmee unten im Kriegsgebiet anwerben lassen. Da sein Ticket bis zur Beendigung der Fahrt gültig war, würde er womöglich auch gar nicht mehr aussteigen – der Fliegende Holländer der Greyhound-Linie. Er grinste sein schemenhaftes Spiegelbild in der kalten, verschmierten Scheibe an, während die Lichter der City von Norfolk vorbeihuschten und der Bus auf ausgeleierten Stoßdämpfern die letzte Kurve nahm. An der Haltestelle kamen sie rüttelnd zum Stehen. Im grellen Licht wirkte der graue Beton wie ein Gefängnishof, doch Deke sah sich schon verhungern – vielleicht in einem Schneesturm in der Nähe von Oswego, die Wange an dasselbe Busfenster gepreßt –, und dann würden seine sterblichen Überreste an der nächsten Haltestelle von einem lallenden Greis in ausgebleichtem Blaumann aus dem Bus gefegt. Scheißegal, dachte er, so oder so. Aber seine Beine fühlten sich an, als wären sie bereits gestorben. Und der Fahrer kündigte zwanzig Minuten Aufenthalt an – Tidewater Station, Virginia. Ein alter Schlackensteinbau mit zwei Eingängen für jede Toilette, ein Überbleibsel aus dem vorigen Jahrhundert.

Auf hölzernen Beinen startete er einen halbherzigen Versuch, am Kiosk irgendwas mitgehen zu lassen, aber die schwarze Verkäuferin war auf der Hut; sie bewachte das spärliche Sortiment in dem alten Glaskasten, als hinge ihr Leben davon ab. *Ist wohl auch so*, dachte Deke und wandte sich ab. Gegenüber von den Toiletten lockte ein offener Durchgang mit dem Wort SPIELE in flakkernden Lettern aus biofluoreszierendem Kunststoff. Dahinter stand ein Haufen Halbstarke dicht an dicht um einen Billardtisch. Aus Langeweile, die ihm wie ein Schatten folgte, steckte er beiläufig den Kopf in den Raum. Und sah einen Doppeldecker mit daumenlangen Flügeln rosarot aufflammen. Die kleine Maschine stürzte in Spiralen in die Tiefe, zog eine Rauchfahne hinter sich her und löste sich in Luft auf, als sie auf dem grünen Filz aufschlug.

»Sauber, Tiny«, bellte einer der Jungs, »dem hast du's gegeben!«

»He«, sagte Deke, »was läuft denn hier?«

Der Bursche, der ihm am nächsten stand, war eine Bohnenstange mit schwarzer Peterbilt-Kappe. »Tiny verteidigt die Max«, sagte er, ohne den Blick vom Tisch zu wenden.

»Ach ja? Und was ist die Max?« fragte er und sah es im gleichen Augenblick: eine blauemaillierte Medaille in der Form eines Malteserkreuzes mit den Worten *Pour le Mérite* auf den Balken.

Die Blaue Max lag auf der Tischkante, unmittelbar vor einem völlig reglosen Koloß, der in einem zerbrechlich wirkenden, verchromten Stahlrohrstuhl klemmte. Sein khakibraunes Arbeitshemd hätte an Deke wie ein Segel geschlottert, aber den aufgedunsenen Körper umspannte es so straff, daß die Knöpfe jeden Moment abzuspringen drohten. Deke dachte an Polizisten aus dem Süden, die er unterwegs gesehen hatte; an die merkwürdigen, dickwanstigen Endotypen, die auf dünnen, wie von einem anderen Körper ausgeborgten Beinen durch die Gegend schwankten. So würde Tiny wohl auch aussehen, wenn er stand, nur noch extremer – er brauchte bestimmt eine Jeans mit 40-inch-Schrittnaht und stahlgeflechtverstärktem Innenbund, um die aufgeblähten Massen zu tragen. Falls Tiny überhaupt stehen konnte. Deke sah nämlich jetzt, daß sein glänzender Untersatz in Wirklichkeit ein Rollstuhl war. Tinys Gesicht hatte etwas beunruhigend Kindliches an sich; seine Züge, die in den Falten und Hängebacken nahezu untergingen, wirkten erschrekkend jugendlich, ja sogar schön. Verlegen schaute Deke weg. Der andere Mann, der gegenüber von Tiny am Tisch stand, hatte buschige Koteletten und einen schmalen Mund. Er schien irgend etwas mit Blicken vorantreiben zu wollen; konzentrierte Fältchen breiteten sich um seine Augenwinkel aus.

»Hamse dir ins Gehirn geschissen, oder was?« Der Mann mit der Peterbilt-Kappe drehte sich um und bemerkte Dekes Indo-Prolljeans und die Messingketten an seinen Handgelenken. »Verpiß dich, du Wichser! Solche Typen wie du ham hier nix verloren.« Er wandte sich wieder dem Luftkampf zu.

Wetten wurden abgeschlossen. Die Bauernburschen setzten harte Währung, alte Dollarmünzen mit dem Freiheitskopf und Zehncentstücke mit Roosevelt drauf aus den Briefmarken- und Münzenläden, während vorsichtigere Wetter antike, in Plastikfolie verschweißte Papierdollars auf den Tisch klatschten. Eine Dreierformation roter Flieger kam aus dem Dunst. Drei Fokker D VII. Es wurde still im Raum. Die Fokker legten sich unter einer 200-Watt-Sonne majestätisch in die Kurve.

Die blaue Spad schoß wie aus dem Nichts herab. Zwei weitere folgten ihr dichtauf im Sturzflug von der dunklen Decke. Die Zuschauer fluchten, und einer kicherte. Die Formation löste sich auf. Eine Fokker ging fast bis zum Filz herunter, konnte die Spad jedoch nicht abhängen. Sie flog im wilden Zickzack über die grüne Ebene, aber es half alles nichts. Schließlich stieg sie, den Feind im Nacken, zu steil nach oben – und überzog; wegen der geringen Höhe konnte sie sich nicht mehr rechtzeitig abfangen.

Ein Stapel silberner Zehncentstücke wechselte den Besitzer.

Die Fokker waren nun zahlenmäßig unterlegen. Eine von

ihnen hatte zwei Spads im Nacken. Ein Schwarm nadelfeiner Leuchtspurgeschosse zischte an ihrem Cockpit vorbei. Sie schwenkte nach rechts, machte einen Immelmann-Turn und setzte sich hinter einen ihrer Verfolger. Sie feuerte, und der Doppeldecker stürzte trudelnd ab.

»Komm schon, Tiny!« Die Zuschauer drängten sich dichter um den Tisch.

Deke war starr vor Staunen. Er fühlte sich wie neugeboren.

Frank's Truck Stop lag zwei Meilen außerhalb der Stadt an einer reinen Güterverkehrsstraße. Auf dem Weg in die Stadt hatte Deke den Laden beiläufig vom Bus aus wahrgenommen. Nun latschte er zwischen den fahrenden Autos und der betonierten Fahrbahnbegrenzung zurück. Sattelschlepper brausten vorbei, große, achtgliedrige Brummer, deren Luftsog ihn jedesmal umzuwerfen drohte. In Truckstops an Güterverkehrsstraßen hatte man immer leichtes Spiel. Wenn er ins Frank's reinspazierte, würde niemand daran zweifeln, daß er aus einem der Brummis gestiegen war, und er konnte sich in aller Ruhe im Geschenkartikelladen umsehen. Das Elektronikregal mit den Wetware-Projektionswafern stand zwischen einem Stapel koreanischer Cowboyhemden und einem Ständer mit Fuzz-Buster-Schutzblechen. Ein orientalisches Drachenpaar drehte sich über dem Regal in der Luft; ob sie kämpften oder bumsten, konnte er nicht erkennen. Das Spiel, das er haben wollte, war da: ein Wafer mit der Aufschrift SPADS & FOKKERS. Er brauchte drei Sekunden, um es sich zu schnappen, und noch weniger, um mit dem Magneten – den ihm die Bullen in Washington D.C. gar nicht erst abgenommen hatten – über den Sicherheitsstreifen zu fahren.

Auf dem Weg nach draußen ließ er zwei Programmiergeräte und eine kleine Batang-Facilitator-Fernsteuerung mitgehen, die wie ein altertümliches Hörgerät aussah.

Er ging in die nächstbeste Herberge und tischte dem Vermieter die Story auf, die er immer erzählte, seit sein Sozialhilfeanspruch verwirkt war. Niemand prüfte den Sachverhalt jemals nach; die Behörde zählte lediglich die besetzten Zimmer und zahlte.

Die Kammer roch leicht nach Urin, und die Wände waren mit anarchistischen Parolen bekritzelt. Deke kickte den Müll aus einer Ecke, setzte sich hin, lehnte sich an die Wand und riß das Wafer-Paket auf.

Es enthielt eine zusammengefaltete Bedienungsanleitung mit Zeichnungen von Loopings, Rollen und Immelmann-Turns, eine Tube mit salzhaltiger Paste und eine kurze Befehlsübersicht. Und den Wafer selbst, in weißes Plastik verpackt, mit Doppeldecker und Firmenlogo in Blau auf der einen und in Rot auf der anderen Seite. Er drehte ihn hin und her: SPADS & FOKKERS, FOKKERS & SPADS. Rot oder blau. Er brachte die Batang hinter seinem rechten Ohr an, nachdem er die Induktorfläche mit Paste bestrichen hatte, steckte das Glasfaserkabel ins Programmiergerät und das Stromkabel in die Steckdose. Dann schob er den Wafer in den Programmierer. Es war ein billiges Gerät aus Indonesien, und sein Schädel summte unangenehm, als das Programm geladen wurde. Aber als es überstanden war, düste eine himmelblaue Spad wenige Zentimeter vor seiner Nase rastlos durch die Luft. Sie leuchtete richtig, so echt sah sie aus. Sie wirkte seltsam lebendig, beseelt wie ein mit fanatischer Detailtreue gebautes Museumsmodell, aber er mußte seine ganze Konzentration aufbieten, um sie nicht zu verlieren. Sobald seine Aufmerksamkeit nur geringfügig nachließ, wurde die Maschine unscharf und verschwamm zu einem kläglichen Fleck.

Er übte, bis die Batterie des Earsets leer war, sackte dann an die Wand zurück und schlief ein. Er träumte, in einem Universum herumzufliegen, das nur aus weißen Wolken und blauem Himmel bestand – ohne Oben und Unten, ohne ein einziges grünes Feld, auf das man abstürzen konnte.

Als er aufwachte, stieg ihm der ranzige Geruch von bratenden Krillpuffern in die Nase, und er krümmte sich vor Hunger. Geld hatte er keins. Aber in der Herberge wohnten ’ne Menge Studententypen. War bestimmt einer dabei, der sich für ein Programmiergerät interessierte. Er ging mit dem geklauten Ersatzgerät auf den Flur. Ein paar Meter weiter klebte ein Poster an einer Tür: EINE WUNDERSCHÖNE WELT – ZUM GREIFEN NAH. Darunter ein Sternenhimmel aus unzähligen bunten Pillen, herausgetrennt aus einer Pharma-Anzeige und auf eine effektvolle Aufnahme der »Weltraumkolonie«, geklebt, mit deren Bau man schon vor seiner Geburt begonnen hatte. MACHEN WIR UNS AUF DIE REISE, stand auf dem Poster, unter der Collage aus Hypnotika.

Er klopfte. Die Tür ging auf, soweit die eingelegte Sicherheitskette es zuließ, und in dem fünf Zentimeter breiten Spalt erschien ein Stück von einem Mädchengesicht. »Ja?«

»Du denkst bestimmt, das ist geklaut.« Das Programmiergerät wanderte von Hand zu Hand. »Ich meine, weil’s neu ist, noch verpackt und so, und weil der Strichcode noch dran ist. Will ich auch gar nicht abstreiten. Nee. Du kannst es für die Hälfte von dem haben, was du woanders zahlen würdest.«

»Ey, echt, im Ernst?« Der sichtbare Teil ihres Mundes verzog sich zu einem seltsamen Lächeln. Dann streckte sie die halb geschlossene Hand aus, mit der Handfläche nach oben. In Höhe seines Kinns. »Guck mal hier!«

Da war ein Loch in der Hand, ein schwarzer Tunnel, der durch ihren ganzen Arm ging. Zwei kleine rote Lichter. Rattenaugen. Sie huschten leuchtend auf ihn zu und wurden größer. Etwas Graues schoß heraus und sprang ihm ins Gesicht.

Er schrie und riß die Hände hoch, um es abzuwehren. Seine Beine verhedderten sich; er fiel hin, und das Programmiergerät zerbrach unter ihm.

Silikatsplitter spritzten durch die Gegend, als er um sich

schlug und sich den Kopf hielt. Da tat es weh – wirklich sehr, sehr weh.

»Du meine Güte!« Die Sicherheitskette glitt heraus, und das Mädchen beugte sich über ihn. »He, hör mal, na komm.« Sie ließ ein blaues Handtuch herunterhängen. »Da, halt dich fest, ich zieh dich hoch!«

Er sah sie aus tränenden Augen an. Eine Studentin. Gelangweilter Blick, übergroßes Sweatshirt, das Gebiß so weiß und makellos, daß es als Kreditempfehlung dienen konnte. Ein dünnes Goldkettchen um den einen Knöchel (mit lauter feinem Babyhaar, wie er sah). Struppiger japanischer Haarschnitt. Geld. »Das blöde Ding war mein Abendessen«, jammerte er. Er griff nach dem Handtuch und ließ sich hochziehen.

Sie lächelte, wich jedoch ängstlich vor ihm zurück. »Komm, ich mach's wieder gut«, sagte sie. »Willst du was essen? War doch nur 'ne Projektion.«

Er folgte ihr ins Zimmer, vorsichtig wie ein Tier, das in die Falle geht.

»Heiliger Strohsack«, entfuhr es Deke, »das ist ja *echter Käse...*« Er saß auf einem Sofa mit kaputtem Innenleben, eingeklemmt zwischen einem metergroßen Teddybär und einem Haufen Floppys. Der Boden war knöcheltief mit Büchern, Klamotten und Papieren übersät. Aber das Essen, das sie auf den Tisch zauberte – Gouda, Dosenfleisch und hauchdünne Scheiben aus garantiert echtem Treibhausweizen –, schien aus Tausendundeiner Nacht zu stammen.

»Hey«, sagte sie. »Nancy weiß, was Prolljungs wünschen, stimmt's?« Ihr Name war Nance Bettendorf. Sie war siebzehn. Ihre Eltern waren beide berufstätig (»die kohlegeilen Scheißer«), und sie studierte Technik auf dem William-and-Mary-College. Sie hatte prima Noten, außer in Englisch. »Bei Ratten drehst du ja wohl echt durch. Hast du 'ne Rattenphobie?«

Er schielte zum Bett. Man konnte es eigentlich gar nicht sehen; es war lediglich eine Erhebung im Gerümpel auf dem Boden. »Daran liegt's nicht. Hat mich einfach an was anderes erinnert, das ist alles.«

»Und woran?« Sie hockte vor ihm, und das große Sweatshirt war auf dem glatten Schenkel weit hochgerutscht.

»Na ja... Hast du schon mal« – seine Stimme hob sich unwillkürlich und flog über die Silben hinweg – »das *Washington Monument* gesehen? So bei Nacht? Es hat zwei kleine ... rote Lichter oben dran für Flugzeuge oder so, und ich, ich...« Er begann zu zittern.

»Du hast Angst vor dem Washington Monument?« Nance stieß einen Jauchzer aus, wälzte sich vor Lachen auf dem Boden und strampelte mit ihren langen braunen Beinen. Sie trug ein knallrotes Bikinihöschen.

»Ich würd lieber sterben, als es noch mal zu sehen«, sagte er ruhig.

Sie hörte auf zu lachen, setzte sich wieder hin und musterte sein Gesicht. Weiße, ebenmäßige Zähne knabberten an der Unterlippe, als würde sich ein unangenehmer Gedanke in ihr Bewußtsein drängen. Schließlich sprach sie es aus: »Hirnsperre?«

»Ja«, sagte er verbittert. »Sie haben gesagt, ich würde nie mehr nach Washington D.C. zurückkommen. Und dann haben sie gelacht, diese Wichser.«

»Was hast du denn verbrochen?«

»Ich bin ein Dieb.« Er hatte nicht vor, ihr zu sagen, daß man ihn eigentlich wegen Karriereklau angeklagt hatte.

»Viele alte Computerfreaks tun ihr Leben lang nichts anderes, als Maschinen zu programmieren. Und weißt du was? Das menschliche Gehirn hat nicht die geringste Ähnlichkeit mit 'ner Maschine, absolut nicht. Läßt sich nicht auf die gleiche Weise programmieren.« Deke kannte dieses schrille, verzweifelte

Geschwafel, dieses ewig um sich selbst kreisende Geschwätz, mit dem die Einsamen ihre seltenen Zuhörer vollabern, kannte es aus hundert kalten und leeren Nächten in der Gesellschaft von Fremden. Nance hatte sich richtig warmgeredet, und Deke nickte, gähnte und fragte sich, ob er überhaupt noch wach wäre, wenn sie endlich in ihrem Bett landeten.

»Die Projektion vorhin hab ich selbst gemacht«, sagte sie, schlang die Arme um die angezogenen Beine und stützte das Kinn auf die Knie. »Falls mich jemand überfallen will, weißt du? Ich hatte das Ding zufällig gerade bei mir und hab's dir an den Kopf geknallt, weil ich's so witzig fand, daß du mir diesen miesen kleinen indojavanischen Programmierer andrehen wolltest.« Sie beugte sich vor und streckte erneut die Hand aus. »Sieh mal.« Deke fuhr erschrocken zurück. »Nee, nee, ist schon okay, ich schwör's, das hier ist was anderes.« Sie öffnete die Hand.

Auf ihrer Handfläche tanzte eine perfekte blaue Flamme, die sich pausenlos veränderte. »Schau dir das an«, sagte sie begeistert. »Sieh doch! Hab ich programmiert. Das ist kein billiger Sieben-Bilder-Trick, sondern 'ne fortlaufende Zwei-Stunden-Schleife, siebentausendzweihundert Sekunden, und keine zwei davon sind gleich; jeder Augenblick ist so einmalig wie 'ne verdammte Schneeflocke.«

Der Flammenkern war ein Eiskristall; Splitter und Facetten blitzten auf, drehten sich, verschwanden und ließen im Unterbewußtsein Bilder von fast schmerzhafter Schärfe und Brillanz zurück. Deke zuckte zusammen. Hauptsächlich Menschen. Winzige, hübsche, nackte Menschen, die miteinander bumsten. »Wie haste das denn gemacht?«

Sie stand auf, rutschte mit den bloßen Füßen auf Hochglanzmagazinen aus und fegte mit einer melodramatischen Geste zusammengelegtes Endlospapier von einem Sperrholzbord. Sein Blick fiel auf eine Reihe kleiner Konsolen, die schlicht und teuer wirkten. Spezialanfertigungen. »Das hier sind die richtig guten Sachen. Image-Facilitator, Fast-wipe-Modul, Hirnkarten-Funktionsanalysator, Maßstab eins zu eins.« Sie sang die Namen förmlich, wie eine Litanei. »Quantenflimmerstabilisator. Programm-Splicer. Image-Assembler...«

»So viel Zeug brauchst du, um *eine* kleine Flamme zu erzeugen?«

»Na klar. Alles neuester Stand der Technik, 'ne professionelle Wetware-Ausrüstung. Ist allem, was du kennst, um Jahre voraus.«

»He«, sagte er, »kennst du Spads & Fokkers?«

Sie lachte. Und weil er das Gefühl hatte, es sei der richtige Moment, griff er nach ihrer Hand.

»Faß mich nicht an, du Arschloch, faß mich *bloß nicht an*!« schrie Nance. Sie fuhr zurück und knallte dabei mit dem Kopf gegen die Wand, bleich und zitternd vor Angst.

»Okay!« Er hob die Hände. »Okay! Schon gut. Okay?«

Sie kauerte sich an der Wand zusammen. Ihre Augen waren weit aufgerissen, und ihr Blick war starr; Tränen bildeten sich in den Winkeln und rollten über das aschfahle Gesicht. Schließlich schüttelte sie den Kopf. »He. Deke. Tut mir leid. Ich hätt's dir sagen sollen.«

»Was denn?« Aber er hatte ein unheimliches Gefühl ... er wußte es schon. Die Art, wie sie die Arme an den Kopf preßte. Wie sie die Hände kraftlos zu Fäusten ballte und wieder öffnete. »Du hast auch 'ne Hirnsperre.«

»Ja.« Sie schloß die Augen. »Einen Keuschheitsgürtel. Meine beschissenen Eltern haben dafür bezahlt. Deshalb kann ich's nicht ertragen, wenn mich jemand anfaßt oder mir auch nur zu nahe kommt.« Sie schlug die Augen auf; blinder Haß stand darin. »Dabei hab ich nicht mal was getan. Absolut *nichts*. Aber sie sind beide berufstätig und so scharf drauf, daß ich Karriere mache, daß sie nicht mehr geradeaus pissen können. Die haben Angst, daß ich nicht mehr zum Studieren komme, wenn ich mich auf

Sex und so was einlasse. An dem Tag, an dem die Hirnsperre entfernt wird, fick ich mit dem fiesesten, schmierigsten, haarigsten Kerl...« Sie preßte erneut die Hände an den Kopf.

Deke sprang auf und wühlte im Arzneischrank. Er fand ein Fläschchen Vitamin-B-Tabletten, steckte ein paar für später ein und brachte Nance zwei davon, zusammen mit einem Glas Wasser. »Hier.« Er achtete darauf, ihr nicht zu nahe zu kommen. »Damit geht's dir gleich besser.«

»Ja, ja«, sagte sie, und dann, fast wie zu sich selbst: »Du mußt echt glauben, ich hab sie nicht mehr alle.«

Die Spielhalle in der Greyhound-Station war fast leer. Ein einsamer Vierzehnjähriger mit spitzem Kinn stand über eine Konsole gebeugt und manövrierte U-Boot-Verbände in allen Regenbogenfarben durch das trübe Gitternetz des Nordatlantiks.

Deke schlenderte in seiner neuen Provinzlerkluft hinein und lehnte sich an eine von unzähligen grünen Lackschichten geglättete Wand. Er hatte die Farbe aus seinen militärisch kurzen Haaren gewaschen, im Goodwill Store eine Jeans und ein T-Shirt mitgehen lassen und im Sauna-Umkleideraum einer schlecht gesicherten Absteige ein Paar Cowboystiefel geklaut.

»Haste Tiny gesehen, Kumpel?«

Die U-Boote schossen herum wie neonbunte Guppys. »Kommt drauf an, wer das wissen will.«

Deke griff an die Fernsteuerung hinter seinem linken Ohr. Die Spad machte im Geradeausflug eine Rolle über der Konsole, schnell und grazil wie eine Libelle. Sie war schön; so vollkommen, so *echt*, daß der Raum wie eine Illusion wirkte. Deke überflog den Atlantik wenige Millimeter über der Glasscheibe, wobei er sich den einprogrammierten Luftkissen-Effekt zunutze machte.

Der Junge blickte nicht mal auf. »Jackman's«, sagte er. »Die Richmond Road runter, bei den Army-Waren.«

Deke ließ die Spad mitten im Steigflug verschwinden.

Das Jackman's nahm fast den ganzen dritten Stock eines alten Backsteingebäudes ein. Deke fand zunächst den Laden mit den Armeerestbeständen, dann eine zerbrochene Neonreklame über einer unbeleuchteten Eingangshalle. Auf dem Gehsteig davor fanden sich Restbestände anderer Art – invalide Kriegsveteranen, teils noch aus Indochina. Greise, die unter der Sonne Asiens ihr Augenlicht verloren hatten, hockten neben zuckenden Jungen, die in Chile Mykotoxine eingeatmet hatten. Deke war froh, als sich die verbeulten Aufzugtüren ächzend hinter ihm schlossen.

Auf der staubigen Dr.-Pepper-Uhr am hinteren Ende des langen, gespenstischen Raumes war es Viertel vor acht. Im Jackman's, das man zwanzig Jahre vor Dekes Geburt einbalsamiert hatte, lag alles unter einem gelblichen Film aus Nikotin, Möbelpolitur und Haaröl begraben. Direkt unter der Uhr starrten die toten Augen von Opas preisgekröntem Rammler Deke aus einem gerahmten, vergrößerten Schnappschuß an, der das glänzende Sepiabraun von Kakerlakenflügeln angenommen hatte. Von den Billardtischen drang leises Klackern und Tuscheln durch den Raum, und ein Arbeitsstiefel quietschte auf dem Linoleumboden, als sich ein Spieler zum Zielen über die Bande beugte. Hoch über den grünen Lampenschirmen hing eine Girlande mit Weihnachtsglocken aus Kreppapier, die zu mattem Rosa verblaßt waren. Deke blickte von einer Wand zur anderen und sah alles mögliche, nur keinen Facilitator.

»Wenn wir einen brauchen, holen wir ihn rein«, sagte jemand. Deke wandte sich um und blickte in die sanften Augen eines Glatzkopfs mit Nickelbrille. »Ich heiße Cline. Bobby Earl. Sie sehen nicht aus wie 'n Billardspieler, Mister.« In Bobbys Stimme und Haltung lag jedoch nichts Bedrohliches. Er nahm die Nickelbrille ab und putzte die dicken Gläser mit einem Papiertaschentuch. Er erinnerte Deke an einen Ausbilder, der geduldig versucht hatte, ihm das Installieren retrograder Biochips beizubringen. »Ich bin Spieler«, sagte er lächelnd. Seine Zähne waren aus weißem Plastik. »Auch wenn ich nicht so aussehe.«

»Ich suche Tiny«, sagte Deke.

Er setzte die Brille wieder auf. »Da können Sie lange suchen. Der ist im Sanatorium der Veterans Administration und läßt sich durchchecken. Aber er würde sowieso nicht gegen Sie fliegen.«

»Warum nicht?«

»Weil Sie nicht zur Szene gehören, sonst hätt ich Sie schon mal gesehen. Sind Sie gut?« Als Deke nickte, rief Bobby Earl durch den ganzen Laden: »He, Clarence! Bring mal das Gerät rein. Hier ist ein Flieger.«

Zwanzig Minuten später hatte Deke seine Fernsteuerung und sein letztes Geld verloren und kam wieder an den Invaliden beim Army-Laden vorbei.

»Jetzt hör mir mal gut zu, mein Junge«, hatte Bobby Earl in väterlichem Ton erklärt, während er Deke mit der Hand auf der Schulter zum Aufzug brachte. »Gegen einen kampferprobten Veteranen hast du keine Chance, kapiert? Ich bin nicht mal besonders gut, nur 'n alter Soldat, der fünfzehn oder vielleicht zwanzig Mal auf Hype war. Der alte Tiny war *Pilot*. In seiner aktiven Zeit war er ständig bis zum Stehkragen voll mit dem Zeug. Hat sich 'nen bösen Zellmembranschwund weggeholt. Den schlägst du nie.«

Es war eine kühle Nacht, aber der gedemütigte Deke kochte vor Wut.

»Mein Gott, wie primitiv«, sagte Nance, als die Spad Berge von pinkfarbener Unterwäsche im Tiefflug angriff. Deke, der auf der Couch hockte, riß ihre schicke kleine Braun-Fernbedienung hinter seinem Ohr herunter.

»Jetzt hack du nicht auch noch auf mir rum, du Etepetete-Schnepfe mit Knete!«

»He, nun raste doch nicht gleich aus! Hat doch nichts mit dir zu tun – ich mein bloß die *Technik*. Dein Wafer da ist echt primitiv. Für da draußen mag's ja okay sein, aber verglichen mit dem, was ich auf dem College mache, ist es... He. Wie wär's, wenn ich dir das Ding umschreibe?«

»Was sagst du?«

»Laß es mich aufmotzen. Die Mistdinger sind alle hexadezimal geschrieben, weil die Industrieprogrammierer durch die Bank fertige Computerfreaks sind. Die denken halt so. Ich nehm's mal mit ins Institut und lass' es da analysieren, verändere es ein bißchen und schreib's in eine moderne Wet-Sprache um. Weg mit den ganzen redundanten Zwischenschritten. Reduziert die Reaktionszeit und halbiert die Feedback-Schleife. Dann fliegst du schneller und besser. Wirst 'n echter Profi, Fliegeras!« Sie nahm einen Zug aus ihrer Wasserpfeife und krümmte sich dann, lachend und nach Luft ringend, zusammen.

»Ist das erlaubt?« fragte Deke skeptisch.

»He, was glaubst du denn, warum die Leute Fernsteuerungen mit Golddrähten kaufen? Aus Prestigegründen? Quatsch. Die haben 'ne bessere Leitfähigkeit, und das verkürzt die Reaktionszeit um ein paar Nanosekunden. Und Reaktionszeit ist das A und O bei der Sache, Kleiner.«

»Nein«, sagte Deke. »Wenn das so einfach wäre, hätten's die Leute längst. Tiny Montgomery jedenfalls. Der hätte das Beste.«

»Hörst du eigentlich *nie* zu?« Nance stellte die Wasserpfeife ab. Braunes Wasser schwappte auf den Boden. »Das Zeug, mit dem ich arbeite, ist allem, was du da draußen kriegst, um drei Jahre voraus.«

»Mal ohne Scheiß«, sagte Deke nach einer langen Pause. »Kannst du das wirklich?«

Es war, als würde man von einem Ford Modell T auf einen 93er Lotus umsteigen. Die Spad flog sich traumhaft und reagierte auf den leisesten Gedanken. Wochenlang spielte Deke damit in den Spielhallen, ohne auch nur einmal zu verlieren. Er flog gegen die Teenies des Ortes und schoß ihre Maschinen reihenweise ab. Er spielte waghalsig und gab an. Und die Maschinen stürzten ab...

Bis eines Tages, als er seinen Gewinn einstrich, ein schlaksiger Schwarzer an der Wand neben ihm aufstand. Der Mann beäugte die in Plastik verschweißten Scheine in Dekes Hand und grinste. Ein Rubin glitzerte in seinem Gebiß. »Ich hab gehört«, sagte der Typ, »hier soll so 'n Kasper rumschwirren, der fliegen kann und gegen die Kids spielt.«

»Mann«, sagte Deke und strich dänische Butter auf eine Kelpstange, »ich hab die Typen fertiggemacht mit den Spads. Und die waren nicht mal schlecht.«

»Wie schön, Darling«, murmelte Nance. Sie arbeitete an ihrem Examensprojekt und hämmerte schwitzend in die Tasten.

»Also weißt du, ich glaub, ich hab echt Talent für den Scheiß. Verstehste? Ich meine, das Programm hilft mir, klar, aber ich kann auch was damit anfangen. So langsam werd ich hier in der Gegend richtig bekannt, weißte?« Spontan stellte er das Radio an. Kratziges Dixieland-Blech plärrte los.

»He«, sagte Nance, »macht's dir was aus...?«

»Nein, ich...« Er drehte an den Knöpfen und fand langsamen, schmalzigen Kitsch. »So. Komm schon! Laß uns tanzen.«

»Ey, du weißt doch, ich kann nicht...«

»Na klar kannste, Engelchen.« Er warf ihr den großen Teddy zu und schnappte sich ein buntgemustertes Baumwollkleid vom Boden. Er hielt es an Hüfte und Ärmel und klemmte den Kragen unters Kinn. Es roch nach Patschuli und ein bißchen nach Schweiß. »Schau, ich hier, du da drüben. Wir tanzen. Kapiert?«

Blinzelnd stand Nance auf und drückte den Bären an sich. Dann tanzten sie langsam und schauten sich dabei in die Augen. Nach einer Weile begann sie zu weinen. Aber sie lächelte dabei.

In seinen Tagträumen stellte Deke sich vor, er sei Tiny Montgomery in seinem Senkrechtstarter. Er stellte sich vor, wie die Maschine auf die kleinste Nervenzuckung reagierte, wie ein ständiger Hypnotika-Strom durch seine Adern rann und die Reflexe hochputschte.

Nances Fußboden wurde zum Dschungel, ihr Bett zu einer Hochebene in den Ausläufern der Anden, und Deke flog seine Spad mit Höchstgeschwindigkeit, als wäre sie eine vollelektronische, interaktive Kampfmaschine. Aus computergesteuerten Infusionsgeräten tröpfelte eine Nährlösung für Hochleistungsphasen in seinen Blutstrom. Direkt an sein Gehirn angeschlossene Sensoren führten ein überschallschnelles Wendemanöver in der grünblauen Himmelskuppel über dem bolivianischen Regenwald aus. Tiny hätte den Luftstrom auf den Steuerflächen *spüren* können.

Unten hackten sich Soldaten durch den Dschungel; die Hype-Pumpen an ihren Oberarmen – eine flüssige Portion Hölle in einer blauen Plastikspritze – verliehen ihnen im Nahkampf ein zusätzliches Quantum Todesmut und Schnelligkeit. Sie kamen vielleicht auf insgesamt zehn Minuten Stoff pro Woche. Aber wenn man mit voll aufgedrehten Reflexen in Wipfelhöhe hereinkam und so tief flog, daß die Bodentruppen einen erst entdeckten, wenn man schon über ihnen war, die Phosgene abwarf und sich bereits wieder verzogen hatte, ehe sie anlegen konnten ... dann brauchte man schon einen ständigen Hypnotika-Spiegel, um überhaupt durchzuhalten. Und das neurale Interface mit dem Jet war keine Einbahnstraße. Die Bordcomputer überwachten die biochemischen Abläufe und entschieden, wann sie die Schleusen öffneten und der menschlichen Komponente einen mörderischen Schuß Kampfgeist verpaßten.

Solche Dosen fraßen einen auf Dauer auf. Langsam, aber sicher fraßen sie einen auf, verätzten die Hirnhäute und zersetzten die Zellmembranen im Gehirn. Wenn man nicht rechtzeitig aus der Luft geholt wurde, machten die Nervenzellen im Gehirn schlapp – die Reflexe wurden dermaßen schnell, daß der Körper nicht mehr hinterherkam, und der Kampf-oder-Flucht-Reflex ging koppheister...

»Ich hab's geschafft, Prolli!«

»Hm?« Deke blickte verdutzt auf, als Nance hereinkam, die Tür zuknallte und Bücher und Tasche auf den nächsten Haufen warf.

»Mein Examensprojekt – ich bin von der Abschlußprüfung befreit worden. Der Prof sagt, so was hat er noch nie gesehen. Äh ... dreh mal das Licht runter, sei so nett, ja? Die Farben sind irgendwie ätzend.«

Er gehorchte. »Laß sehen. Zeig mir die Wundernummer.«

»Ja, okay.« Sie steckte sich seine Fernsteuerung an, räumte mit dem Fuß einen Stehplatz auf dem Bett frei und stellte sich in Positur. Ein Funke in ihrer Hand wurde zur Flamme. Das Feuer lief als quecksilberne Linie am Arm hinauf und um den Hals und verwandelte sich in eine Schlange mit dreieckigem, züngelndem Kopf. Farbverläufe in Orange- und Rottönen. Die Schlange glitt zwischen ihre Brüste. »Ich hab's Feuerschlange getauft«, erklärte sie stolz.

Deke beugte sich zu ihr, und sie schreckte zurück.

»Sorry. Es ist deine Flamme, hm? Ich meine, ich kann die kleinen Ficker drin sehen.«

»So ungefähr.« Die Feuerschlange glitt an ihrem Bauch hinunter. »Nächsten Monat schneid ich zweihundert separate Flammenprogramme mit 'ner Mischjustierung zusammen, damit's optisch hinhaut. Dann zapf ich das geistige Körperbild an, damit sich das Ding selbsttätig orientiert. Dann kann es über den Körper gleiten, ohne daß man sich drum kümmern muß. Man könnte damit tanzen.«

»Vielleicht bin ich ja blöd, aber wenn du das alles noch nicht gemacht hast, wieso seh ich's dann?«

Nance kicherte. »Das ist das Beste an der Sache – ich bin erst halb fertig. Hab noch keine Zeit gehabt, die Teile in ein einheitliches Programm zu packen. Mach das Radio an, ja? Ich will tanzen.« Sie schleuderte ihre Schuhe von den Füßen. Deke fand etwas Fetziges und drehte es auf Nances Bitte hin ganz leise.

»Ich hab 'ne Doppeldosis Hype ergattert.« Sie hüpfte auf dem Bett herum und verdrehte die Hände wie eine balinesische Tänzerin. »Schon mal probiert, das Zeug? Un-glaub-lich. Damit bist du hundert Prozent konzentriert. Schau mal.« Sie balancierte *en pointe*. »Hab ich noch nie gemacht.«

»Hype«, sagte Deke. »Der letzte, von dem ich gehört hab, daß er mit dem Stoff erwischt wurde, hat drei Jahre bei der Infanterie gekriegt. Wie bist du da drangekommen?«

»Hab 'nen Deal mit 'ner Veteranin an der Uni gemacht, die letzten Monat ihr Examen geschmissen hat. Mit dem Zeug ist alles, was ich mir vorstelle, gestochen scharf. Ich kann die Projektion halten, wenn ich die Augen zumache. War 'ne Kleinigkeit, das Programm im Kopf zusammenzubauen.«

»Mit nur zwei Hypes, ja?«

»Mit einem. Das andere heb ich mir auf. Der Prof war so beeindruckt, daß er gleich ein Vorstellungsgespräch arrangiert hat. In zwei Wochen kommt ein Personalanwerber eines deutschen Wetware-Konzerns ans College. Der Prof will ihm das Programm *und* mich verkaufen. Ich geh zwei Jahre früher vom College ab und direkt in die Wirtschaft – nicht über Los, nicht ins Gefängnis, und ich bezahl auch keine zweihundert Dollar.«

Die Schlange ringelte sich zu einer flammenden Tiara zusammen. Bei der Vorstellung, daß Nance aus seinem Leben verschwinden würde, bekam Deke ein flaues Gefühl im Magen.

»Ich bin eine Hexe«, trällerte Nance, »eine Wetware-Hexe.« Sie zog sich das Sweatshirt über den Kopf und warf es irgendwo hin. Ihre hübschen, straffen Brüste bewegten sich frei und anmutig, als sie tanzte. *»I'm gonna make it«* – nun sang sie einen gerade aktuellen Hit – *»to the ... top!«* Ihre kleinen, rosigen Brustwarzen waren hart und fest. Die Feuerschlange leckte daran und schnellte weg.

»He, Nance«, sagte Deke unruhig, »flipp mir nicht aus, ja?«

»Ich feiere!« Sie hakte den Daumen in den glänzenden, goldfarbenen Slip. Feuer umzüngelte Hand und Schritt. »Ich bin die Göttin der Jungfräulichkeit, und ich hab die Ma-acht!« Und wieder sang sie.

Deke wandte sich ab. »Ich muß los«, murmelte er. Muß rüber zu mir und mir einen runterholen. Er fragte sich, wo sie die zweite Dosis versteckt hatte. Konnte praktisch überall sein.

Es gab feste Regeln in der Szene, eine stillschweigende Übereinkunft über Rangfolge und Respekt, so kompliziert wie das Protokoll am Hof eines Mandarins. Es spielte keine Rolle, daß Deke ein heißer Tip war, dessen Ruf sich wie ein Lauffeuer ausbreitete. Nicht mal ein berühmter Flieger konnte einfach herausfordern, wen er wollte. Er mußte sich an die Rangordnung halten und eine Sprosse nach der anderen erklimmen. Aber wenn man allabendlich flog, wenn man jede Herausforderung annahm und wenn man gut war, kam man schnell nach oben.

Deke war mit einem Flieger im Vorteil. Es war ein Turnierkampf, drei Flieger gegen drei. Nicht viele Zuschauer, vielleicht ein Dutzend, aber es war ein guter Kampf, und sie gingen laut mit. Deke war völlig in das Gefecht mit seiner aberwitzigen Stille vertieft, als ihm plötzlich auffiel, daß es auch um ihn herum still geworden war. Er sah, daß eine Bewegung durch die Zuschauer ging und daß sie Blicke wechselten. Einige schauten an ihm vorbei. Er hörte die Aufzugtüren zugehen. Gelassen schaffte er sich das zweite gegnerische Flugzeug vom Hals und riskierte dann einen raschen Blick über die Schulter.

Tiny Montgomery war gerade ins Jackman's gekommen. Der Rollstuhl surrte übers braun verfärbte Linoleum, gelenkt von winzigen Zuckungen einer nicht vollständig gelähmten Hand. Seine Miene war streng, ausdruckslos und gefaßt.

In diesem Moment verlor Deke zwei Flieger. Einen aus Konzentrationsmangel – er verschwamm und wurde vom Facilitator gelöscht –, den anderen, weil sein Gegner echten Kampfgeist besaß. Der Bursche machte eine Rolle, drosselte dabei das Tempo, brach aus und nahm Dekes Doppeldecker im Vorbeifliegen unter Beschuß. Er stürzte brennend ab. Die beiden verbliebenen Maschinen flogen auf gleicher Höhe und mit gleicher Geschwindigkeit, und als sie wendeten und sich in eine günstige Position zu bringen versuchten, gerieten sie automatisch in eine Kreisbahn.

Die Zuschauer machten Platz, als Tiny an den Tisch rollte. Der schlaksige, lässige Bobby Earl Cline kam hinter ihm her. Deke und sein Gegner verständigten sich mit einem Blick und zogen ihre Flieger vom Billardtisch zurück, um sich anzuhören, was der Mann zu sagen hatte. Tiny lächelte. Seine Augen, sein Mund und seine Nase waren klein und saßen mitten in seinem blassen, teigigen Gesicht. Ein Finger auf der verchromten Armlehne zuckte leicht. »Ich hab von dir gehört.« Er sah Deke ins Gesicht. Seine Stimme war weich und erschreckend melodiös, die Stimme eines kleinen Mädchens. »Hab gehört, du bist gut.«

Deke nickte langsam. Das Lächeln verschwand aus Tinys Gesicht. Seine weichen, fleischigen Lippen entspannten sich zu einem natürlichen Schmollmund, als wartete er darauf, geküßt zu werden. Seine kleinen, glänzenden Augen musterten Deke ohne Groll. »Dann zeig mal, was du kannst.«

Deke vertiefte sich wieder in das kalte Kriegsspiel. Und als der Feind brennend und qualmend abstürzte, auf dem Tisch explodierte und sich in Luft auflöste, machte Tiny in seinem Rollstuhl wortlos kehrt, rollte in den Aufzug und verschwand.

Als Deke seinen Gewinn einsammelte, kam Bobby Earl zu ihm und sagte: »Der Mann will gegen dich fliegen.«

»So?« Deke war in der Rangordnung noch weit davon entfernt, Tiny herausfordern zu können. »Wie komm ich zu der Ehre?«

»Der Typ aus Atlanta, der morgen herkommen wollte, hat abgesagt. Und Tiny brennt darauf, gegen einen neuen Gegner anzutreten. Sieht so aus, als würdest du deine Chance kriegen, ihm die Max abzunehmen.«

»Morgen? Mittwoch? Da bleibt mir nicht mehr viel Zeit, mich vorzubereiten.«

Bobby Earl lächelte milde. »Ich glaub nicht, daß das was ausmacht.«

»Und wieso nicht, Mr. Cline?«

»Junge, du hast es einfach nicht drauf, verstehste? Keine *Überraschungen*. Fliegst wie irgend so 'n Anfänger, nur schneller und gewiefter. Weißte, was ich meine, hm?«

»Nicht genau, nein. Wollen Sie da nicht was drauf setzen?«

»Offen gestanden«, sagte Bobby Earl, »hatte ich mir so was erhofft.« Er zog einen kleinen Notizblock aus der Tasche und beleckte einen Bleistiftstummel. »Ich geb dir fünf zu eins. 'ne bessere Quote kriegst du von keinem.«

Er sah Deke beinahe traurig an. »Aber Tiny ist *besser* als du, von Natur aus, da gibt's nichts dran zu rütteln, Junge. Der *lebt* für dieses Scheißspiel. Hat doch nichts anderes. Kann nicht raus aus dem gottverdammten Rollstuhl. Wenn du glaubst, du kannst 'nen Mann schlagen, der um sein Leben kämpft, dann machste dir was vor.«

Norman Rockwells Colonel schaute vom Kentucky Fried auf der anderen Seite der Richmond Road zu dem Café herüber, in dem Deke mit kalten, zitternden Fingern seine Tasse umklammerte. Ihm brummte vor Erschöpfung der Schädel. Cline hat recht, erklärte er dem Colonel. Ich kann gegen Tiny antreten, aber besiegen kann ich ihn nicht. Der Colonel erwiderte den Blick ruhig und gelassen und nicht sonderlich freundlich; er betrachtete das Café, den Army-Laden und sein ganzes ödes Richmond-Road-Reich und wartete darauf, daß Deke die schreckliche Tat eingestand, die er begehen mußte.

»Das Miststück will mich sowieso verlassen«, sagte Deke laut. Das schwarze Mädchen hinter dem Tresen warf ihm einen komischen Blick zu und schaute dann rasch wieder weg.

»Daddy hat angerufen!« Nance tänzelte ins Zimmer und warf die Tür hinter sich ins Schloß. »Und weißt du was? Er sagt, wenn ich den Job kriege und ein halbes Jahr durchhalte, dann läßt er die Hirnsperre aufheben. Ist das nicht irre? Deke?« Sie zögerte. »Alles okay mit dir?«

Deke stand auf. Jetzt, wo es soweit war, kam er sich unwirklich vor, als wäre er in einem Film oder so. »Wieso bist du heute nacht nicht nach Hause gekommen?« fragte Nance.

Seine Gesichtshaut war unnatürlich straff, eine Maske aus Pergament. »Wo hast du das Hype, Nance? Ich brauch es.«

»Deke«, sagte sie und setzte ein zaghaftes Lächeln auf, das sofort wieder verschwand. »Deke, das gehört mir. Es ist mein Dope. Ich brauch das Zeug. Für mein Bewerbungsgespräch.«

Er lächelte verächtlich. »Du hast doch Kohle. Du kannst dir immer was besorgen.«

»Nicht bis Freitag! Hör zu, Deke, das ist echt wichtig. Mein ganzes Leben hängt von diesem Bewerbungsgespräch ab. Ich brauch die Kapsel. Ich hab sonst nichts.«

»Baby, du hast die ganze verdammte Welt! Sieh dich doch hier mal um: 150 Gramm braunen Libanesen! Kleine Sardellenfilets in Dosen! Unbeschränkte ärztliche Versorgung, wenn nötig.« Sie wich vor ihm zurück, stolperte in die stehenden Wellen von ungewaschenem Bettzeug und zerknitterten Hochglanzmagazinen, die sich vor dem Bett auftürmten. »Ich hab nichts von all dem gehabt, nie. Kein Stück. Ich hatte noch nie gute Karten, und die braucht man, um was zu erreichen. Aber diesmal hab ich ’ne

Chance. In zwei Stunden findet ein Spiel statt, und das werde ich gewinnen, verdammt noch mal. Verstanden?« Er steigerte sich in seinen Zorn hinein, und das war gut. Bei dem, was er vorhatte, mußte er zornig sein.

Nance riß den Arm hoch und öffnete die Hand, aber darauf war er gefaßt; er stieß die Hand weg, ohne auch nur einen Blick in den dunklen Tunnel oder in die roten Augen zu werfen. Dann stürzten sie beide zu Boden, und er landete auf ihr und spürte ihren heißen, keuchenden Atem im Gesicht. »Deke! Deke! Ich *brauch* den Stoff, Deke. Das Bewerbungsgespräch, es ist meine einzige ... ich muß ... muß...« Sie drehte den Kopf weg und schrie die Wand an. »Bitte, mein Gott, bitte nicht...«

»Wo hast du das Zeug versteckt?«

Von seinem Körper auf dem Bett festgenagelt, begann Nance zu zucken; ihr ganzer Körper verkrampfte sich vor Schmerz und Angst.

»Wo ist es?«

Ihr Gesicht war blutleer, totenbleich, und in ihren Augen lag blankes Entsetzen. Ihre Lippen bebten. Er konnte nicht mehr aufhören, dafür war es zu spät; er hatte die Grenze überschritten. Deke empfand Ekel und Übelkeit, um so mehr, als er das Ganze auf unerwartete, unangenehme Weise *genoß*.

»Wo ist es, Nance?« Und er fing an, langsam und sehr sanft ihr Gesicht zu streicheln.

Deke holte den Aufzug vom Jackman's mit einem Finger herunter, der sich schnell und zielsicher wie eine Wespe bewegte und sanft wie ein Schmetterling auf dem Rufknopf landete. Er platzte fast vor Energie und hatte alles im Griff. Auf dem Weg nach oben nahm er die Sonnenbrille ab und betrachtete grinsend und kichernd sein Spiegelbild in dem von fettigen Fingern verschmierten Chrom. Obwohl seine Pupillen nur noch stecknadelkopfgroß, nahezu unsichtbar waren, strahlte die Welt neongrell.

Tiny erwartete ihn bereits. Der Mund des Krüppels verzog sich zu einem sonnigen Lächeln, als er Dekes Iris und seine übertrieben lässigen Bewegungen bemerkte, den erfolglosen Versuch, sich unbeholfen und nüchtern zu geben. »Aha«, sagte er mit seiner mädchenhaften Stimme, »sieht so aus, als hätt ich 'ne tolle Partie zu erwarten.«

Die Max war über eine Lehne des Rollstuhls drapiert. Deke ging an seinen Platz und verbeugte sich; in der Geste lag keineswegs nur Spott. »Fliegen wir.« Als Herausforderer überließ er Tiny die erste Attacke. Er materialisierte seine Flieger in moderater Höhe – hoch genug, um im Sturzflug wegtauchen zu können, und tief genug, um Tinys Angriff rechtzeitig zu bemerken. Dann wartete er.

Die Zuschauer warnten ihn. Ein Dicker mit Brillantine im Haar machte ein überraschtes Gesicht, ein Bauernbursche mit tief in den Höhlen liegenden Augen begann zu lächeln. Gemurmel erhob sich. Augen bewegten sich in Zeitlupe in Köpfen, die aufgrund der vom Hype beschleunigten Reaktionszeit erstarrt waren. Er brauchte etwa drei Nanosekunden, um die Angreifer zu lokalisieren. Deke riß den Kopf hoch und...

Verdammte Scheiße, er war *blind*! Die Fokker tauchten direkt aus der 200-Watt-Birne im Sturzflug herab, und Tiny hatte ihn mit einem Trick dazu gebracht, genau ins Licht zu schauen. Vor seinen Augen wurde alles grellweiß. Deke preßte die Lider über den hervorquellenden Tränen zusammen und konzentrierte sich verzweifelt darauf, die Visualisierung aufrechtzuerhalten. Er teilte seine Formation; zwei Flieger scherten nach rechts aus, einer nach links. Sofort ließ er sie eine halbe Wende ausführen, dann noch eine in die andere Richtung. Er mußte auf gut Glück ausweichen – wo die feindlichen Maschinen waren, wußte er nicht.

Tiny kicherte. Deke hörte es durch den Lärm der Menge, durch den Jubel, die Flüche und die Geräusche, mit denen sie ihre Münzen auf den Tisch knallten, die unabhängig vom Auf und Ab des Duells Synkopen zu setzen schienen.

Sekundenbruchteile später kehrte seine Sehkraft zurück, und er sah eine brennende Spad abstürzen. Die Fokker hängten sich an seine verbliebenen Flieger; der eine wurde von einer verfolgt, der andere von zweien. Das Spiel dauerte erst drei Sekunden, und schon war er mit einer Maschine im Nachteil.

Er flog Ausweichmanöver, um zu verhindern, daß Tiny ihn mit seinen Leuchtspurgeschossen traf. Mit der Maschine, die nur einen Verfolger hatte, drehte er einen Looping, und mit der anderen steuerte er auf den blinden Fleck zwischen Tiny und der Glühbirne zu.

Tinys Miene wurde sehr ruhig. Ein Hauch von Enttäuschung – oder gar Verachtung – wurde von der äußeren Ruhe überdeckt. Er verfolgte die Flugzeuge gelassen und wartete auf Dekes nächstes Manöver.

Unmittelbar vor dem blinden Fleck ließ Deke seine Spad nach unten wegsacken, so daß die beiden Fokker über sie hinwegschossen und sofort ungestüm nach links und rechts ausscherten, um wieder in Position zu kommen.

Die Spad stieß auf die dritte Fokker herab, die Deke mit seiner anderen Maschine an diese Stelle gelockt hatte. Das Geschützfeuer bestrich die Flügel und den knallroten Rumpf. Im ersten Augenblick passierte gar nichts, und Deke glaubte schon, danebengeschossen zu haben. Dann brach die rote Maschine nach links aus und stürzte mit einer schwarzen, öligen Rauchfahne ab.

Tiny runzelte die Stirn. Kleine Unmutsfalten verschandelten seinen perfekten Mund. Deke lächelte. Ausgleich, aber Tiny hielt seine Position.

Beide Spads wurden hartnäckig verfolgt. Deke schwang sie in weitem Bogen herum und brachte sie von den gegenüberliegenden Seiten des Tisches her wieder zusammen. Er jagte sie direkt aufeinander zu, was Tiny um seinen Vorteil brachte. Keiner konnte das Feuer eröffnen, ohne seine eigenen Flugzeuge zu gefährden. Deke beschleunigte seine Maschinen auf Höchstgeschwindigkeit und ließ sie direkt aufeinander zurasen.

Im letzten Augenblick vor dem Zusammenstoß riß er einen Flieger nach oben und den anderen nach unten, so daß sie übereinander hinwegschossen, eröffnete das Feuer auf die beiden Fokker und drehte ab. Tiny war darauf gefaßt. Die Luft brannte. Dann stiegen ein blaues und ein rotes Flugzeug empor und rasten in entgegengesetzte Richtungen davon. Hinter ihnen gerieten zwei Doppeldecker in der Luft aneinander. Flügel streiften sich, wurden herumgerissen, und die Maschinen brachen auseinander. Sie stürzten gemeinsam ab, fast senkrecht hinunter auf den grünen Filz.

Zehn Sekunden gespielt, und vier Flieger hinüber. Ein schwarzer Veteran schürzte die Lippen und stieß einen leisen Pfiff aus. Jemand anders schüttelte ungläubig den Kopf.

Tiny saß aufrecht und leicht vorgebeugt in seinem Rollstuhl und zupfte mit weichen Händen leicht an den Hebeln. Sein Blick war konzentriert, und er blinzelte nicht. Keine Spur mehr von dem amüsierten und desinteressierten Getue; das Spiel verlangte seine ganze Aufmerksamkeit. Die Zuschauer, der Tisch, das Jackman's selbst existierten nicht mehr für ihn. Bobby Earl Cline legte ihm die Hand auf die Schulter; Tiny merkte es nicht. Die Flieger waren in entgegengesetzten Ecken des Raumes und gewannen mühsam an Höhe. Deke klebte seinen an die Decke, die im Tabakdunst kaum mehr zu erkennen war. Er schaute rasch zu Tiny hinüber, und ihre Blicke trafen sich. Kalt. »Jetzt zeig, was du draufhast«, preßte Deke zwischen zusammengebissenen Zähnen hervor.

Sie hetzten ihre Flieger aufeinander.

Das Hype entfaltete jetzt sein Wirkungsmaximum, und Deke konnte Tinys Leuchtspurgeschosse durch die Luft zwischen den Fliegern kriechen sehen. Er mußte seine Spad in die Schußlinie bringen, um eine anständige Salve abzufeuern, dann abdrehen und sich in die Kurve legen, damit die Geschosse der Fokker unter dem Fahrwerk hindurch ins Leere gingen. Tiny stand ihm um nichts nach; er wich Dekes Feuer aus und kam dabei so dicht an der Spad vorbei, daß sich um ein Haar ihre Fahrwerke verfangen hätten.

Deke drehte einen mörderisch engen Looping, als die Halluzinationen einsetzten. Der Filz krümmte und drehte sich – wurde zur grünen Hölle des bolivianischen Regenwaldes, über dem Tiny Angriffe geflogen hatte. Die Wände rückten in graue Unendlichkeit auseinander, und er spürte, wie sich die metallische Enge eines kybernetischen Kampfflugzeugs um ihn schloß.

Aber Deke hatte seine Hausaufgaben gemacht. Er war auf die Halluzinationen vorbereitet und wußte, daß sie zu bewältigen waren. Die Militärs gaben schließlich keine Droge aus, durch die man sich nicht hindurchboxen konnte. Spad und Fokker drehten einen weiteren Looping und schossen erneut aufeinander zu. In Tiny Montgomerys Gesicht stand die Anspannung zu lesen, das Echo der Schlacht am Himmel über dem tiefen Urwald. Sie jagten ihre Flieger gegeneinander, spürten die Spannung, die von den Instrumenten direkt ins Stammhirn gespeist wurde, die anlaufende Adrenalinpumpe hinter den Achselhöhlen, den kalten, schnellen, freien Luftstrom auf der Außenhaut der Maschine, der sich mit dem Geruch von heißem Metall und Angstschweiß vermischte. Leuchtspurgeschosse zischten an seinem Gesicht vorbei, und wieder riß er die Spad steil an der Fokker vorbei nach oben. Beide Maschinen waren unbeschädigt. Die Zuschauer gerieten außer Rand und Band, schwenkten ihre Mützen und trampelten mit den Füßen, führten sich auf wie die reinsten Idioten. Deke schaute Tiny wieder in die Augen.

Bosheit stieg in ihm auf, und obwohl seine Nerven gespannt waren wie die Karbonkristallfäden, die die Kampfjäger bei ihren Supermann-Manövern über den Anden zusammenhielten, grinste er lässig, zwinkerte und drehte den Kopf leicht zur Seite, als wollte er »Guck mal da« sagen.

Tiny schaute zur Seite.

Zwar nur für den Bruchteil einer Sekunde, aber das reichte. Deke machte einen schnellen, engen Immelmann-Turn – hart an der theoretischen Toleranzgrenze –, wie ihn die Szene noch nie gesehen hatte, und setzte sich damit hinter Tinys Maschine.

Jetzt sieh zu, wie du da wieder rauskommst, Saftsack.

Tiny schoß mit seinem Flieger aufs Grün hinunter, und Deke folgte ihm dichtauf, ohne zu feuern. Nun hatte er Tiny genau da, wo er ihn haben wollte.

Auf der Flucht. Wie bei jedem Gefechtseinsatz. Vielleicht voll drauf vom Nervenkitzel und vom Hype, aber auch voller Angst. Sie waren nun unten am Filz, flogen in Wipfelhöhe. Brich aus, dachte Deke und beschleunigte noch mehr. Am Rand seines Blickfeldes sah er Bobby Earl Cline, und der hatte einen komischen Ausdruck im Gesicht. Irgendwie flehend. Tinys Ruhe war dahin; seine Miene war verzerrt und gequält.

Dann geriet Tiny in Panik und tauchte mit seinem Flieger ins Publikum. Die Doppeldecker düsten kreuz und quer durch die Fans. Die einen wichen unwillkürlich zurück, die andern schlugen lachend mit den Händen danach. Aber in Tinys Augen glomm ein Entsetzen, das von unermeßlicher Angst und ewiger Gefangenschaft kündete, zwei Schneiden, die unentwegt aneinander sägten... Die Angst war der Tod in der Luft, Gefangenschaft der Käfig aus Metall, zuerst das Flugzeug, später der Rollstuhl. Deke sah alles in seinem Gesicht: Kampf war der einzige Ausweg für Tiny gewesen, und er hatte jede Chance genutzt, die sich ihm bot. Bis ihn ein namenloser *Nationalista* mit einer altertümlichen SAM aus dem blaugrünen bolivianischen Himmel schoß und er mitten auf der Richmond Road im Jackman's landete, zum letzten Gefecht mit dem lächelnden Killertypen auf der anderen Seite des ausgeblichenen Tuchs.

Deke wippte auf den Zehenspitzen und setzte das berüchtigte breite Siegergrinsen auf, das Markenzeichen jener Droge, die Tiny ausgebrannt hatte, lange bevor jemand sich die Mühe machte, ihn als Trümmerhaufen aus heißem Metall und übel zugerichtetem Fleisch vom Himmel zu holen. In diesem Moment wurde ihm alles klar. Fliegen, begriff Deke, war das einzige, was Tiny noch zusammenhielt. Die tägliche Fingerübung gegen den Tod, die Wiederaufstehung aus dem metallenen Sarg. Allein seine Willenskraft hatte den Zusammenbruch bisher verhindert. Wenn dieser Wille brach, würde der Tod kommen und ihn holen. Tiny würde sich vornüberbeugen und sich auf den eigenen Schoß erbrechen.

Und Deke machte dem Spiel ein Ende...

Einen Moment lang herrschte betroffenes Schweigen, als Tinys letzter Flieger in einem Lichtblitz verging. »Ich hab's geschafft«, flüsterte Deke. Dann lauter: »Verdammte Scheiße, ich hab's geschafft!«

Auf der anderen Seite des Tisches wand sich Tiny in seinem Rollstuhl. Seine Arme zuckten krampfhaft, sein Kopf rollte auf die Schulter. Bobby Earl Cline starrte Deke an. Seine Augen waren glühende Kohlen. Cline packte die Max und wickelte ihr Band um ein Bündel eingeschweißter Geldscheine. Unvermittelt warf er Deke das Päckchen ins Gesicht. Deke fing es mühelos und lässig aus der Luft.

Einen Moment lang schien es, als wollte Cline über den Billardtisch setzen und auf ihn losgehen. Ein Zupfen an seinem Ärmel hielt ihn zurück. »Bobby Earl«, flüsterte Tiny, dem die Demütigung die Kehle zuschnürte, »bring mich ... hier raus.«

Steifbeinig und zornig drehte Cline seinen Freund herum und rollte ihn davon, hinein ins Dunkel.

Deke warf den Kopf zurück und lachte. Herrgott, was für ein tolles Gefühl! Er steckte die kalte, schwere Max in seine Hemdtasche. Das Geld stopfte er sich in die Jeans. Er hätte am liebsten Luftsprünge gemacht; der Triumph stieg ungestüm in ihm auf, wild, lebendig, schön und stark wie die Flanken eines Rehbocks im Wald, den er einmal vom Greyhound aus gesehen hatte, und in diesem einen Augenblick schien es ihm, als hätte sich alles gelohnt, alles Elend und Leid in seinem Leben bis zu diesem Sieg.

Aber im Jackman's war es still. Niemand jubelte. Niemand kam zu ihm, um zu gratulieren. Das ernüchterte ihn, und endlich bemerkte er die stillen, feindseligen Gesichter. Nicht einer der Zuschauer stand auf seiner Seite. Sie strahlten Verachtung aus, ja sogar Haß. Einen schier endlosen Moment vibrierte die Luft vor potentieller Gewalt ... und dann wandte sich einer ab, zog Schleim hoch und spuckte auf den Boden. Die Menge löste sich murmelnd auf, und einer nach dem anderen verschwand im Dunkeln.

Deke rührte sich nicht. In seinem Bein begann ein Muskel zu zucken, ein Vorbote des nahenden Hype-Katers. Seine Schädeldecke fühlte sich taub an, und er hatte einen scheußlichen Geschmack im Mund. Er mußte sich mit beiden Händen am Tisch festhalten, um nicht zu fallen, endlos zu fallen in den lebenden Schatten unter ihm, und so hing er da, aufgespießt vom Blick der toten Augen des preisgekrönten Rammlers auf dem Foto unter der Dr.-Pepper-Uhr.

Ein wenig Adrenalin würde ihm wieder auf die Beine helfen. Er mußte feiern. Sich besaufen oder bekiffen und reden, immer wieder von seinem Sieg erzählen, sich in Widersprüche verwikkeln, Einzelheiten erfinden, lachen und prahlen. Eine sternhelle Nacht wie diese verlangte nach großen Worten.

Doch als er da stand, das Jackman's still, weit und leer um ihn herum, wurde ihm plötzlich bewußt, daß niemand mehr übrig war, dem er es erzählen konnte.

Kein Mensch mehr.

William Gibson

CHROM BRENNT

Es war heiß in der Nacht, als wir Chrom verbrannten. Draußen in den Malls und auf den Plazas flatterten sich Nachtfalter an den Neonlampen zu Tode, aber in Bobbys Loft kam das einzige Licht von einem Monitor und den grünen und roten LEDs an der Vorderseite des Matrixsimulators. Ich kannte jeden Chip in Bobbys Simulator in- und auswendig; er sah aus wie ein ganz alltäglicher Ono-Sendai VII, der »Cyberspace Seven«, aber ich hatte ihn so oft umgebaut, daß man nur mit Mühe einen einzigen Quadratmillimeter originaler Schaltelemente in dem ganzen Silizium gefunden hätte.

Wir warteten Seite an Seite vor der Simulatorkonsole und sahen auf die Zeitanzeige in der linken unteren Bildschirmecke.

»Los«, sagte ich, als es soweit war, aber Bobby hatte sich schon vorgebeugt und schob das russische Programm mit dem Handballen in den Schacht. Er tat es mit den sparsamen, anmutigen Bewegungen eines Jungen, der in siegessicherer Erwartung einer Freispielserie Kleingeld in einen Spielautomaten steckt.

Eine silberne Phosphenflut sprudelte durch mein Blickfeld, als sich die Matrix – ein dreidimensionales Schachbrett, endlos und völlig transparent – in meinem Kopf entfaltete. Das russische Programm schien ins Schlingern zu geraten, als wir ins Gitter eindrangen. Wäre noch jemand in diesem Teil der Matrix gewesen, hätte er vielleicht den flackernden Schatten aus der kleinen gelben Pyramide branden sehen, die unseren Computer darstellte. Das Programm war eine mimetische Waffe, dazu bestimmt, die lokale Farbe zu absorbieren und sich in jedem Umfeld, das es vorfand, als vorrangige Sofortmaßnahme zur Störungsbeseitigung darzustellen.

»Gratuliere«, hörte ich Bobby sagen. »Wir sind grade zu einer Inspektionssonde der Eastern Seaboard Fission Authority geworden…« Das hieß, wir räumten Glasfaserleitungen mit der kybernetischen Entsprechung eines Martinshorns frei, während wir in der Simulationsmatrix schnurstracks auf Chroms Datenbasis zuzusteuern schienen. Obwohl ich sie noch nicht sehen konnte, wußte ich, daß ihre Wände vor uns lagen. Wände aus Schatten, Wände aus Eis.

Chrom: ihr hübsches, stahlglattes Kindergesicht mit Augen, die auf den Grund eines atlantischen Tiefseegrabens gehört hätten, kalten grauen Augen unter furchtbarem Druck. Angeblich braute sie für Leute, die ihr in die Quere kamen, selbst erfundene Krebsleiden zusammen, barocke, maßgeschneiderte Varianten, die erst nach Jahren zum Tod führten. Es gab viele Gerüchte über Chrom, und sie waren allesamt beunruhigend.

Also löschte ich sie mit einem Bild von Rikki aus. Rikki, die in einem Strahl staubigen Sonnenlichts kniet, der durch ein Gitter aus Stahl und Glas schräg ins Loft einfällt: ihre ausgebleichte Tarnanzughose, ihre durchsichtigen, rosaroten Sandalen, die hübsche Linie ihres nackten Rückens beim Wühlen in der Nylon-Werkzeugtasche. Sie blickt auf, und eine blondgesträhnte Locke fällt ihr ins Gesicht und kitzelt sie an der Nase. Lächelnd knöpft sie das alte Baumwollhemd von Bobby zu, einen khakibraunen Fetzen, den sie über die Brüste gezogen hat.

Sie lächelt.

»Scheiße«, sagte Bobby, »wir haben Chrom grade erklärt, daß wir 'ne Buchprüfung vom Finanzamt und drei Vorladungen des Obersten Gerichts sind… Jetzt geht die Post ab, Jack…«

Bis dann, Rikki. Vielleicht auf Nimmerwiedersehen.

Und dunkel, so dunkel in den Hallen von Chroms Eis.

Bobby war ein Cowboy, und Eis war sein Geschäft, Eis von EIS, Elektronisches Invasionsabwehr-System. Die Matrix ist eine abstrakte Darstellung der Beziehungen zwischen Datensystemen. Programmierer mit Zugangsberechtigung stecken sich in den Matrixsektor ihres Arbeitgebers ein und finden sich inmitten bunter geometrischer Formen wieder, die Firmendaten repräsentieren.

Türme und Felder solcher Daten reihen sich im farblosen Nichtraum der Simulationsmatrix aneinander, der elektronischen Konsens-Halluzination, die die Handhabung und den Transport großer Datenmengen erleichtert. Legitimierte Programmierer sehen die Wände aus Eis nicht, hinter denen sie arbeiten, die Schattenwände, die ihre Operationen vor anderen abschirmen, vor kreativen Industriespionen und Gaunern wie Bobby Quine.

Bobby war ein Cowboy. Bobby war Safeknacker, ein Hacker, der das weitverzweigte elektronische Nervensystem der Menschheit auskundschaftete und Daten und Guthaben in der vollgepackten Matrix klaute, dem monochromen Nichtraum, in dem die einzigen Sterne dichte Informationskonzentrationen sind und in dem hoch über allem die Galaxien der Multis und die kalten Spiralarme der Militärsysteme leuchten.

Bobby war eines der gleichzeitig jungen und alten Gesichter, die man im Gentleman Loser trinken sieht, der schicken Bar für Computercowboys, Datendiebe und kybernetische Einbrecher. Wir waren Partner.

Bobby Quine und Automatic Jack. Bobby ist der dünne, blasse Typ mit der dunklen Brille, Jack der wüst aussehende Kerl mit dem myoelektrischen Arm. Bobby ist Software, Jack Hardware; Bobby traktiert die Konsole, Jack treibt die netten Kleinigkeiten auf, mit denen man am Ball bleibt. Zumindest hätten es die Zaungäste im Gentleman Loser so dargestellt, bevor Bobby beschloß, Chrom zu verbrennen. Vielleicht hätten sie auch gesagt, daß Bobby keinen Biß mehr hatte, daß er abschlaffte. Er war achtundzwanzig, und das ist alt für einen Konsolencowboy.

Wir waren beide gut in unserem Job, aber der große Wurf wollte uns einfach nicht gelingen. Ich wußte, wohin ich mich wenden mußte, um die richtige Ausrüstung aufzutreiben, und Bobby hatte alle erforderlichen Tricks parat. Er hockte lässig da, das weiße Frotteestirnband um den Kopf gelegt, orgelte auf den Tasten herum, daß man mit den Augen nicht mehr folgen konnte, und hackte sich durchs beste Eis im Geschäft – allerdings nur, wenn ihn etwas wirklich packte, und das passierte nicht oft. Alles andere als hoch motiviert, der gute Bobby, und ich persönlich bin schon froh, wenn ich meine Miete bezahlen kann und ein sauberes Hemd zum Anziehen habe.

Aber Bobby stand auf Frauen, als wären sie sein persönliches Tarot oder so, seine Triebfeder. Wir sprachen nie darüber, aber als es in jenem Sommer so aussah, als würde er allmählich den Anschluß verlieren, hing er immer öfter im Gentleman Loser rum. Abends, wenn die Falter ums Neon schwirrten und die Luft nach Parfüm und Fast food roch, saß er an einem Tisch in der Nähe der offenen Tür und besah sich die Leute, die draußen vorbeigingen. Man konnte sehen, wie er hinter seiner Sonnenbrille die Gesichter der Passanten musterte. Offenbar kam er zu dem Schluß, daß Rikki diejenige war, auf die er gewartet hatte, sein Joker und Glücksbringer. Der neue Glücksbringer.

Ich fuhr nach New York, um den Markt zu checken und zu sehen, was an heißer Software gehandelt wurde.

Im Schaufenster des Finnen hängt ein defektes Hologramm – METRO HOLOGRAFIX – über etlichen toten Fliegen mit Pelzmänteln aus grauem Staub. Drinnen reicht einem der Krempel bis zum Bauch und wächst stapelweise an den Wänden hoch, die hinter namenlosem Plunder und durchgebogenen Spanplattenregalen voller alter Nacktmagazine und vergilbter Jahrgänge des *National Geographic* kaum mehr zu sehen sind.

»Du brauchst 'ne Knarre«, sagte der Finne. Er sieht aus wie das Ergebnis des Versuchs, mittels DNS-Rekombination den superschnellen menschlichen Maulwurf zu erzeugen. »Da hast du Glück. Ich hab die neue Smith & Wesson, die Viernullacht Tactical. Hier, sieh's dir an, Xenon-Projektor unterm Lauf, Batterien im Griff. Wirft in pechschwarzer Dunkelheit 'nen taghellen Dreißig-Zentimeter-Kreis auf vierzig, fünfzig Meter Distanz. Die Lichtquelle ist so winzig, daß man sie praktisch nicht ausmachen kann. Der reinste Voodoo-Zauber bei 'ner nächtlichen Schießerei.«

Ich ließ meinen Arm auf den Tisch fallen und fing an, mit den Fingern zu trommeln; die Servos in der Hand begannen zu sirren wie überarbeitete Moskitos. Ich wußte, daß der Finne das Geräusch haßte.

»Willst du den versetzen?« Er tippte mit dem angekauten Ende eines Filzstifts auf das Duraluminium-Handgelenk. »Dir vielleicht was Leiseres zulegen?«

Ich machte weiter. »Ich brauch keine Knarre, Finne.«

»Okay«, meinte er, »okay«, und ich hörte auf zu trommeln. »Hab nur das hier, und ich weiß nicht mal, was es ist.« Er machte ein unglückliches Gesicht. »Hab's letzte Woche von diesen Kids aus Jersey gekriegt, die unter Brücken und in Tunnels pennen.«

»Seit wann kaufst du Sachen, die du nicht kennst, Finne?«

»Klugscheißer.« Er schob mir einen Klarsichtumschlag zu. Durch die luftgepolsterte Hülle konnte ich eine Art Audiokassette erkennen.

»Sie hatten einen Paß«, erzählte er. »Sie hatten Kreditkarten und 'ne Uhr. Und das da.«

»Sie hatten das, was vorher jemand anders in den Taschen hatte, meinst du wohl.«

Er nickte. »War ein belgischer Paß und meiner Meinung nach

auch noch gefälscht, also hab ich ihn in den Ofen geworfen. Die Karten auch. Die Uhr war okay, 'ne Porsche, nettes Ding.«

Offenbar war es ein militärisches Einsteckprogramm. Ich nahm die Kassette aus der Hülle. Sie war mit nichtreflektierendem schwarzen Kunststoff beschichtet und sah aus wie das Magazin eines kleinen Sturmgewehrs. An den Ecken und Kanten schimmerte blankes Metall durch; sie war also schon ziemlich weit rumgekommen.

»Kriegst du zum Sonderpreis, Jack. Wegen früher.«

Da konnte ich nur grinsen. Der Finne machte genausooft Sonderpreise, wie Gott die Schwerkraft aufhob, wenn man gerade einen schweren Koffer durch endlose Flughafenkorridore schleppen mußte.

»Sieht russisch aus«, sagte ich. »Bestimmt die Kanalisationsnotsteuerung eines Leningrader Vorortes. Genau das, was ich brauche.«

»Junge«, sagte der Finne, »ich hab ein Paar Schuhe, das älter ist als du. Manchmal denk ich, du hast nicht mehr Format als diese Lümmel in Jersey. Soll ich dir vielleicht erzählen, daß es der Schlüssel zum Kreml ist? Finde doch selber raus, was das für 'n Zeug ist. Ich verkauf es bloß.«

Ich kaufte es.

Körperlos schlängeln wir uns in Chroms Eisschloß. Und wir sind schnell, schnell. Wir kommen uns vor wie Wellenreiter auf dem Kamm des eindringenden Programms, getragen von der Gischt ständig mutierender Störsysteme. Wir sind lebende Ölteppiche, die durch dunkle Gänge gespült werden.

Irgendwo haben wir einen Körper, weit weg in einem vollgestopften Loft mit einem Dach aus Stahl und Glas. Irgendwo haben wir noch Mikrosekunden Zeit, vielleicht gerade genug, um noch rechtzeitig rauszukommen.

Als Buchprüfung und drei Vorladungen getarnt, sind wir

durch ihre Tore gebrochen, aber ihre Abwehr ist spezialisiert auf solche offiziellen Störungen. Ihr erstklassiges Eis ist so strukturiert, daß Verfügungen, Bescheide und Vorladungen daran abprallen. Als wir das erste Tor hinter uns ließen, verschwand der Großteil ihrer Daten hinter dem Eis der Kernzone, den Mauern, die uns wie Korridorfluchten und Schattenlabyrinthe erscheinen. Über fünf separate Leitungen ist sofort ein Notruf an diverse Anwaltskanzleien hinausgegangen, aber das Virus hatte das Parametereis bereits übernommen. Die Störsysteme fressen die Notrufe auf, während unsere mimetischen Subprogramme alles sichten, was vom Kern nicht gelöscht worden ist.

Das russische Programm greift eine Nummer in Tokio aus den nicht abgeschirmten Daten heraus. Die Auswahl erfolgt nach der Anrufhäufigkeit, der durchschnittlichen Gesprächsdauer und der Zeitspanne bis zu Chroms Rückrufen.

»Okay«, sagt Bobby, »wir sind ein kodierter Anruf eines japanischen Kumpels von ihr. Damit müßten wir weiterkommen.«

Gib ihr die Sporen, Cowboy.

Bobby las seine Zukunft aus Frauen. Seine Girls waren Omen, Wetterumschwünge, und oft hockte er die ganze Nacht im Gentleman Loser und wartete darauf, daß die Zeit ein neues Gesicht wie eine Karte vor ihm aufdeckte.

Eines Abends arbeitete ich noch spät im Loft. Ich nahm gerade einen Chip auseinander, hatte den Arm abgelegt und einen kleinen Waldo in den Stumpf gesteckt.

Bobby kam mit einem Mädchen rein, das ich noch nie gesehen hatte, und mir ist normalerweise nicht ganz wohl dabei, wenn ein Fremder mich so arbeiten sieht, mit den Kabeln an den Karbonkontakten, die aus meinem Stumpf ragen. Sie kam schnurstracks zu mir, schaute sich das vergrößerte Bild auf dem Monitor an und sah dann auch den Waldo, der sich unter seinem vakuumversiegelten Staubschutz bewegte. Sie sagte kein Wort, sondern nahm alles nur auf. Sie war mir auf Anhieb sympathisch; das kommt manchmal vor.

»Das ist Automatic Jack, Rikki. Mein Partner.«

Er lachte und legte ihr den Arm um die Taille. Sein Tonfall machte mir klar, daß ich die Nacht in einem schmuddeligen Hotelzimmer würde verbringen müssen.

»Hallo«, sagte sie. Groß, neunzehn oder zwanzig und gut gebaut. Ein paar Sommersprossen auf der Nase, Augen irgendwo zwischen dunklem Bernstein und Milchkaffee. Knallenge schwarze Jeans, über die halbe Wade hochgekrempelt, und ein schmaler Plastikgürtel, der farblich zu den rosa Sandalen paßte.

Aber wenn ich sie jetzt manchmal vor mir sehe, während ich einzuschlafen versuche, sehe ich sie irgendwo draußen am Rand dieser riesigen, dunstigen Stadtlandschaft, wie ein Hologramm, das hinter meinen Augen festsitzt – in einem hellen Kleid, das sie irgendwann im Lauf unserer Bekanntschaft getragen haben muß. Es reicht nicht ganz bis zu den Knien. Die langen, geraden Beine sind nackt. Das brünette, blondgesträhnte Haar wird vom Wind zerzaust und verdeckt ihr Gesicht, und sie winkt mir zum Abschied.

Bobby kramte demonstrativ in einem Stapel Musikkassetten. »Bin schon unterwegs, Cowboy«, sagte ich und klemmte den Waldo ab. Sie verfolgte aufmerksam, wie ich den Arm wieder aufsteckte.

»Kannst du Sachen reparieren?« fragte sie.

»Alles, egal was, Automatic Jack kriegt's wieder hin.« Ich schnippte mit meinen Duraluminium-Fingern.

Sie zog ein kleines Simstim-Deck vom Gürtel und zeigte mir das gebrochene Scharnier an der Abdeckung des Kassettenschachts.

»Morgen«, sagte ich. »Kein Problem.«

Mein lieber Freund, sagte ich zu mir, als mich der Schlaf die sechs Treppen zur Straße hinuntertrieb, *wie wird Bobbys Zukunft wohl mit so 'ner Glücksfee aussehen? Wenn sein System funktioniert, steht unserem großen Coup jetzt nichts mehr im Wege.* Auf der Straße grinste ich und winkte mir gähnend ein Taxi heran.

Chroms Burg zerfällt, Eisschattenschichten flackern und verblassen, zerfressen von den Störsystemen, die aus dem russischen Programm hervorschwirren, sich von der zentralen Stoßrichtung unserer Logik lösen, ausschwärmen und die Struktur des Eises selbst infizieren. Die Störsysteme sind kybernetische Viren-Analoga, die sich selbsttätig vermehren und unerhört gefräßig sind. Sie mutieren allesamt permanent und unterminieren und absorbieren Chroms Abwehr.

Haben wir Chrom bereits paralysiert, oder läutet irgendwo eine Alarmglocke, blinkt irgendwo ein rotes Licht? Weiß sie Bescheid?

Bobby nannte sie Rikki Wildside, und in den ersten Wochen muß es ihr vorgekommen sein, als hätte sie das große Los gezogen, als läge das ganze bunte Gewimmel scharf umrissen und hell im Neonlicht vor ihr ausgebreitet. Sie war neu in der Szene, also waren all die Malls und Plazas zu erkunden, all die Shops und Clubs, und Bobby zeigte ihr die wilde Seite der Welt, klärte sie über das komplizierte Beziehungsgeflecht unter der Oberfläche der Dinge auf und stellte ihr sämtliche Spieler mit Namen und Nummern vor. Er sorgte dafür, daß sie sich heimisch fühlte.

»Was ist mit deinem Arm passiert?« fragte sie mich eines Nachts im Gentleman Loser, wo wir drei an einem kleinen Tisch in der Ecke saßen und tranken.

»Drachenfliegen«, sagte ich. »Unfall.«

»Drachenfliegen über einem Weizenfeld«, sagte Bobby. »In der Nähe von Kiew. Da hängt unser Jack nachts unter einem Nightwing-Gleiter mit fünfzig Kilo Radarstörgerät zwischen den Beinen, und so ’n russisches Arschloch schneidet ihm aus Versehen mit ’nem Laser den Arm ab.«

Ich weiß nicht mehr wie, aber ich wechselte das Thema.

Ich redete mir nach wie vor ein, daß es nicht Rikki war, die mich faszinierte, sondern das, was Bobby mit ihr machte. Ich kannte ihn schon lange, schon seit Kriegsende, und ich wußte, daß er die Frauen als Spielmarken einsetzte: Bobby Quine gegen das Schicksal, gegen die Zeit und die Nacht in den Städten. Und Rikki war aufgetaucht, als er gerade was brauchte, um in Schwung zu kommen, ein Ziel vor Augen. Also erhob er sie zum Symbol für alles, was er wollte und nicht haben konnte, was er gehabt hatte und nicht behalten konnte.

Ich hörte mir nicht gern an, wie sehr er sie liebte; und zu wissen, daß er es selber glaubte, machte alles nur noch schlimmer. Er war Experte darin, auf die Nase zu fallen und sofort wieder aufzustehen, und ich hatte es schon ein dutzendmal mitansehen müssen. Auf seiner Sonnenbrille hätte genausogut DIE NÄCHSTE, BITTE stehen können – in leuchtendgrünen Großbuchstaben, die aufblinkten, sobald in dem Menschenstrom, der an den Tischen des Gentleman Loser vorbeizog, ein interessantes Gesicht auftauchte.

Ich wußte, was er mit den Frauen machte. Er verwandelte sie in Embleme, magische Zeichen auf der Karte seines Gaunerlebens, in Leuchtfeuer, die ihn durchs Meer der Bars und Neonreklamen leiteten. Woran sonst sollte er sich orientieren? Aus Geld machte er sich nichts, jedenfalls nicht genug, um sich davon leiten zu lassen. An Macht lag ihm genausowenig; die Verantwortung, die sie mit sich bringt, war ihm verhaßt. Er war durchaus stolz auf seine Fähigkeiten, aber das allein reichte nicht aus, um ihn anzuspornen.

Also hielt er sich an die Frauen.

Als Rikki aufkreuzte, brauchte er so dringend eine wie noch nie. Es ging rasch bergab mit ihm, und in der Szene wurde schon gemunkelt, er hätte den Biß verloren. Er brauchte den Volltreffer, und zwar bald, denn er kannte nur dieses Leben; seine Uhren gingen nach Gaunerzeit, waren auf Risiko, Adrenalin und jene überirdische, frühmorgendliche Stille geeicht, die eintritt, wenn alle Schritte sich als richtig erwiesen haben und ein hübscher Batzen eines fremden Guthabens auf dem eigenen Konto gutgeschrieben wird.

Es wurde Zeit, daß er sein Bündel schnürte und in die Gänge kam; deshalb wurde Rikki auf einen höheren Sockel gestellt und noch unerreichbarer gemacht als all ihre Vorgängerinnen, obwohl sie – und ich hatte große Lust, ihm das ins Gesicht zu schreien – zum Greifen nahe war: lebendig, absolut echt, menschlich, hungrig, robust, gelangweilt, schön, begeistert und was sonst noch alles...

Dann ging er eines Nachmittags weg, etwa eine Woche vor meinem Trip zum Finnen nach New York. Ging weg und ließ uns im Loft allein, wo wir auf ein Gewitter warteten. Die eine Hälfte des gläsernen Daches wurde von einer nicht fertiggestellten Kuppel verschattet, durch die andere sah man schwarze Wolken am blauen Himmel. Ich stand an der Werkbank und schaute in diesen Himmel hinauf, noch ganz benommen von der schwülen Hitze des Nachmittags, und da berührte sie mich. Sie berührte meinen Armstumpf, die fingerbreite, feste, rosige Narbe, die der künstliche Arm nicht mehr abdeckt. Wer mich bisher da berührt hatte, ließ seine Hand stets weiter nach oben wandern – zur Schulter, zum Hals...

Aber das tat sie nicht. Ihre Nägel waren schwarz lackiert und nicht spitz, sondern oval gefeilt. Der Lack war nur eine Spur dunkler als das Karbonfaserlaminat, das meinen Arm umhüllt. Über diesen Arm strich ihre Hand; die schwarzen Nägel folgten einer Schweißnaht im Laminat zum schwarzen, anodisierten Ellbogen und weiter zum Handgelenk. Ihre Hand, weich wie die eines Kindes, öffnete sich und legte sich in die meine, so daß ihre Handfläche auf dem perforierten Duraluminium lag.

Ihre andere Hand kam hoch und strich über die Rückkopplungspolster, und es regnete den ganzen Nachmittag, und der Regen trommelte auf den Stahl und das rußgeschwärzte Glas über Bobbys Bett.

Eiswände flattern davon wie überschallschnelle Schattenschmetterlinge. Dahinter die Matrix-Illusion von endlosem Raum. Als würde man sich ein Video vom Aufbau eines Fertighauses ansehen, nur daß das Band rasend schnell rückwärts läuft und die Wände zu ausgerissenen Flügeln werden läßt.

Ich versuche mich darauf zu besinnen, daß dieser Ort und die Abgründe dahinter nur Bilder sind, daß wir nicht »in« Chroms Computer stecken, sondern über das Interface angekoppelt sind, während der Matrixsimulator in Bobbys Loft diese Illusion erzeugt... Die Kerndaten kommen zum Vorschein, entblößt und verletzlich... Das ist die Rückseite des Eises, ein Anblick, den ich in der Matrix noch nie zu Gesicht bekommen habe, den fünfzehn Millionen legitimierte Bediener jedoch tagtäglich sehen und für selbstverständlich halten.

Die Kerndaten türmen sich ringsum auf wie vertikale Güterzüge, mit farbigen Zugriffscodes. Leuchtende Primärfarben, unglaublich grell in dieser transparenten Leere, verbunden durch zahllose Horizontalen in Babyblau und Babyrosa.

Aber im Zentrum ist noch etwas von Eis umhüllt: das Herz von Chroms kostspieliger Dunkelheit, das innerste Herz...

Es war später Nachmittag, als ich von meinem Einkaufstrip nach New York zurückkam. Durchs Glasdach fiel nur wenig Sonne herein, aber auf Bobbys Monitor leuchtete ein Eismuster, eine zweidimensionale Grafik der Abwehranlagen irgendeines Computers, Neonlinien, die zu einem Art-déco-Gebetsteppich verwoben waren. Ich schaltete die Konsole ab, und der Monitor wurde dunkel.

Rikkis Sachen lagen auf meiner Werkbank ausgebreitet; Nylontaschen, aus denen Kleidung und Schminkzeug quoll, knallrote Cowboystiefel, Audiokassetten, japanische Hochglanzmagazine von Simstim-Stars. Ich stopfte alles unter die Bank und nahm meinen Arm ab, ohne daran zu denken, daß das Programm des Finnen in meiner rechten Jackentasche steckte; ich mußte es mit der Linken rausfummeln und in die gepolsterten Backen des Juwelierschraubstocks einspannen.

Der Waldo sieht aus wie ein alter Plattenteller, so ein Ding, mit dem man früher Schallplatten abspielte, und der Schraubstock steckt unter einem transparenten Staubschutz. Der eigentliche Arm ist nur einen guten Zentimeter lang und schwenkt aus wie der Tonarm eines solchen Plattenspielers. Aber mein Blick ist auf etwas anderes gerichtet, wenn ich die Kabel an den Stumpf geklemmt habe; ich schaue ins Mikroskop, denn darin sehe ich meinen Arm in Schwarzweiß, in vierzigfacher Vergrößerung.

Ich prüfte das Werkzeug und griff mir den Laser. Da er mir etwas zu schwer vorkam, schraubte ich den Input des Gewichtssensors auf ein Viertel Kilo pro Gramm runter und machte mich ans Werk. Bei vierzigfacher Vergrößerung sah das Programm von der Seite wie ein Sattelschlepper aus.

Ich brauchte acht Stunden, um das Ding zu knacken: drei Stunden mit Waldo und Laser und vier Dutzend Anzapfungen, zwei Stunden am Telefon mit einem Kontaktmann in Colorado, und drei Stunden, um ein Wörterbuch ausfindig zu machen, das acht Jahre altes technisches Russisch übersetzen konnte.

Dann liefen kyrillische Ziffern und Buchstaben über den Monitor, die sich auf halber Strecke in Englisch verwandelten. Es entstanden viele Lücken, überall dort, wo das Wörterbuch mit speziellen militärischen Akronymen in der Kurzbeschreibung kollidierte, die ich von meinem Mann in Colorado gekauft hatte, aber immerhin bekam ich eine ungefähre Ahnung, was ich da beim Finnen erstanden hatte.

Ich kam mir vor wie ein Punk, der loszieht, um sich ein Springmesser zu kaufen, und mit einer kleinen Neutronenbombe nach Hause kommt.

Wieder mal reingefallen, dachte ich. *Was nützt dir 'ne Neutronenbombe bei 'ner Straßenschlacht?* Das Ding unter dem Staubschutz war mir ein paar Nummern zu groß. Ich wußte nicht mal, wo ich es abstoßen konnte, wo ich einen potentiellen Käufer finden sollte. Irgend jemand hatte es gewußt, ein toter Jemand mit einer Porsche-Uhr und einem gefälschten belgischen Paß, aber ich hatte nie versucht, in solchen Kreisen zu verkehren. Die Vorstadt-Straßenräuber des Finnen hatten jemand mit äußerst obskuren Connections in die Mangel genommen.

Das Programm im Juwelierschraubstock war ein Eisbrecher des russischen Militärs, ein Killervirus-Programm.

Der Morgen graute, als Bobby heimkam; allein. Ich war mit einer Tüte Imbiß-Sandwiches im Schoß eingepennt.

»Willste was essen?« fragte ich ihn im Halbschlaf und hielt ihm die Sandwiches hin. Ich hatte von dem Programm geträumt, von seiner Flut hungriger Störsysteme und mimetischer Subprogramme; im Traum war es irgendein konturloses, zerfließendes Tier gewesen. Er schob die Tüte auf dem Weg zur Konsole beiseite und drückte eine Funktionstaste. Auf dem Bildschirm erschien wieder das komplizierte Muster, das ich bereits am Nachmittag gesehen hatte. Ich rieb mir mit der linken Hand den Schlaf aus den Augen; mit der Rechten geht das nicht. Ich war eingepennt, während ich darüber nachgedacht hatte, ob ich ihm von dem Programm erzählen sollte. Vielleicht sollte ich lieber versuchen, es allein zu verkaufen, das Geld behalten, woanders hingehen und Rikki fragen, ob sie mich begleiten wollte.

»Von wem ist das?« fragte ich.

Da stand er in seinem schwarzen Baumwoll-Overall, eine alte Lederjacke wie ein Cape um die Schultern drapiert. Er hatte einen Dreitagebart, und sein Gesicht wirkte schmaler als sonst.

»Von Chrom«, antwortete er.

Mein Arm zuckte und begann zu ticken, als die Angst durch die Karbonkontakte in die Myoelektrik übertragen wurde. Ich kippte die Tüte mit den Sandwiches aus; schlaffe Sprossen und sattgelbe Schmelzkäsescheiben klatschten auf den ungefegten Holzboden.

»Du spinnst ja wohl«, sagte ich.

»Nein«, sagte er. »Denk bloß nicht, sie hätte das geschnallt. Nicht die Spur. Sonst wären wir längst tot. Ich hab mich über ein dreifach abgesichertes Mietsystem in Mombasa und einen algerischen Fernmeldesatelliten an sie rangehängt. Sie wußte, daß jemand reinschaut, aber sie konnte es nicht zurückverfolgen...«

Wenn Chrom Bobbys Annäherungsversuch an ihr Eis zurückverfolgt hatte, waren wir so gut wie tot. Aber er hatte wohl recht, sonst hätte sie mich schon auf dem Rückweg von New York erledigen lassen. »Warum sie, Bobby? Nenn mir nur einen Grund...«

Chrom: Ich hatte sie vielleicht ein halbes dutzendmal im Gentleman Loser gesehen. Vielleicht war sie auf Slum-Tour, oder sie informierte sich über die Lebensbedingungen der Menschen – Bedingungen, die sie nicht unbedingt anstrebte. Ein süßes, kleines, herzförmiges Gesicht mit den widerlichsten Augen der Welt. Sie hatte immer wie vierzehn ausgesehen, soweit sich jemand zurückerinnern konnte, denn ihr denaturierter Stoffwechsel wurde von einem ausgeklügelten Serum- und Hormonprogramm optimiert. Sie war die übelste Zeitgenossin, die die Straße je hervorgebracht hatte, aber sie war kein Kind der Straße mehr. Chrom gehörte zur Clique, war ein angesehenes Mitglied der hiesigen Mafia. Angeblich hatte sie zu der Zeit, als die synthetischen Hypophysenhormone noch verschreibungspflichtig gewesen waren, als Dealerin angefangen. Aber sie hatte sich nicht lange mit Hormonen abgeben müssen. Jetzt gehörte ihr das Haus der blauen Lichter.

»Du spinnst komplett, Quine. Nenn mir einen vernünftigen

Grund, warum du dieses Zeug auf deinem Monitor hast. Schmeiß es raus, und zwar *sofort*...«

»Loser-Gequatsche.« Er streifte die Lederjacke ab. »Black Myron und Crow Jane. Jane blickt im Sexgeschäft durch und behauptet, sie wüßte Bescheid, wohin das Geld fließt. Also versucht sie, Myron zu überzeugen, daß Chrom im Haus der blauen Lichter das Sagen hat und nicht nur das Aushängeschild für die Clique ist.«

»Die Clique«, sagte ich, »ist das Wort, auf das es hier ankommt, Bobby. Geht das nicht in deinen Schädel? Wir legen uns nicht mit der Clique an, weißt du noch? Deshalb sind wir noch am Leben.«

»Und deshalb sind wir immer noch arm, Partner.« Er flezte sich in den Drehstuhl vor der Konsole, zog den Reißverschluß des Overalls auf und kratzte sich die weiße Hühnerbrust. »Aber vielleicht nicht mehr lange.«

»Ich glaube, unsere Partnerschaft hat sich gerade endgültig in Luft aufgelöst.«

Da grinste er mich an. Es war ein völlig durchgedrehtes, wildes Grinsen, und ich wußte, daß es ihm in diesem Moment scheißegal war, ob er krepieren würde.

»Hör zu«, sagte ich, »ich hab 'n bißchen Kohle übrig. Warum nimmst du die nicht einfach, steigst in die U-Bahn nach Miami und fliegst rüber nach Montego Bay? Du brauchst 'ne Pause, Mann. Sieh zu, daß du alles wieder auf die Reihe kriegst.«

»Jack, ich hatte noch nie alles so gut auf der Reihe wie jetzt«, erwiderte er und hämmerte irgendwas in die Tasten. Der Neon-Gebetsteppich auf dem Monitor wackelte und erwachte zum Leben, als sich ein Animationsprogramm einschaltete; die Eislinien waberten mit einer hypnotischen Frequenz, ein lebendiges Mandala. Bobby tippte weiter, und die Bewegung wurde langsamer. Das Muster löste sich auf, verlor an Komplexität, ging abwechselnd in zwei unterschiedliche Konfigurationen über.

Erstklassige Arbeit; ich hätte nicht gedacht, daß er noch so gut war. »Jetzt«, sagte er, »da, siehst du? Moment. Da! Da wieder. Und da. Leicht zu übersehen. Das ist es. Kommt alle achtzig Minuten, mit 'ner Übertragung an deren Satelliten. Wir könnten ein Jahr von dem leben, was sie von denen wöchentlich an Zinsen kriegt.«

»Wessen Satellit ist das?«

»Zürich. Ihre Banker. Das ist ihr Sparbuch, Jack. Dahin fließt das Geld. Crow Jane hat recht gehabt.«

Ich war baff. Mein Arm vergaß das Ticken.

»Und wie war's in New York, Partner? Haste was zum Enteisen aufgetrieben? Wir brauchen alles, was wir kriegen können.«

Ich schaute ihm weiter in die Augen und zwang mich, nicht in Richtung Waldo und Juwelierschraubstock zu blicken. Unter der Schutzhaube dort steckte das russische Programm.

Joker, Glücksbringer.

»Wo ist Rikki?« fragte ich ihn, trat an die Konsole und tat so, als interessierten mich die alternierenden Muster auf dem Monitor.

»Bei Freunden von ihr«, erklärte er achselzuckend. »Paar Kids, die alle auf Simstin abfahren.« Er lächelte zerstreut. »Ich tu das für Rikki, Mann.«

»Ich dreh mal 'ne Runde draußen und überleg mir die Sache, Bobby. Wenn du willst, daß ich wiederkomme, laß die Finger von den Tasten.«

»Ich tu's für sie«, sagte er, als sich die Tür hinter mir schloß. »Weißt du doch.«

Und abwärts, immer weiter abwärts. Das Programm eine Achterbahn durch das ausfransende Labyrinth aus Schattenwänden, graue Kirchenschiffe zwischen hellen Türmen. Volle Kraft voraus.

Schwarzes Eis. Bloß nicht dran denken. Schwarzes Eis.

Zu viele Geschichten darüber gehört im Gentleman Loser.

Schwarzes Eis gehört zu den Mythen des Geschäfts. Eis, das tötet. Illegal, aber sind wir das nicht alle? Eine Art neurale Rückkopplungswaffe, mit der man nur ein einziges Mal in Berührung kommt. Wie ein tückisches Wort, das den Verstand von innen heraus auffrißt. Wie ein epileptischer Anfall, der dauert und dauert, bis nichts mehr übrig ist...

Und wir schießen im Sturzflug zum Grund von Chroms Schattenschloß hinunter.

Ich versuche, mich gegen den plötzlichen Atemstillstand, die Übelkeit und das endgültige Erschlaffen der Nerven zu wappnen. Furcht vor dem kalten Wort, das da unten im Dunkeln lauert.

Ich ging Rikki suchen und fand sie in einem Café. Neben ihr saß ein junger Kerl mit Sendai-Augen und halb verheilten Nähten um die lädierten Augenhöhlen. Sie hatte eine aufgeschlagene Hochglanzbroschüre vor sich auf dem Tisch liegen, und Tally Isham, das Girl mit den Zeiss-Ikon-Augen, lächelte von einem Dutzend Fotos.

Unter ihren Sachen, die ich am Abend zuvor unter meine Werkbank gestopft hatte, war auch das kleine Simstim-Deck gewesen, das ich ihr am Tag nach unserer ersten Begegnung repariert hatte. Sie hing oft stundenlang an dem Gerät, und das Kontaktband saß wie eine graue Plastiktiara auf ihrer Stirn. Sie war ein Fan von Tally Isham, und wenn sie das Kontaktband auf dem Kopf hatte, war sie völlig weg, irgendwo im aufgezeichneten Sensorium des größten Simstim-Stars. Simulierte Stimuli: die Welt – zumindest deren interessante Teile –, wie Tally Isham sie wahrnahm. Tally raste mit einem schwarzen Fokker-Luftkissenflieger über die Tafelberge von Arizona. Tally tauchte im Truk-Island-Reservat. Tally feierte mit den Superreichen auf griechischen Privatinseln, deren winzige weiße Fischerdörfer in der Morgenröte herzzerreißend echt und unverfälscht aussahen.

Tatsächlich hatte Rikki große Ähnlichkeit mit Tally. Die gleiche Haarfarbe, die gleiche Gesichtsform. Rikkis Mund kam mir etwas fester vor. Frecher. Sie wollte nicht Tally Isham *sein*, hätte aber gern ihren Job gehabt. Das war ihr Ziel: Sie wollte ins Simstim-Geschäft einsteigen. Von Bobby wurde sie dafür nur ausgelacht. Mit mir redete sie manchmal darüber. »Was meinst du, wie die bei mir aussehen würden?« fragte sie und hielt sich eine ganzseitige Großaufnahme von Tally Isham so ans Gesicht, daß die blauen Zeiss-Ikons auf gleicher Höhe mit ihren bernsteinbraunen Augen waren. Sie hatte ihre Hornhaut schon zweimal richten lassen, aber ihr Gesichtsfeld war noch nicht hundertprozentig; deshalb wollte sie Ikons. Die Marke der Stars. Sündhaft teuer.

»Na, immer noch auf der Suche nach Augen?« fragte ich sie und setzte mich hin.

»Tiger hat grade welche gekriegt«, erklärte sie. Ich fand, daß sie müde aussah.

Tiger war so glücklich über seine neuen Sendais, daß er sich ein Lächeln nicht verkneifen konnte; andernfalls hätte er bestimmt nicht gelächelt. Er sah gut aus, so gut wie alle nach dem siebten Besuch in der chirurgischen Boutique. Vermutlich würde er für den Rest seines Lebens immer eine gewisse Ähnlichkeit mit dem jeweils aktuellen Medienliebling haben; keine offenkundige Kopie, aber auch nicht allzu originell.

»Sendai, stimmt's?« Ich lächelte zurück.

Er nickte und musterte mich mit einem Blick, den er wohl für den eines Simstim-Profis hielt. Er tat so, als würde er aufzeichnen. Ich fand, daß er sich zu lange an meinem Arm aufhielt. »Bringen 'ne super Peripherie, sobald die Muskeln verheilt sind«, sagte er, und ich sah, wie vorsichtig er nach seinem doppelten Espresso griff. Jeder weiß, daß die Tiefenschärfeeinstellung von Sendai-Augen anfällig ist und daß es dauernd Probleme mit der Garantie gibt – unter anderem.

»Tiger geht morgen nach Hollywood.«

»Und dann vielleicht nach Chiba City, ja?« Ich lächelte ihn an. Diesmal lächelte er nicht. »Hast du ein Angebot, Tiger? Kennst du einen Agenten?«

»Will mich nur mal umschauen«, sagte er leise. Dann stand er auf und ging. Er verabschiedete sich kurz von Rikki, aber nicht von mir.

»Wenn er Pech hat, gehen ihm im nächsten halben Jahr die Sehnerven kaputt. Weißt du das, Rikki? Diese Sendais sind in England, Dänemark und vielen anderen Ländern verboten. Nerven kann man nicht austauschen.«

»He, Jack, keine Vorträge.« Sie klaute mir ein Croissant und knabberte eine der Spitzen an.

»Ich dachte, ich soll dich beraten, Kleines.«

»Stimmt... Na schön, Tiger ist nicht der Cleverste, aber das mit den Sendais weiß doch jeder. Er kann sich nichts Besseres leisten. Also muß er's drauf ankommen lassen. Wenn er Arbeit kriegt, kann er sie auswechseln.«

»Gegen die da?« Ich tippte auf die Zeiss-Ikon-Broschüre. »Die sind irre teuer, Rikki. Du wirst dich doch wohl nicht auf so 'n Risiko einlassen.«

Sie nickte. »Doch. Ich will Ikons.«

»Wenn du zu Bobby hoch gehst, sag ihm, er soll nichts unternehmen, bis ich mich melde.«

»Mach ich. Arbeit?«

»Arbeit«, sagte ich. Aber eigentlich war es Wahnsinn.

Ich trank meinen Kaffee, während sie meine beiden Croissants aß. Dann begleitete ich sie bis zum Haus. Ich führte fünfzehn Telefonate, jedes von einer anderen Telefonzelle aus.

Von wegen, Arbeit. Der reinste Irrsinn.

Alles in allem brauchten wir sechs Wochen, um das Feuer zu schüren, sechs Wochen, in denen Bobby mir ununterbrochen erzählte, wie sehr er sie liebte. Ich arbeitete noch härter, um dem zu entkommen.

Meistens hing ich am Telefon. Meine ersten fünfzehn äußerst unverbindlichen Anfragen schienen jeweils fünfzehn weitere nach sich zu ziehen. Ich suchte nach einem ganz bestimmten Service, der unserer Meinung nach ein unverzichtbarer Bestandteil der weltweiten Schattenwirtschaft war, aber vermutlich nie mehr als fünf Kunden gleichzeitig hatte. Einem Service, der keine Reklame machte.

Wir suchten den größten Hehler der Welt, eine unabhängige Geldwaschanlage, die einen millionenschweren Online-Geldtransfer chemisch reinigen und anschließend aus dem Gedächtnis streichen konnte.

Die vielen Anrufe erwiesen sich am Ende als überflüssig, denn den entscheidenden Tip bekam ich vom Finnen. Ich war nach New York gereist, um eine neue Blackbox zu kaufen; die vielen Telefonate trieben uns nämlich in den Bankrott.

Ich schilderte ihm das Problem so hypothetisch wie möglich.

»Macao«, sagte er.

»Macao?«

»Die Long-Hum-Familie. Börsenmakler.«

Er hatte sogar die Nummer. Frag einen Hehler, wenn du einen Hehler brauchst.

Die Long Hums waren so unverbindlich, daß meine Vorstellung von einem behutsamen Annäherungsversuch dagegen wie ein taktischer Atomschlag wirkte. Bobby mußte zweimal nach Hongkong jetten, um das Geschäft klarzumachen. Uns ging das Geld aus, und zwar schnell. Ich weiß bis heute nicht, warum ich überhaupt mitmachte; ich hatte Angst vor Chrom und war nie besonders scharf drauf gewesen, reich zu werden.

Ich versuchte mir einzureden, es sei eine gute Idee, das Haus der blauen Lichter zu verbrennen, weil es so ein mieser Schuppen war, aber das kaufte ich mir selber nicht ab. Ich mochte die Blauen Lichter nicht, denn ich hatte irgendwann einen ungemein deprimierenden Abend dort verbracht, aber das war keine Rechtfertigung dafür, über Chrom herzufallen. Eigentlich rechnete ich mehr oder weniger damit, daß wir bei unserem Versuch draufgehen würden. Selbst mit dem Killervirus standen die Chancen nicht gerade gut für uns.

Bobby war vollauf damit beschäftigt, die Befehle zu schreiben, die wir ins Herz von Chroms Computer einpflanzen wollten. Das sollte meine Aufgabe sein, denn Bobby würde alle Hände voll zu tun haben, das russische Killerprogramm zu bremsen. Es war so komplex, daß wir es nicht umschreiben konnten; deshalb würde er versuchen, es die zwei Sekunden lang aufzuhalten, die ich brauchte.

Ich machte einen Deal mit einem Streetfighter namens Miles. Er sollte Rikki in der Brandnacht folgen, sie im Auge behalten und mich zu einer bestimmten Zeit anrufen. Falls ich mich nicht meldete oder nicht auf ganz bestimmte Weise antwortete, sollte er sich Rikki schnappen und sie in die erste U-Bahn stadtauswärts setzen. Ich gab ihm ein Kuvert für sie, mit Geld und ein paar Zeilen darin.

Bobby hatte sich keine großen Gedanken darüber gemacht, was aus ihr werden sollte, wenn wir die Sache verbockten. Er erzählte mir bloß ständig, daß er sie liebte, wohin sie zusammen gehen würden und wie sie das Geld ausgeben wollten.

»Kauf ihr als erstes Ikons, Mann. Die will sie unbedingt. Sie will wirklich rein in diese Simstim-Szene.«

»He«, sagte er und sah von den Tasten auf, »sie braucht dann nicht mehr zu arbeiten. Wir kriegen das hin, Jack. Sie bringt mir Glück. Sie wird nie mehr malochen müssen.«

»So, sie bringt dir Glück«, sagte ich. Ich war nicht glücklich. Ich wußte nicht mal mehr, wann ich zuletzt glücklich gewesen war. »Und hast du in letzter Zeit viel gemerkt von deinem Glück?«

Hatte er nicht. Aber ich auch nicht. Dazu waren wir beide viel zu beschäftigt gewesen.

Sie fehlte mir. Und daß sie mir fehlte, erinnerte mich an meinen einzigen Abend im Haus der blauen Lichter, denn auch damals hatte mir jemand gefehlt. Zunächst soff ich mir einen an, dann schnüffelte ich Vasopressin. Wenn man gerade aus heiterem Himmel von seiner Liebsten verlassen worden ist, sind Schnaps und Vasopressin der Gipfel des pharmazeutischen Masochismus. Der Sprit macht einen sentimental, und das Vasopressin hilft dem Gedächtnis gründlich auf die Sprünge. Von Medizinern wird der Stoff gegen senile Amnesie eingesetzt, aber die Straße findet für alles ihre eigene Verwendung. Also kaufte ich mir eine hyperintensive Wiederholung einer herben Enttäuschung; das Dumme ist, daß man nicht nur das Gute kriegt, sondern auch das Schlechte in Kauf nehmen muß. Wenn man auf animalische Ekstase aus ist, fällt einem als Gratiszugabe auch wieder ein, was man gesagt hat, was sie erwidert hat und wie sie abgehauen ist, ohne sich noch mal umzudrehen.

Ich weiß nicht mehr, wie ich auf die Idee kam, in die Blauen Lichter zu gehen, oder wie ich hinkam. Stille Flure und dieser billige, kitschige Deko-Wasserfall, der irgendwo plätscherte, oder vielleicht war's auch nur ein Hologramm. Ich hatte an dem Abend reichlich Geld in der Tasche; Bobby hatte abkassiert, weil er für jemanden ein Drei-Sekunden-Fenster in irgendein Eis aufgetan hatte.

Mein Aussehen hat den Türstehern bestimmt nicht gepaßt, aber mein Geld machte mich zu einem willkommenen Gast.

Nachdem ich getan hatte, wozu ich gekommen war, soff ich weiter. Dann erzählte ich dem Barkeeper einen Witz über Leichenschänder hinter verschlossenen Türen, den er offenbar in den falschen Hals kriegte. Der Barkeeper, ein Schrank von einem Kerl, bestand darauf, mich Kriegsheld zu nennen, was wiederum mir nicht gefiel. Bevor die Lichter ausgingen, muß ich ihm wohl ein paar Tricks mit dem Arm gezeigt haben. Zwei Tage später wachte ich woanders in einem schmucklosen Schlafmodul auf.

Es war ein billiges Loch, so eng, daß man sich nicht mal aufhängen konnte. Und ich hockte auf der schmalen Schaumstoffmatratze und heulte.

Es gibt Schlimmeres, als allein zu sein. Aber was sie im Haus der Blauen Lichter anbieten, ist so beliebt, daß es schon fast legal ist.

Im Kern der Dunkelheit, dem stillen Zentrum, zerfetzen die Störsysteme die Schwärze mit Wirbelstürmen aus Licht. Durchsichtige Rasierklingen sausen in alle Richtungen davon. Wir hängen im Zentrum einer lautlosen Zeitlupen-Explosion. Immer mehr Eissplitter fliegen ins Nichts, und Bobbys Stimme dringt über Lichtjahre elektronischer Illusion der Leere hinweg an mein Ohr...

»Brenn das Miststück nieder! Ich kann das Ding nicht mehr aufhalten...«

Das russische Programm jagt die Datentürme empor und löscht die Kinderzimmerfarben aus. Und ich pflanze Bobbys selbstfabriziertes Befehlspaket mitten in Chroms kaltes Herz. Die kurze Übertragung beginnt, ein Impuls komprimierter Informationen, der schnurstracks nach oben schießt, vorbei an dem sich verdichtenden Turm aus Dunkelheit, dem russischen Programm, während Bobby sich abrackert, um diesen kritischen Moment zu meistern. Ein unförmiger Schattenarm zuckt aus der aufragenden Schwarze hervor – zu spät.

Wir haben es geschafft.

Die Matrix faltet sich um mich wie ein Origami-Trick.

Und im Loft stinkt es nach Schweiß und schmorenden Drähten.

Ich meinte, Chrom schreien gehört zu haben, einen rohen, metallischen Laut, aber das war unmöglich.

Bobby lachte Tränen. In der Ecke des Monitors zeigten die Ziffern 07:24:05 die abgelaufene Zeit an. Die Verbrennung hatte keine acht Minuten gedauert.

Und ich sah, daß das russische Programm im Schacht geschmolzen war.

Wir hatten den Großteil von Chroms Züricher Guthaben weltweit an ein Dutzend Wohltätigkeitsorganisationen verteilt. Es war so viel, daß wir gar nicht alles abheben konnten, aber uns war klar, daß wir sie vernichten, sie bis auf die Grundmauern niederbrennen mußten, weil sie sich sonst vielleicht auf unsere Spur gesetzt hätte. Wir zweigten weniger als zehn Prozent für uns selber ab und jagten es durch die Long-Hum-Firmen in Macao. Die Long Hums behielten sechzig Prozent davon für sich und beförderten den Rest auf den verschlungensten Pfaden der Hongkonger Börse wieder zurück zu uns. Es dauerte eine Stunde, bis das Geld nach und nach auf den beiden Konten eintraf, die wir in Zürich eröffnet hatten.

Ich verfolgte auf dem Monitor, wie sich Nullen hinter einer belanglosen Ziffer aufreihten. Ich war reich.

Dann klingelte das Telefon. Es war Miles. Beinahe hätte ich die Parole verpatzt.

»He, Jack, Mann, ich kapier das nicht – was ist denn das für 'ne Geschichte mit deinem Mädel? Hier ist was Komisches im Gange...«

»Was denn? Red schon!«

»Hab mich an sie rangehängt, wie du gesagt hast, und bin ihr die ganze Zeit unauffällig gefolgt. Zuerst geht sie in den Loser, hängt da rum, steigt dann in die U-Bahn. Fährt ins Haus der Blauen Lichter...«

»*Was?*«

»Seiteneingang. Nur für Personal. Hatte keine Chance, durch das Sicherheitssystem reinzukommen.«

»Ist sie noch da?«

»Nee. Ich hab sie aus den Augen verloren. Hier ist die Hölle los, Mann. Als hätten sie die Blauen Lichter dichtgemacht, und zwar ein für allemal. Sieben verschiedene Alarmsysteme sind losgegangen, alles war am Rennen, die Bullen sind in Krawallmontur angerückt... Und jetzt tut sich da immer noch irgendwas, da sind Versicherungsheinis, Immobilienfritzen, Laster von der Stadtverwaltung...«

»Miles, wo ist sie hin?«

»Ich hab sie verloren, Jack.«

»Hör zu, Miles, behalt das Geld im Kuvert, okay?«

»Im Ernst? He, tut mir echt leid. Ich...«

Ich legte auf.

»Warte, bis wir's ihr sagen«, meinte Bobby, der sich mit einem Handtuch die nackte Brust trockenrubbelte.

»Sag du's ihr, Cowboy. Ich dreh mal 'ne Runde um den Block.«

Damit ging ich hinaus in die Nacht und ins Neon und ließ mich von der Menge mitschleifen, ließ mich blind treiben, zwang mich, nichts weiter zu sein als ein Teil dieses Massenorganismus, ein mit Bewußtsein geschlagenes Stäubchen mehr unter den geodätischen Kuppeln. Ich überlegte nicht, sondern setzte bloß einen Fuß vor den anderen, aber nach einer Weile überlegte ich doch, und da ergab alles einen Sinn. Sie hatte das Geld gebraucht.

Ich dachte auch an Chrom. Daß wir sie getötet, ermordet hatten, so sicher, als hatten wir ihr die Kehle durchgeschnitten. Die Nacht, die mich durch die Malls und Plazas trieb, würde sie mittlerweile jagen, und sie konnte nirgendwo hin. Wie viele Feinde mochte sie allein in dieser Menschenmenge haben? Wie viele würden nun etwas gegen sie unternehmen, nun, da niemand mehr von ihrem Geld eingeschüchtert wurde? Für uns war sie das gewesen, was ihr gehörte. Jetzt saß sie wieder auf der Straße. Ich konnte mir nicht vorstellen, daß sie den Sonnenaufgang erleben würde.

Schließlich fiel mir das Café ein, wo ich Tiger kennengelernt hatte.

Ihre Sonnenbrille verriet mir alles. Große schwarze Gläser und ein vielsagender fleischfarbener Schminkefleck am Rand des einen Glases. »Hallo, Rikki«, sagte ich und war darauf gefaßt, als sie die Brille absetzte.

Blau. Tally-Isham-Blau. Das klare Blau der berühmten Marke: ZEISS IKON rankte sich in winzigen goldenen Lettern um jede Iris.

»Bildschön«, sagte ich. Die lädierten Stellen waren mit Schminke betupft. Narben gab es nicht bei so guter Arbeit. »Du bist zu Geld gekommen.«

»Ja«, sagte sie und schüttelte sich. »Aber jetzt hab ich genug verdient. Jedenfalls auf diese Art.«

»Ich glaube, der Schuppen ist jetzt sowieso dicht.«

»Oh.« In ihrem Gesicht regte sich nichts. Die neuen blauen Augen waren ruhig und sehr tief.

»Spielt keine Rolle. Bobby wartet auf dich. Wir haben gerade ein großes Ding abgezogen.«

»Nein. Ich muß weg. Das wird er zwar nicht verstehen, aber ich muß weg.«

Ich nickte und sah zu, wie der Arm hochklappte, um ihre Hand zu nehmen. Er schien überhaupt nicht zu mir zu gehören, aber sie hielt ihn trotzdem fest.

»Ich hab ein Einfach-Ticket nach Hollywood. Tiger kennt da jemand, bei dem ich bleiben kann. Vielleicht geh ich sogar nach Chiba City.«

Was Bobby betraf, hatte sie recht. Ich ging mit ihr zurück. Er verstand es nicht. Aber für ihn hatte sie ihren Zweck bereits erfüllt, und ich wollte ihr sagen, daß sie kein Mitleid mit ihm zu haben brauchte, denn ich sah, daß er ihr leid tat. Er wollte nicht mal mit auf den Flur kommen, als sie ihre Taschen gepackt hatte. Ich setzte die Taschen ab und küßte sie und verschmierte dabei die Schminke, und da kam etwas in mir hoch, so wie sich das Killerprogramm über Chroms Daten erhoben hatte. Ein plötzlicher Atemstillstand an einem Ort ohne Worte. Aber sie mußte ihre Maschine erreichen.

Bobby hing vor seinem Monitor im Drehstuhl und starrte auf die Reihe von Nullen. Er hatte seine Sonnenbrille aufgesetzt, und ich wußte, daß er bei Einbruch der Dunkelheit im Loser sein würde, um gespannt nach einem Zeichen Ausschau zu halten, nach jemandem, der ihm sagen konnte, wie sein neues Leben aussehen würde. Kaum anders als bisher, dachte ich. Komfortabler vielleicht; aber er würde immer darauf warten, daß die nächste Karte aufgedeckt wurde.

Ich versuchte, nicht daran zu denken, wie Rikki im Haus der Blauen Lichter in Dreistundenschichten gearbeitet hatte, in einer Art REM-Schlaf, nur mit dem Körper und einem Bündel konditionierter Reflexe bei der Sache. Die Freier hatten keinen Grund, sich zu beklagen, daß sie ihnen was vormachte, weil es lauter echte Orgasmen waren. Sie empfand sie allerdings – wenn überhaupt – nur als schwache Silberstreifen am Rande des Schlafs. Tja, es ist so beliebt, daß es fast schon legal ist. Die Freier sind hin- und hergerissen zwischen dem Bedürfnis, jemanden bei sich zu haben, und dem Wunsch, dabei allein zu sein, aber genau darum ist es bei dieser Art Vergnügen vermutlich schon immer gegangen, auch als es noch keine Neuroelektronik gab, die ihnen beides ermöglicht.

Ich griff zum Telefon und wählte die Nummer ihrer Fluglinie. Ich nannte ihren richtigen Namen, ihre Flugnummer. »Sie möchte umbuchen«, sagte ich, »nach Chiba City. Ganz recht. Japan.« Ich steckte meine Kreditkarte in den Schlitz und gab meine Kennummer ein. »Erster Klasse.« Fernes Rauschen, als sie meinen Kontostand checkten. »Und buchen Sie den Rückflug gleich mit.«

Aber ich schätze, sie hat sich den Rückflug auszahlen oder das

Ticket einfach verfallen lassen, denn sie ist nicht zurückgekehrt. Und wenn ich hin und wieder spät nachts an einem Schaufenster mit Postern von Simstim-Stars vorbeikomme und die vielen hübschen, identischen Augen sehe, die mich aus fast genauso identischen Gesichtern anstarren, dann sind es manchmal ihre Augen, aber ihr Gesicht ist nicht dabei, es ist nie dabei, und ich sehe sie weit draußen am Rand dieser riesigen, nächtlichen Stadtlandschaft, und sie winkt mir zum Abschied.